江苏省高等学校重点教材(2021-2-252)

创业营销管理

CHUANGYE YINGXIAO GUANLI

主编　骆公志　陈立梅

西安电子科技大学出版社

内 容 简 介

本书系统介绍创业营销管理的理论和方法，通过对创业市场营销管理的各个环节的全景式描述，使读者对创业营销管理体系有一个清晰全面的认识。全书共分为十章，包括认识创业、营销管理研究、创业营销环境分析、消费者行为分析、新产品设计与开发、创业市场营销战略设计与目标市场定位、定价与价格管理、营销渠道管理、商业计划书和创业营销活动的组织与评价，每章都配有引导案例、拓展阅读、案例、课后案例、复习思考题和即学即测等，将理论知识学习与实践应用有机结合。本书各章还专门设有思政内容，有助于学生正确人生观和价值观的塑造与培养。

本书适合作为高等院校工科专业和管理类专业本科生及硕士研究生的教材，同时也可以作为企业管理人员和创新创业人员的培训用书。

图书在版编目（CIP）数据

创业营销管理 / 骆公志，陈立梅主编. -- 西安 ：西安电子科技大学出版社, 2025, 6. -- ISBN 978-7-5606-7661-6

Ⅰ. F274

中国国家版本馆 CIP 数据核字第 202532JC45 号

策　　　划　高　樱
责任编辑　高　樱
出版发行　西安电子科技大学出版社（西安市太白南路 2 号）
电　　　话　（029）88202421　88201467　　　邮　　　编　710071
网　　　址　www.xduph.com　　　　　　　电子邮箱　xdupfxb001@163.com
经　　　销　新华书店
印刷单位　陕西天意印务有限责任公司
版　　　次　2025 年 6 月第 1 版　　　　　2025 年 6 月第 1 次印刷
开　　　本　787 毫米×1092 毫米　1/16　　　印　　　张　14.5
字　　　数　341 千字
定　　　价　39.00 元
ISBN 978-7-5606-7661-6
XDUP 7962001-1

*** 如有印装问题可调换 ***

前 言
PREFACE

创新驱动新一轮科技革命和产业革命，层出不穷的新产品、新技术、新模式正推动经济以前所未有的速度和方式创新发展。建设创新型国家，是中国发展的动力之源和强国之策，是党中央、国务院的重要战略部署。习近平总书记在党的二十大报告中指出："坚持面向世界科技前沿、面向经济主战场、面向国家重大需求、面向人民生命健康，加快实现高水平科技自立自强""必须坚持科技是第一生产力、人才是第一资源、创新是第一动力，深入实施科教兴国战略、人才强国战略、创新驱动发展战略，开辟发展新领域新赛道，不断塑造发展新动能新优势"。

在大数据、智能化、移动互联网、云计算等技术的强力推动下，数字经济快速构建并蓬勃发展，消费者需求日益个性化，众多行业都面临转型创新的压力，传统的市场营销理论正遭遇消费者和市场变革带来的巨大挑战，基于新型消费者的市场营销运营与管理成为新的发展趋势。

基于上述背景，本书在传统市场营销管理理论框架的基础上，紧密结合我国企业的应用实践，系统介绍创业营销管理的理论和方法，通过对市场营销环境、消费者行为、新产品设计与开发、营销战略管理、价格管理、营销渠道管理和营销活动的组织与评价等环节的系统、全景式描述，帮助学习者对创业市场营销管理体系有一个全面、清晰的理解和认识。

本书为国家级一流本科课程"创业市场研究与开拓 B"的配套教材，书中提供了丰富的课程资源。希望本书的出版，能够帮助更多的年轻人和从业者了解创业营销管理的相关知识与技能。

当前，新的创新创业案例仍在不断涌现，各种案例为本书的编写提供了更为丰富的场景。在数字经济时代，大量创新者和创业者如雨后春笋，正为中国经济增长注入源源不断的活力。

在本书的编写过程中，编者参阅了大量的文献并在参考文献中列出，另外还参考了各类分析报告、网络资料和报刊文章。在此，谨向所有对本书提供帮助的作者致以诚挚的谢意。

本书得到了 2021 年江苏省高校重点教材项目和 2021 年南京邮电大学重点教材项目的资助，书中的部分内容也参考了编者主持的江苏省高校哲学社会科学重大课题(项目编号：2023SJZD027)和江苏省教育规划"十四五"重点课题(项目编号：JS/2024/ZD0111-04949)的研究成果。本书的编写还得到了南京邮电大学管理学院及电子商务系、江苏省通信学会、江苏移动、江苏电信、江苏联通等单位领导和专家学者的帮助，在此一并表示感谢。江苏省通信学会的王鹰先生，江苏移动的陈桃女士、王华先生对于书中的案例内容提出了建设性的意见，研究生姚瑶、杨灿、解晓涵、杨一凡、张月、周颖、翟丽萍、何雅婷、张子越、张隆妍、宋梦瑶等帮忙整理各章的素材和资料，在此衷心感谢他们的辛苦付出。最后，感谢我的家人一直以来对我工作的理解和支持。

鉴于时间和编者水平所限，书中欠妥之处在所难免，恳请同行专家、读者批评指正。

编　者

2025 年 2 月

目 录

CONTENTS

第一章 认识创业

本章学习目标

(1) 理解创业的本质,明确创业者的能力要求。

(2) 区分三种创业模式并熟知其特点与运作方式。

(3) 能够识别四类创业类型,明确其定义及优缺点。

(4) 掌握创业过程的三大环节及细分步骤。

引导案例 >>>

马斯克:商业传奇背后的创业证程

马斯克是当今世界最具传奇色彩的创业者之一,他的创业历程犹如一部波澜壮阔的科幻大片。

马斯克的创业之路始于对互联网机遇的敏锐洞察。他与弟弟共同创建了 Zip2,这是一家为新闻机构提供在线城市指南软件的公司。在互联网刚刚兴起的时代,马斯克展现出非凡的前瞻性,他意识到了网络信息服务的巨大潜力。他带领团队克服重重困难,不断优化软件功能,提升用户体验。通过他们的不懈努力,Zip2 逐渐在市场中站稳脚跟,并最终被康柏电脑公司以约 3.07 亿美元的价格收购,这为马斯克积累了宝贵的创业资金和经验。

然而,马斯克并未满足于一次的成功。他怀揣着更宏大的愿景,将目光投向了在线支付领域。于是,PayPal 应运而生。PayPal 创新性地解决了网络交易中的信任和支付便捷性问题,通过安全的电子支付系统,让用户可以轻松地在网上进行交易。在发展过程中,PayPal 面临着激烈的竞争和复杂的监管环境,但马斯克及其团队通过技术创新和出色的运营策略,使 PayPal 成为全球领先的在线支付平台之一,并在后来被 eBay 以 15 亿美元收购。

马斯克最为人瞩目的创业成就当属在汽车和航天领域的突破。在汽车行业,他创立了特斯拉。当时,传统燃油汽车占据主导地位,电动汽车面临着续航里程短、充电设施不足、成本高昂等诸多问题。但马斯克看到了电动汽车的未来,他大胆地投入研发,致力于打造高性能、长续航且时尚的电动汽车。特斯拉不仅在电池技术、自动驾驶技术等方面取得了重大突破,还改变了人们对汽车的认知,将电动汽车从一个小众市场推向了主流。特斯拉的成功，不仅重塑了汽车行业的竞争格局，也为全球汽车产业向可持续能源转型发挥了引领作用。

在航天领域，SpaceX 的创立更是石破天惊。航天领域长期被国家主导的大型机构垄断，高昂的成本使得太空探索遥不可及。马斯克却以降低太空旅行成本、实现火星移民为目标，打造了 SpaceX。他带领团队自主研发可重复使用的火箭技术，这一创新打破了传统航天发射的成本模式。经过多次失败的尝试，SpaceX 的火箭成功实现了多次回收和重复使用，大大降低了发射成本。从为国际空间站运输货物到开展卫星发射业务，SpaceX 逐渐在国际航天市场占据重要地位，为人类探索宇宙开辟了新的道路。

马斯克的创业过程充满了挑战、风险和挫折，但他凭借着对科技的执着信念、勇于创新的精神和坚韧不拔的毅力，一次次突破界限，在多个领域创造了令人瞩目的商业奇迹。

1.1　创 业 概 述

1.1.1　创业的内涵与定义

如今，创业潮在全球范围内蓬勃兴起，这背后有着复杂交织的原因。从经济环境来看，宏观经济结构持续调整，传统产业升级，新兴产业蓬勃发展，如同在广阔商业版图中不断开辟出新的"黄金之地"，充满了商机。

在社会文化领域，我国积极倡导的创业文化以及如璀璨明星般的成功创业者事迹，成为激励大众的精神食粮；同时人们的观念也发生了转变，从追求稳定工作转向追求个性化、多元化发展，创业成为实现自我价值和追求梦想的理想之选。

创业，正是在这样的时代浪潮中被赋予了特殊意义，它是指创业者在发现和捕获这些由经济、技术、社会文化等因素交织产生的机会后，整合资源，创造出新颖的产品或服务，进而实现其潜在经济价值和社会价值的过程。

从内涵来讲，创业首先需要创业者具备敏锐的洞察力，能够在复杂多变的市场环境、社会环境中发现那些尚未被充分满足的需求或者被忽视的机会。同时，创业离不开资源的整合，这些资源包括资金、人力、技术、设备等各种要素。再者，创业的核心在于创造新颖的产品或服务。

总之，创业是一个充满挑战与机遇的综合性过程，它要求创业者具备多方面的能力和素质，通过发现机会、整合资源来创造出独特的产品或服务，从而在实现个人商业抱负的同时，也为社会经济发展和进步贡献力量。

【拓展阅读】

锤子科技：理想与现实的落差

1.1.2　创业的特征

创业的特征包括创新性、机会导向性、风险性、资源整合性、价值创造与可持续性，如图 1-1 所示。

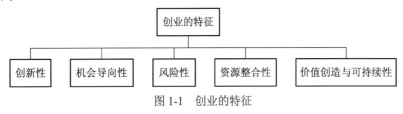

图 1-1　创业的特征

一、创新性

创业往往需要创造出新颖的产品、服务或商业模式，用独特的价值主张来吸引客户和在市场中立足。创新可以体现在技术创新、运营模式创新、营销创新等多个方面。

【案例 1-1】

抖音：创新驱动下的短视频传奇

在当今数字化时代的创业浪潮中，字节跳动研发的抖音短视频堪称创新型创业的典范。

抖音打破了传统视频浏览的单向模式，创造了极具吸引力的沉浸式交互体验。通过上下滑动屏幕即可快速切换视频的简单操作，使用户能在短时间内浏览大量不同类型的内容，满足了用户在碎片化时间内获取多样化信息的需求。这种交互方式不仅方便快捷，还容易让用户产生"停不下来"的感觉，极大地提高了用户的参与度和使用时长。

抖音为用户提供了一套简洁易用的视频创作工具。这些工具降低了视频创作的门槛，使普通用户无须专业的拍摄和剪辑技能就能轻松制作出富有创意的短视频。从丰富的音乐库、特效库到各种滤镜和贴纸，用户可以随心所欲地发挥想象力，将自己的想法转化为有趣的视频内容。这种全民创作模式使得抖音上的内容源源不断、丰富多彩，吸引了不同年龄、不同背景的用户参与其中。

二、机会导向性

创业者需要善于发现和捕捉市场机会，这些机会可能来自未被满足的消费者需求、新技术的出现、政策变化等因素。创业者依据机会来整合资源和开展创业活动。

三、风险性

创业过程面临多种风险，包括市场风险(如市场需求变化、竞争对手施压)、技术风险(技术研发失败、新技术替代原有技术)、财务风险(资金短缺、资金链断裂)等。这些风险可能导致创业失败。

四、资源整合性

创业者需要将各种资源，如人力、物力、财力、技术等进行有效整合，以实现创业目标。这些资源可能来自不同渠道，需要合理配置和利用。

五、价值创造与可持续性

创业的最终目的是创造价值，包括经济价值(如利润、股东回报)和社会价值(如就业机会、环境保护等)，并且要具备可持续发展的能力，以保持长期的竞争力。

1.1.3　创业的模式

创业的模式包括传统实体创业模式、互联网创业模式和服务型创业模式，如图 1-2 所示。

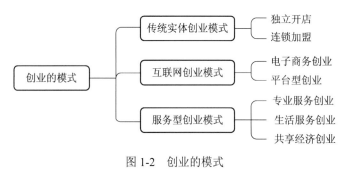

图 1-2　创业的模式

一、传统实体创业模式

1. 独立开店

独立开店指创业者凭借自身的资金、技术或创意，独立开设一家实体店铺。这种模式自主性强，创业者可以完全按照自己的理念来经营店铺，包括店铺的选址、装修、产品或服务的选择等。

2. 连锁加盟

连锁加盟指创业者通过支付一定的加盟费，获得加盟品牌的授权，使用品牌的商标、经营模式和产品供应体系等。这种模式的优势在于可以借助品牌的知名度和成熟的运营模式，降低创业风险。

二、互联网创业模式

1. 电子商务创业

电子商务创业指创业者利用互联网平台开展商品或服务的销售活动。它突破了传统实体店铺的时空限制，能够面向更广阔的市场。创业者可以通过建立自己的电商网站进行销售，也可以依托第三方电商平台进行销售。

2. 平台型创业

平台型创业指创业者创建一个互联网平台，连接不同的用户群体，为他们提供交易、交流或合作的场所。平台型创业的关键在于构建用户生态系统，吸引足够多的用户来实现平台的价值。

三、服务型创业模式

1. 专业服务创业

专业服务创业指创业者利用自己的专业知识和技能，为客户提供专业的服务，如法律、会计、咨询、设计等服务。这种创业模式要求创业者具备较高的专业素养。

2. 生活服务创业

生活服务创业指创业者主要围绕人们的日常生活需求提供服务，如家政服务、美容美发、宠物护理等。这些服务贴近人们的生活，市场需求较为稳定。

3. 共享经济创业

共享经济创业指创业者基于共享的理念，让闲置资源的所有者通过平台将资源出租或共享给有需要的人，从而实现资源的优化配置。这种模式能够充分利用社会闲置资源，降低使用成本。

1.2 创业的类型

1.2.1 生存型创业与机会型创业

全球创业观察项目最先依据个人参与创业的原因，提出了生存型创业和机会型创业的概念。全球创业观察项目认为，生存型创业是指创业者把创业作为其不得不作出的选择，创业者必须依靠创业为自己的生存和发展谋求出路；机会型创业是指创业者把创业作为其职业生涯的一种选择，看到有比目前工作机会更好的创业机会而选择创业。

一、生存型创业

生存型创业显示出创业者的被动性，主要特征可以体现在以下几个方面：

第一，生计压力。创业者往往是因为失业、找不到合适的工作或者面临经济困境，为了维持生计才选择创业。

第二，资源匮乏。在这种创业类型中，创业者通常没有太多的资金、技术或人脉等资源。他们可能只是凭借自己现有的简单技能，如烹饪、维修手艺等，去开展一项小本生意。

第三，低风险承受能力。由于创业的主要目的是生存，因此创业者往往无法承受较高的风险。他们倾向于选择比较熟悉、传统的行业领域，这些行业的市场需求相对稳定，但竞争也较为激烈。

二、机会型创业

机会型创业是创业者发现了具有吸引力的商业机会而主动开展的创业。创业者通常具有敏锐的市场洞察力，能够识别未被充分满足的市场需求或者发现新的市场空白。这种创业类型可能涉及新技术、新产品或新的商业模式，往往具有较高的创新性和增长潜力。创业者追求的是商业机会带来的高回报和企业的长期发展。生存型创业和机会型创业在创业动机、风险程度和企业成长潜力方面的对比如表1-1所示。

表1-1　生存型创业和机会型创业的对比

对　比	生存型创业	机会型创业
创业动机	解决个人或家庭的基本生活保障问题	追求商业成功和个人成就
风险程度	低	高
企业成长潜力	相对有限	潜力较大

1.2.2　公司内部创业

一、公司内部创业的内涵

公司内部创业是指在现有公司组织架构内，鼓励员工发挥创新精神，利用公司的资源、平台和支持体系，开展新业务、开发新产品或开拓新市场的一种创业形式。它是公司在保持自身稳定发展的同时，激发内部活力、挖掘新的利润增长点、实现多元化发展的一种战略举措。

二、公司内部创业的特征

公司内部创业的特征包括依托公司资源、组织内部创新驱动、具有战略相关性、员工激励与风险共担，如图1-3所示。

图1-3　公司内部创业的特征

1. 依托公司资源

内部创业最大的优势在于可以充分利用公司现有的各种资源。在资金方面，公司可能会专门设立内部创业基金，为有潜力的项目提供启动资金和后续的资金支持，这比外部创业者自行筹集资金要容易得多。在技术资源方面，员工可以使用公司已有的专利技术、研发设备等。渠道资源也为内部创业助力，公司成熟的销售渠道、供应链体系都可以为新业务所用。

2. 组织内部创新驱动

内部创业以创新为核心驱动力。员工在公司内部打破传统业务模式和思维定式，提出全新的产品概念或业务方向。公司往往通过营造创新文化氛围，鼓励员工提出新想法，如设立创新奖励机制、开展创新竞赛等活动，激发员工的创新积极性。同时，公司会给予创业团队一定的自主决策权，让他们能够在创新方向上自由发挥，不必受公司传统官僚体制的过多束缚，以提高创新效率。

3. 具有战略相关性

内部创业项目通常是与公司整体战略目标相契合的。如果公司的战略是向科技领域转型，那么内部创业项目围绕人工智能、大数据等相关业务开展。公司会从战略高度对内部创业项目进行筛选和评估，确保新业务能够为公司的长期发展带来价值。

4. 员工激励与风险共担

在公司内部创业中，对参与创业的员工有着独特的激励机制。除了正常的薪酬待遇外，员工可能会获得新业务的股权或期权激励，将个人利益与创业项目的成功紧密挂钩。同时，员工也与公司共同承担一定的风险。如果创业项目失败，则员工可能会面临回到原岗位、失去部分奖励机会等情况，而公司则可能损失投入的资源。这种风险共担机制促使员工在创业过程中更加谨慎和努力，提高了创业成功的概率。

三、公司内部创业的常见组织形式

1. 独立项目组

独立项目组是一种将内部创业项目从公司的常规业务流程中分离出来，成立专门的项目组来运作的组织形式。项目组通常有明确的目标、任务和时间表，其成员来自不同的部门，他们为了实现特定的创业目标而协同工作。独立项目组能够聚焦于创业项目，成员可以全身心投入其中，不受公司日常事务的过多干扰。

2. 内部孵化器

内部孵化器是公司内部设立的类似于外部创业孵化器的机构，它为内部创业提供了一个集中的资源平台和支持环境。内部孵化器通常会提供办公空间、资金支持、导师指导等一系列创业服务，帮助内部创业项目从创意阶段逐步发展成熟。

内部孵化器能够为创业项目提供系统性的支持。它可以像一个创业生态系统一样，让不同阶段的创业项目在其中得到培育。它通过提供资金支持，解决了创业项目启动和发展过程中的资金瓶颈问题；导师指导则可以让创业者们借鉴经验，少走弯路。

3. 新业务部门

当公司内部创业项目发展到一定规模或者具有长期发展的潜力时，公司可能会将其设立为一个新的业务部门。这个新业务部门有自己独立的预算、人员编制和业务流程，与公司的其他业务部门处于同等地位。

新业务部门能够在公司内部获得相对独立的地位，有利于建立更加完善的管理体系和业务流程。它可以根据自身业务的特点和市场需求，独立地进行资源配置和战略规划。与独立项目组相比，新业务部门具有更强的稳定性和持续性，能够更好地应对长期的市场竞争和业务发展挑战。

4. 战略联盟或合资企业

公司内部创业团队可与外部合作伙伴(如其他企业、科研机构等)建立战略联盟或合资企业，共同开展创业项目。在这种形式下，公司内部的资源和能力与外部合作伙伴的优势相结合，实现资源共享、风险共担和优势互补。公司通过与外部合作，可以获取公司内部所缺乏的资源和技术。

四、公司内部创业的实施过程

公司内部创业的实施过程包括确定愿景、鼓励创新、突破性创新与渐进性创新、组建创业团队、构建内部创业的有利环境和完成内部创业活动，如图1-4所示。

图1-4　公司内部创业的实施过程

1. 确定愿景

公司首先要从整体战略角度出发，审视内部创业在其中的位置，分析公司所处行业的发展趋势、市场竞争格局以及自身的优势和劣势，根据战略分析结果确定具体的愿景目标。这些目标应该是明确、可衡量且具有挑战性的；同时，目标要与公司的核心价值观相契合，确保新业务的发展符合公司的文化和长期利益。

【拓展阅读】

盲盒传奇：泡泡玛特的潮玩帝国崛起

2. 鼓励创新

公司需要营造一种鼓励创新的企业氛围。这包括从高层领导到基层员工都对创新持积极态度，并将失败视为学习的机会；同时，在公司内部传播创新成功案例，让员工看到创新对公司和个人发展的积极影响。

公司应为员工提供与创新相关的培训课程和学习机会。培训内容包括创新思维方法(如设计思维、头脑风暴技巧等)、新兴技术知识(如人工智能、区块链等领域的基础知识)以及市场趋势分析等。通过这些培训，可以提升员工的创新能力和对新事物的敏感度，使他们在日常工作中更容易产生创新想法。

3. 突破性创新与渐进性创新

对于突破性创新，公司要敢于投入资源，鼓励员工突破传统思维和现有技术的局限。这涉及对全新业务领域的探索，如一家传统金融公司涉足数字货币领域。公司可以成立专门的研究小组，与外部科研机构或高校合作，开展前沿技术研究。同时，公司应为突破性创新项目提供相对宽松的预算和时间限制，因为这类创新往往需要较长的研发周期和较大的资金投入。

渐进性创新则侧重于对公司现有业务的优化和改进，鼓励员工从日常工作中发现问题，并提出改进方案。例如，一家电商公司根据用户反馈，对购物流程进行逐步优化，如简化下单步骤、增加商品推荐的精准度等。公司可以建立内部反馈机制，让员工能够方便地将渐进性创新想法提交给管理层，并设立快速评估和实施的流程，使这些小而有效的创新能够及时落地。

4. 组建创业团队

组建创业团队即从公司内部选拔具有不同技能和特质的员工组成创业团队。这些员工包括有创新思维的研发人员、熟悉市场的营销专家、善于协调资源的项目经理等。选拔过程要注重员工的综合素质，除了专业技能外，还要考察他们的团队合作能力、学习能力和对创新的热情。例如，公司可以通过内部推荐、项目经验评估、面试等多种方式挑选合适的人员。

创业团队的构建要遵循互补性原则，确保团队成员在技能、经验和性格上相互补充。同时，要明确团队成员的角色和职责，避免职责不清，导致效率低下。此外，为团队设定明确的目标和激励机制，使每个成员都清楚知道团队的发展方向和个人在其中的利益，提高团队的凝聚力和战斗力。

5. 构建内部创业的有利环境

公司要为内部创业提供充足的资源保障，包括提供资金支持，设立专门的内部创业基金，根据项目的不同阶段和需求进行合理分配。

6. 完成内部创业活动

创业团队按照既定的计划开展创业活动，在执行过程中要保持灵活性，根据市场反馈和实际情况及时调整项目方向和策略。同时，项目团队要建立有效的项目管理机制，确保项目按时、按质完成，合理安排资源，控制成本和风险。

公司应对内部创业项目进行定期评估，根据预设的目标和指标(如市场占有率、营收、用户满意度等)衡量项目成功与否。对于成功的项目，公司要将其顺利整合到业务休系中，实现与公司现有业务的协同发展。

1.2.3 家族创业

家族创业是指由家族成员共同参与的创业活动。家族成员之间基于血缘关系、亲情纽带和共同的经济利益，在企业的创立、发展过程中发挥各自的作用。这种创业类型具有很强的凝聚力和忠诚度，家族成员通常相互信任、资源共享；但同时也可能面临家族管理与企业管理之间的矛盾，如亲情因素干扰决策、产权划分不清等问题。

一、家族创业的特点

家族创业的特点包括资源整合优势、文化与价值观传承、代际传承与延续性、治理结构的独特性、情感因素的双重影响，如图 1-5 所示。

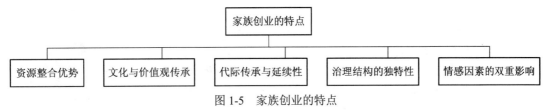

图 1-5　家族创业的特点

1. 资源整合优势

家族创业往往能够有效整合家族内部资金。家族成员之间基于亲情和信任，在筹集创业资金时相对容易。家族成员构成的创业团队能够充分发挥人力资源优势。成员之间相互了解，能够根据各自的特长和能力分配工作任务。

家族积累的社会关系网络是家族创业的宝贵资源。家族在长期的生活和经营过程中结识了各行各业的人脉，包括供应商、客户、合作伙伴等。这些人脉关系可以为创业提供有力的支持。

2. 文化与价值观传承

在家族创业过程中，家族文化和价值观起着重要的引领作用。家族企业通常秉持着家族传承下来的价值观，如诚信、勤奋、团结等。这些价值观贯穿于企业的经营活动中，影响着企业的决策和员工的行为。

家族的经营理念也会在创业中传承。有些家族企业强调稳健经营，注重长期利益，不盲目追求短期的高利润。这种经营理念使得企业在创业阶段就精心规划市场战略，稳扎稳打地拓展业务。

3. 代际传承与延续性

家族创业具有代际传承的特点，这为企业的持续发展提供了保障。上一代创业者可以将自己的创业经验、行业知识和管理技巧传授给下一代。

家族企业通常更注重长期发展，因为家族成员将企业视为家族财富和荣誉的象征，希望能够将其传承下去。在创业过程中，这种长期导向体现为对企业品牌建设的重视、对企业社会责任的担当等方面。

4. 治理结构的独特性

在创业初期，家族创业企业通常采用家长式或家族成员共同决策的治理结构。家长式治理结构中，家族中的长辈凭借其经验和威望在企业决策中发挥关键作用。这种决策方式在创业初期能够高效地作出决策，抓住市场机会。

随着企业的发展壮大，家族创业企业的治理结构会逐渐向更加规范的现代企业治理模式转变，但家族成员依然在企业治理中发挥重要作用。

5. 情感因素的双重影响

家族成员之间的亲情和情感纽带是家族创业的积极因素。这种情感联系能够增强团队的凝聚力和归属感，使成员在创业过程中更有动力和热情。

然而，情感因素也可能带来一些消极影响。家族关系可能会导致决策过程中出现情感干扰，影响决策的公正性和客观性。

二、家族创业的优势与劣势

1. 家族创业的优势

家族创业具有诸多优势。

一是资源方面，家族成员间的亲情信任利于资金筹集，能减少外部融资的复杂性；成员可依据自身能力在企业中任职，提供稳定人力，忠诚度也高；家族积累的社会关系能为创业带来便利，包括优质供应商、客户等资源。

二是决策与执行高效，家族核心成员主导决策，能迅速应对市场变化抓住机会，成员因利益关联对决策认同感强，执行起来积极主动。

三是文化与凝聚力方面，家族文化、价值观和经营理念能稳定传承，激励成员发展，亲情纽带还能增强企业凝聚力，使成员团结奋进。

四是家族企业注重长期发展，将企业视为家族事业的延续，制订战略时更倾向于考量长远利益，利于可持续发展。

2. 家族创业的劣势

家族创业也存在不少局限性。在人力资源管理上，人才选拔倾向于家族成员，使企业难以吸引外部优秀人才，外部人才晋升受限，且家族成员的能力参差不齐，亲情关系可能会干扰绩效考核和管理，导致效率低下、管理混乱。在决策方面，家族成员的背景、经验相似，决策缺乏多元视角，导致片面局限，同时情感因素可能干扰理性分析，增加了决策失误的风险。在治理结构上，家族成员间产权界定常不清晰，易引发纠纷，而且依赖亲情默契的管理方式缺乏规范制度和流程，易造成内部混乱、风控不足。另外，代际传承也是难题，接班人选择需综合多因素，若选择不当则企业可能衰落，且代际间价值观、经营理念和管理方式的差异容易引发冲突，影响传承。

1.2.4 社会创业

一、社会创业的内涵

社会创业是一种以解决社会问题为主要目标的创业活动。创业者关注的是社会福利、环境保护、社区发展等社会议题，通过商业手段来创造社会价值。社会创业企业在追求社会目标的同时，也需要实现自身的经济可持续性，通常会采用创新的商业模式来平衡社会利益和经济利益。主流学者对社会创业的定义如表 1-2 所示。

表 1-2　主流学者对社会创业的定义

来　源	定　义
利德贝特(Leadbetter)	社会创业是指利用创业的行为为社会目标服务，这些服务并不是为了实现利润目标，而是把这些目标服务于特定的弱势群体
莫尔特(Mort)	社会创业是一个多维的概念，它通过践行善意的创业实践，实现特定的社会使命，具有识别社会价值和创造创业机会的能力，其关键决策特征是创新性、主动性和风险承担性
肖(Shaw)	社会创业是指社区、志愿者、公共组织以及私人企业为整个社会工作，而不仅仅为了经济利润
梅尔(Mair)和马蒂(Marti)	社会创业是利用创新的方式整合资源实现社会价值目标的过程，通过探索和利用创业机会来促进社会变革与满足社会需求
奥斯丁(Austin)	社会创业是社会目标下的创新活动
扎拉(Zahra)	社会创业包括一系列活动和过程，通过发现、定义、利用机会来增加社会财富，可以创立新的实体，也可以在现有的组织中实行新的创新模式

可以看出，学者们对社会创业的定义角度不同，存在差异，但核心内涵可以归纳为以下三点。

1. 社会性

社会创业的社会性体现为对社会价值的深度挖掘与创造。其根本目的是解决各类社会问题，从教育资源不均衡到贫困人群帮扶，从环境保护到社会公平推进，都有社会创业的身影。它以社会福祉为首要考量，注重公平与包容，积极为弱势群体提供平等的参与机会，让他们能够共享社会发展成果。同时，社会创业扎根于社区，紧密结合社区的实际需求，通过一系列举措推动社区的整体进步与可持续发展。

2. 创新性

创新性是社会创业的关键特质。在商业模式上，社会创业敢于突破常规，巧妙地整合多种资源，构建全新的合作模式，让各个环节都能发挥最大价值。在技术应用方面，它积极拥抱新兴技术，利用大数据、人工智能等手段精准地解决社会问题，提升服务质量和效率。而且，社会创业者的理念和思维独树一帜，能够以全新的视角审视社会问题，挖掘出传统思维下被忽视的解决路径，为社会问题的解决带来新的思路和方法。

3. 市场机会导向性

社会创业以敏锐的市场洞察力为驱动，始终聚焦于社会中尚未被满足的需求。这些需求可能是社会变迁过程中产生的新问题，也可能是长期被忽视的社会痛点。一旦发现机会，社会创业会制订一套行之有效的市场策略，包括精准定位目标客户、设计合理的价格体系以及开展多元化的营销活动。社会创业在追求社会目标的同时，也注重经济的可持续性，在社会价值与经济利益之间找到平衡，通过合理的市场运营确保自身的生存与发展，进而持续地为社会提供服务。

二、社会创业的主要目标

1. 解决社会问题

社会创业致力于帮助那些在社会经济活动中处于不利地位的群体，如贫困人群、残障人士、失业者等，关注社会资源分配不均的问题，努力缩小不同群体之间的差距；同时，针对社会环境问题，如环境污染、生态破坏等开展创业活动。

2. 创造社会价值

社会创业可以填补公共服务的空白或提高现有公共服务的质量。它通过组织各种社会活动或提供社区服务，促进社区成员之间的交流与合作，增强社会的凝聚力。同时，它鼓励创新思维和创新行为，为社会发展提供新的理念和模式。社会创业项目往往会引入新的技术、方法或商业模式来解决社会问题，这些创新实践不仅能够直接解决问题，还能激发其他社会主体的创新意识，推动整个社会的创新文化发展。

3. 实现经济与社会的双重可持续性

社会创业企业需要在经济上能够独立生存和发展，通过合理的商业模式和运营管理，实现收支平衡并获得一定的利润。

社会创业企业在解决社会问题和创造社会价值方面具有长期的可持续性。这意味着社会创业项目不是短期的慈善行为，而是能够持续地对社会产生积极影响。

【案例1-2】

格莱珉银行：社会创业的璀璨明珠

在孟加拉国等许多发展中国家，贫困人群尤其是妇女，长期被传统金融机构忽视，他们因缺乏抵押物等原因无法获得贷款，难以开展小生意或改善生活条件。尤努斯看到了这一社会问题，并决心用商业手段来解决它。

格莱珉银行最具创新性的举措是其独特的小组贷款模式。银行将贫困妇女组织成一个个五人小组，小组成员相互熟悉且经济状况相近。贷款无须抵押物，而是基于成员之间的相互信任和监督。这种模式打破了传统银行贷款的规则，它利用了社区内部的人际关系网络和社会资本。当一个小组成员需要贷款时，其他成员会对其进行评估和监督，如果有成员不能按时还款，整个小组未来的贷款都会受到影响，这促使小组成员之间相互帮助、共同进步。在贷款利率方面，格莱珉银行制订了合理的、符合贫困人群承受能力的利率水平。一方面，它保证银行有足够的资金进行持续运营和发放新的贷款；另一方面，它不让贫困人群承受过高的还款压力。

1.3　创业的发展阶段

创业的发展阶段包括种子期、启动期、成长期、成熟期和转型期，如图1-6所示。

图1-6　创业的发展阶段

1.3.1　种子期

种子期是创业的起始阶段。在这一阶段，创业者脑海中产生一个商业创意或者发现一个潜在的商业机会。这个创意可能来自个人的兴趣爱好、生活经验、市场观察或者专业知识。此时，创意还比较模糊，只是一个初步的想法，需要进行市场调研和资源筹备。

一、市场调研

市场调研是指创业者开始对创意进行初步的市场调研，了解目标市场的需求、规模、竞争状况以及潜在客户的喜好和行为模式。

二、资源筹备

资源筹备主要是筹集少量的资金用于创意的进一步验证，资金来源可能是创业者的个人积蓄、亲朋好友的借款等。同时，创业者也会寻找一些志同道合的伙伴，他们可能具有技术、运营或者市场等方面的技能，为后续的创业活动打下基础。

1.3.2　启动期

一、产品或服务开发

产品或服务开发是指创业者根据种子期确定的创意，开始正式开发产品或服务。对于产品型企业，涉及产品的设计、研发、原型制作和测试；对于服务型企业，产品或服务开发则是确定服务流程、标准和人员培训等。这一阶段需要投入大量的时间和精力，确保产品或服务能够达到预期的质量标准。

随着业务的开展，创业者需要组建一个更加完整的创业团队，包括招聘核心员工，如技术骨干、市场经理、运营主管等。团队成员之间需要明确分工，建立有效的沟通机制和协作模式。

二、商业模式设计

企业的商业模式设计包括客户获取、定价、盈利以及成本结构等内容。例如，一家电商创业公司要确定是通过收取商品差价盈利，还是通过收取商家的广告费用、平台佣金等来赚钱。

三、法律与行政事务办理

注册公司、办理营业执照、注册商标、申请专利等一系列法律和行政事务也在这个阶段完成，确保企业的合法运营。

1.3.3　成长期

一、市场扩张

产品或服务推向市场后，开始获得客户的认可，企业进入快速增长阶段。此时，企业需要加大市场推广力度，拓展销售渠道，提高品牌知名度，以吸引更多的客户。随着客户数量的增加，企业会收到大量的客户反馈。这些反馈对于产品或服务的持续优化至关重要。企业需要根据客户的意见和建议，及时调整产品功能，改善服务质量，以保持市场竞争力。

二、资金需求增加

为了支持业务的快速增长，企业需要更多的资金投入，用于生产扩大、市场拓展、技术研发等方面。资金来源包括风险投资、银行贷款、战略投资者等。

企业规模的扩大需要招聘更多的员工，团队结构也会变得更加复杂。此时，企业需要建立更加完善的管理制度，包括人力资源管理、财务管理、项目管理等，以提高团队的工作效率和协同能力。

1.3.4　成熟期

成熟期的历程包括市场稳定、利润最大化和组织稳定与创新挑战，如图1-7所示。

图 1-7 成熟期的历程

在这一阶段，企业在市场中占据了一定的份额，拥有稳定的客户群体和收入来源，市场竞争格局相对稳定，企业的品牌知名度较高。

企业在这个阶段的主要目标是实现利润最大化，通过优化成本结构、提高运营效率等来增强盈利能力。同时，企业也会考虑多元化经营，拓展产品线或者进入相关的市场领域，以寻找新的增长点。

企业组织架构和管理体系已经成熟，但也可能面临创新不足的挑战，需要在保持稳定运营的同时，鼓励内部创新，以应对市场变化和新兴竞争对手的挑战。

【拓展阅读】

心心相印：小红书社区的品牌情缘

1.3.5 转型期

一、市场变化挑战

由于市场需求的变化、技术的更新换代、新竞争对手的出现等原因，企业原有的产品或服务可能逐渐失去竞争力，市场份额开始下降，收入减少。例如，传统胶片相机制造商在数码相机兴起后，如果不能及时转型，就会进入衰退期。

二、战略转型决策

企业需要作出战略转型的决策，包括进入新的市场领域，开发新的产品或服务，采用新的商业模式等。这是一个高风险的过程，需要企业有敏锐的市场洞察力、强大的资源整合能力和果断的决策能力。

三、组织变革与资源重新配置

在转型过程中，企业的组织架构需要进行调整，员工的技能也需要重新培训。同时，资源需要从原来的业务领域向新的业务领域转移，这可能会面临诸多内部阻力和外部困难。

【案例 1-3】

小米创业：高性价比背后的创新密码与突围战略

小米公司于 2010 年成立，在创业过程中展现出了非凡的发展历程。雷军带领一群来自知名科技公司的精英组建团队。他们以软件为切入点，打造了 MIUI 系统，通过建立论坛，积极吸引用户参与系统开发与改进，每周更新版本，依据用户反馈持续优化。这种独特的开发模式让 MIUI 迅速吸引了大量手机发烧友，为小米积累了首批忠实用户。

然而在 2016—2017 年小米进入调整阶段。此前小米手机出货量出现了同比下滑情况，面临市场份额下降和品牌形象受损等问题。对此，小米加强与供应链厂商合作，优化供应链管理，比如，和高通等芯片厂商紧密合作，以保障芯片供应，同时加强对代工厂的管理，以提升生产质量和交付速度，并且注重品牌建设，推出高端旗舰小米 MIX 系列。其全面屏设计等创新技术引领手机行业设计潮流，提升了品牌形象和产品的竞争力。随着智能手机市场逐渐饱和，消费者对智能产品的需求多样化。小米加大了在人工智能、物联网、智能家居等领域的投入，推出了小爱音箱、小米智能电视、小米扫地机器人等一系列智能产品，这些产品通过智能生态系统相互连接，为用户创造了便捷智能的生活体验。

1.4　创业的过程

一些学者主张用行为方法研究创业，认为创业终究是关于新企业的创建，而在这个过程中，每个阶段都有多种因素交互作用。因此，分析创业过程中所包含的活动和行为，对每一个阶段活动展开研究，开始成为创业研究的一个重要视角。创业过程及其主要步骤如图 1-8 所示。

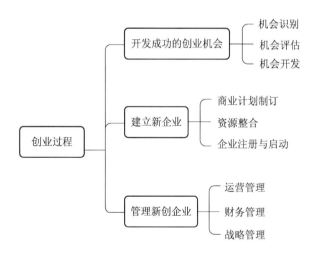

图 1-8　创业过程及其主要步骤

1.4.1　开发成功的创业机会

一、机会识别

创业者需要对市场环境进行深入分析，包括宏观经济趋势、行业发展动态、消费者需求变化等，从生活或工作中的痛点出发，寻找尚未被满足的需求。

二、机会评估

创业者需要分析所识别的机会在市场中的规模大小和增长趋势。对于新兴的科技产品，创业者要研究其目标市场是局部地区还是全球范围，市场增长率是否能够支撑企业的长期发展。

创业者需要了解现有和潜在竞争对手的情况，包括他们的产品特点、价格策略、市场份额、竞争优势等。如果要进入在线教育市场，创业者需要研究其他在线教育平台的课程种类、师资力量、收费标准以及品牌知名度等，判断自己的创业机会是否能够在竞争中脱颖而出。

创业者要审视自身所拥有的资源(如资金、技术、人才等)和能力(如营销能力、研发能力等)是否能够支持对该机会的开发。

三、机会开发

创业者需要根据机会评估的结果，设计出满足市场需求的产品或服务，包括确定产品的功能、特性、质量标准，或者服务的流程、内容、质量水平等。创业者需要确定企业如何创造价值、传递价值和获取价值，是通过直接销售产品盈利还是采用订阅制、广告收入模式等。

1.4.2　建立新企业

一、商业计划制订

商业计划是新企业的蓝图。商业计划中，首先要明确企业的使命、愿景和总体目标；详细阐述目标市场的特征、规模、发展趋势以及目标客户群体的画像；基于市场分析，确定企业的市场定位，即产品或服务在市场中的独特竞争优势和价值主张；描述产品或服务的详细信息，包括功能、特性、质量、知识产权情况等(对于有实体产品的企业，要说明产品的生产计划、原材料采购渠道等；对于服务型企业，要阐述服务的流程、质量控制措施等)。

二、资源整合

创业者需要通过多种途径获取资金，包括个人积蓄、亲友借款、天使投资、风险投资、银行贷款、政府扶持资金等；组建一支具备不同技能和经验的创业团队，包括技术专家、市场营销人员、财务管理人员、运营管理人员等；可以通过招聘网站、人才推荐、校园招聘、社交网络等途径寻找合适的人才。

三、企业注册与启动

创业者需要选择合适的企业组织形式(如有限责任公司、股份有限公司、合伙企业等)，并按照当地的法律法规完成企业注册手续，包括工商登记、税务登记、社保登记等。在注册过程中，创业者需要确定企业的名称、经营范围、注册资本、股东信息等。

创业者在完成注册后，正式启动企业的运营，包括建立办公场所、购置办公设备、开展市场推广活动等。

国 货 彩 妆

彩棠由彩妆化妆师唐毅于 2014 年创立，是一个蕴含中国美学的国货品牌。它的创立初衷是让彩妆产品与妆容技法更好地结合中国面容的特点。它初期面临困境，2019 年被珀莱雅收购后迎来转机。它以"中国妆 原生美"为理念，打造实用性与艺术性兼具的产品，如高光修容盘贴合国人面部骨骼，苏绣系列彩妆传承经典美学。其成功离不开精准的内容营销，通过与 KOL 合作、发布美学观点大片等方式传递品牌价值，逐渐赢得了消费者的认可，成为国货彩妆的代表品牌之一。

1.4.3 管理新创企业

一、运营管理

对于生产型企业，要优化生产流程，提高生产效率，保证产品质量。这包括生产计划的制订、生产调度、质量控制、库存管理等。

创业要确保原材料或商品的稳定供应，优化供应商关系，降低采购成本；与供应商建立长期合作关系，共同应对价格波动、原材料短缺等问题；提供优质的客户服务，及时处理客户的咨询、投诉和反馈，提高客户满意度和忠诚度；建立客户服务中心，通过多种渠道(如电话、电子邮件、社交媒体等)与客户沟通。

二、财务管理

企业要制订详细的财务预算计划，包括收入预算、成本预算、费用预算等，并在企业运营过程中严格控制成本；分析各项成本的构成，寻找降低成本的途径，如优化采购成本，降低运营费用等。

企业要合理安排资金，确保有足够的资金用于日常运营、偿还债务和投资发展；监控资金的流入和流出情况，优化资金结构，提高资金使用效率。

企业要定期进行财务分析，通过财务报表(资产负债表、利润表、现金流量表等)了解财务状况和经营成果；根据财务分析的结果作出决策，如是否扩大生产规模，是否调整产品价格，是否进行新的投资等。

三、战略管理

企业要制订长期发展战略，明确发展方向和目标；同时，根据市场变化、竞争对手动态等因素，适时调整战略。

企业要分析竞争对手的情况，制订相应的竞争战略，如成本领先战略、差异化战略、聚焦战略等。如果企业在某个细分领域具有独特的技术优势，则可以采用差异化战略，通过提供高品质、个性化的产品或服务来吸引客户；如果企业能够通过大规模生产降低成本，则可以实施成本领先战略，以低价占领市场份额。

企业要根据战略需求，与其他企业、科研机构、高校等建立战略联盟或合作关系，通过合作实现资源共享、优势互补、风险共担。

【拓展阅读】

创业：梦想照进现实的征途

【课后案例】

春沐里的城市绿洲梦

春沐里由一群对城市绿化有着共同热情的年轻人创立。公司致力于在快节奏的城市生活中为人们创造绿色空间，提供室内植物设计和维护服务。春沐里的创始人发现，尽管城市居民对绿色生活有着强烈的渴望，但受限于空间和时间，许多人无法亲自照料植物。针对这一市场需求，春沐里推出了一系列创新服务，包括定制化的室内植物墙、空中花园设计以及定期的植物养护计划。

春沐里的服务不仅限于提供植物，更提供了一种生活方式。公司与当地艺术家合作，将植物设计与现代艺术相结合，为客户打造独一无二的绿色空间。此外，春沐里还开展了"城市绿洲"项目，通过与商业楼宇、学校和社区中心合作，创建公共绿色区域，以增强社区的凝聚力和居民的幸福感。

在营销策略上，春沐里利用社交媒体平台展示其绿色空间设计案例，通过故事化的营销手法吸引目标客户。公司还定期举办工作坊和讲座，教育消费者如何在家中创造和维护绿色空间。这些活动不仅提升了品牌知名度，也增强了品牌与客户的互动性，提高了客户对品牌的忠诚度。

春沐里的创业故事体现了春沐里对市场需求的深刻理解和创新解决方案的努力尝试。公司通过结合艺术与自然，不仅满足了城市居民对绿色生活的需求，也为城市环境的改善作出了贡献。春沐里的成功在于其对创业精神的坚持、对产品质量的执着以及对客户体验的重视。随着城市化进程的加快和人们对健康生活方式的追求，春沐里的城市绿洲梦正逐渐成为现实，为城市带来一抹清新的绿色。

本 章 小 结

◆ 创业受多种因素推动，是创业者发现机会后整合资源创造价值的过程，需创业者具备多种能力素质，以实现经济和社会价值为目标。

◆ 创新性体现在多方面，是创业的核心；机会导向性促使创业者把握市场机会；风险性包含多种类型，可影响创业成败；资源整合性是创业基础，新企业需有效整合各类资源；价值创造与可持续性是创业追求。

◆ 传统实体创业有独立开店与连锁加盟两种形式，二者各有特点。互联网创业包括电子商务创业和平台型创业，它们突破了传统商业的限制。服务型创业涵盖专业服务创业、生活服务创业和共享经济创业，可满足多元化的需求。

◆ 生存型创业因生计所迫，资源少且风险承受能力低；机会型创业基于市场洞察，具有创新和发展潜力。公司内部创业的特征包括依托公司资源，组织内部创新驱动，具有战略相关性，员工激励与风险共担。家族创业基于亲情，其资源整合和文化传承优势明显，但存在管理和传承问题。社会创业旨在解决社会问题，追求社会、经济的双重可持续性。

◆ 创业历经种子期、启动期、成长期、成熟期和转型期，各阶段的任务和挑战各异，企业需据此调整策略。

◆ 创业过程：开发成功的创业机会，需识别、评估和开发机会，为创业奠定基础；建立新企业，涉及商业计划制订、资源整合和注册启动，以确保企业合法运营；管理新创企业，涵盖运营、财务和战略管理等多方面，以保障企业持续发展。

复习思考题

1. 结合马斯克的创业历程，分析创业者应具备哪些素质和能力，以及如何在不同的创业阶段运用这些素质和能力来推动创业项目的发展。

2. 以抖音为例，详细阐述创业的创新性特征在产品或服务的各个方面是如何体现的，以及创新性对创业成功的重要意义。

3. 对比生存型创业和机会型创业，从创业者的动机、资源、风险承受能力和发展潜力等方面进行分析，并举例说明两种类型在实际创业中的应用。

4. 公司内部创业为员工提供了独特的创业机会，同时也给公司带来了新的发展动力。请以某一具体公司为例，探讨公司内部创业的常见组织形式及其特点，以及如何通过有效的实施过程确保内部创业项目的成功。

5. 家族创业在资源整合和文化传承方面具有明显优势，但也面临一些挑战。请结合实际案例，分析家族创业在发展过程中如何发挥其优势，克服面临的挑战，实现可持续发展。

6. 社会创业致力于解决社会问题并创造社会价值，格莱珉银行是社会创业的成功典范。请分析格莱珉银行的小组贷款模式是如何实现社会价值和经济价值双赢的，以及对其他社会创业项目有哪些启示。

【习题】

即 学 即 测

第二章　营销管理研究

本章学习目标

(1) 理解营销管理的定义及其与市场营销的区别。

(2) 掌握营销管理的主要特征及其在企业中的作用。

(3) 掌握营销管理的职能及具体应用。

(4) 掌握营销管理的分析框架并能熟练运用。

引导案例 >>>

褚橙传奇：创业营销之道

褚橙，一个在中国商业史上具有传奇色彩的品牌，由曾经的"中国烟草大王"褚时健创立。这位 91 岁高龄的老人，以其跌宕起伏的人生经历和不屈不挠的创业精神，成为中国商业史上一个颇具争议却又令人尊敬的人物。

褚橙的成功，首先得益于其品牌故事和人格化营销策略。褚时健的传奇经历——从"中国烟草大王"到 75 岁高龄再创业种植橙子，赋予了褚橙超越产品本身的意义，成为一种"永不放弃""不服输"的励志精神象征。这种精神与消费者的情感共鸣，使得褚橙不仅仅是一个橙子，而是一个有温度、有故事的人格化产品。褚时健的人生经历之跌宕，对成王败寇野蛮定律的切身体会，加上 91 岁高龄，足够撑起一部小说、一部电影。褚橙的故事是一个关于坚持和重生的故事，这种故事的力量是褚橙品牌能够迅速走红的重要原因。

褚橙的营销策略中，互联网的运用尤为突出。2012 年褚橙借助电商渠道进入市场，2015年搭上阿里巴巴的顺风车，让产品销售更上一个台阶。褚时健对互联网有自己的认识，认为电子商务是一个建立在信用基础上的销售模式，需要产品以质量和品质赢得市场。褚橙通过互联网平台，实现了产品的快速传播和销售，同时也通过大数据分析消费者行为，优化产品和营销策略。这种互联网营销的创新运用，使得褚橙能够迅速在消费者中建立起品牌认知。

褚橙的成功，也在于其对市场细分和渠道精细化管理的深刻理解，以及对互联网营销的创新运用。褚橙的品牌传播策略也颇具特色,通过与传统媒体和微博等社交媒体的结合,褚橙成功地将褚时健的故事传播给更广泛的受众。褚橙的社会化营销手段,更是其成功的关键。褚橙在供应链管理方面的前瞻性,也是其成功的重要因素。褚橙的品牌建设,不仅仅依靠褚时健的个人品牌效应,更在于其对种植技术、品种改良和品牌体系梳理的专注。褚橙的未来发展方向,需要慢慢摒弃褚时健这个IP,专注种植技术、品种改良和品牌体系梳理。褚橙的故事,还在继续。

2.1 营销管理概述

2.1.1 营销管理的定义

营销的定义随着时间演变不断扩展,美国营销协会(American Marketing Association,AMA)所提供的营销定义得到了广泛的认可。AMA最初将营销定义为一个过程,它涉及商品、服务和创意的概念构建、定价、推广和分配,目的是创造能够实现个人和组织目标的交换。这个定义侧重于"交换"的概念。到了2013年,AMA给出了更完整和全面的定义,认为市场营销是在创造、沟通、传播和交换产品中,为顾客、客户、合作伙伴以及整个社会带来价值的一系列活动、过程和体系。而营销和营销管理的内涵相互关联但又有所区别,这导致了营销管理与营销之间的区分。

关于营销管理的定义,国内外学者从不同角度进行了阐释。

美国西北大学教授菲利普·科特勒将"营销"定义为"一种社会和管理过程,个人和集体通过创造产品和价值,并同别人交换产品和价值,从而满足需求和欲望"。这一定义强调了营销不仅是企业行为,还具有社会属性,涉及个人和集体的相互作用。

美国密歇根大学教授杰罗姆·麦卡锡认为营销管理是通过产品(Product)、价格(Price)、渠道(Place)、促销(Promotion)四个基本元素的整合来达成市场目标的过程。

美国加州大学教授戴维·阿克将营销管理定义为通过一系列系统化的活动来管理市场需求、品牌建设和顾客关系的过程,旨在通过满足市场需求来实现公司的盈利目标。

浙江大学教授张大亮认为,营销管理的实质是通过为客户创造价值来实现企业的可持续发展。这种观点强调了营销管理的双重目的:一方面,通过识别和满足客户需求提高企业的市场占有率和盈利;另一方面,通过与客户建立长期关系来提升客户忠诚度。

西安交通大学教授庄贵军认为营销管理是一种动态的管理过程,它不仅包括传统的市场推广和销售活动,还涵盖了品牌管理、客户服务和市场分析等更为广泛的领域。

中南财经政法大学樊帅认为营销管理是企业为了实现营销目标,对营销活动进行计划、组织、执行和控制的整个过程。它涉及对市场的分析、营销策略的制订、营销组合的执行以及营销效果的评估。

著名品牌战略专家李光斗认为营销管理的核心是通过品牌建设、市场调研和顾客需求的识别,将产品与顾客的需求相匹配,进而实现企业的持续盈利和品牌增值。

综上所述,营销管理可以定义为一个社会和管理过程,旨在通过系统化的规划和实施,识别和满足客户需求,为客户创造持续的价值,实现企业的可持续发展。通过高效的资源配置和战略执行，营销管理帮助企业建立长期客户关系，提升客户忠诚度，最终提高市场占有率和竞争力。该定义强调了营销管理的双重目的：满足客户需求并建立长期关系，以实现企业的市场竞争优势。

营销管理与市场营销密切相关，市场营销是一个广泛的概念，指的是企业通过研究、创造、传递和交换产品或服务来满足消费者需求的过程，包含市场调研、产品设计、定价、渠道和促销等活动。市场营销是整个过程的实施，而营销管理则是管理这一过程的系统方法，确保营销活动的有效性和资源的高效利用。营销管理与市场营销的区别如表 2-1 所示。

表 2-1 营销管理与市场营销的区别

维 度	营 销 管 理	市 场 营 销
定义	企业为了实现营销目标，对营销活动进行计划、组织、执行和控制的整个过程	企业在市场上销售商品和服务的过程，包括市场调研、产品开发、定价、促销和分销等
重点	企业的内部管理和外部市场的协调，注重策略的制订与执行	满足消费者需求和实现企业利润，注重市场需求的研究和满足
过程	包括分析、计划、执行和控制四个阶段，是一个系统的管理过程	通常包括市场调研、产品开发、定价、促销和分销等具体营销活动
目标	长期的企业发展和市场竞争力提升，不仅包括经济利益，还包括社会利益	短期的销售提升和市场份额增加，主要关注经济利益的获取
范围	广泛，涵盖企业的所有营销活动及其管理	相对狭窄，主要指企业在市场上的具体营销活动

2.1.2 营销管理的特征

营销管理是企业实现市场目标和顾客价值创造的关键职能，具备多重特征以确保其有效性。它的目标导向性，以顾客价值创造为核心，要求系统性和整体性，确保营销活动的连贯性和一致性。营销管理还需展现动态性和适应性，以应对市场变化，同时具备决策性和计划性，指导企业的营销行动。组织性和协调性保证了跨部门合作的高效性，而控制性和评估性则确保营销活动的监控和效果评估，为企业提供持续改进的依据。这些特征共同构成了营销管理的基础，使其成为企业获取竞争优势和实现长期发展的核心活动。营销管理的六大特征如图 2-1 所示。

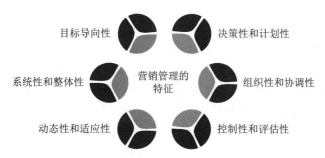

图 2-1 营销管理的特征

一、目标导向性

目标导向性是营销管理的核心特征，它强调企业在整个营销活动中应以创造顾客价值为最终目的。这种价值不仅包括产品或服务的基本功能，还包括顾客在使用产品或服务过程中获得的满足感、便利性和愉悦感。营销管理的任务是通过深入了解顾客的需求和偏好，设计出能够满足这些需求的产品和服务，并通过有效的市场策略和渠道将这些价值传递给目标顾客。在这一过程中，企业必须确保其营销活动能够高效率地运作，以最小的成本实现最大的顾客价值创造，从而达成企业的营销目标。这些目标可能包括增加市场份额、提高品牌知名度、提升顾客忠诚度等。

二、系统性和整体性

系统性和整体性则体现在营销管理活动的各个环节和方面都是相互联系、相互支持的。从市场调查和需求分析开始，到营销策略的制订、营销战术的策划，再到营销方案的实施和控制，每一步都是基于前一步的输出，并为下一步的决策提供输入。这种系统性的思维方式确保了营销活动的连贯性和一致性，避免了资源浪费和战略失误。整体性则意味着营销管理不仅仅是营销部门的事情，它涉及企业的所有部门，包括研发、生产、财务、人力资源等，需要这些部门的协同合作，共同为实现顾客价值和企业目标而努力。

三、动态性和适应性

动态性和适应性要求营销管理者必须对市场环境保持敏感，并能够迅速响应市场变化。市场趋势、消费者行为、竞争对手的策略、技术进步等因素都可能影响营销的效果。营销管理不是一成不变的，而是一个持续的过程，需要不断地评估市场状况，调整营销策略，以适应不断变化的外部条件。这种适应性不仅体现在对市场的快速反应上，还体现在对内部资源和能力的灵活配置上，以确保企业能够在竞争激烈的市场中保持竞争力。

四、决策性和计划性

决策性和计划性是营销管理的重要组成部分。营销决策通常涉及市场定位、产品选择、价格设定、促销方式等关键问题，这些决策需要基于对市场状况的深入分析和理解。营销计划则是基于这些决策，制订具体的行动方案，包括时间表、预算、责任分配等。一个有效的营销计划应该能够指导企业的营销活动，确保所有活动都能够朝着既定的目标前进。

五、组织性和协调性

组织性和协调性则强调了营销管理在整合资源、协调各个方面的作用。营销活动往往需要跨部门合作，比如产品开发需要研发部门的支持，广告宣传需要设计和技术人员的配合，销售活动需要物流和客户服务部门的参与。营销管理者必须确保这些部门之间的有效沟通和协作，以便营销活动能够顺利进行。

六、控制性和评估性

控制性和评估性涉及对营销活动的控制和评估。控制是确保营销活动按照计划进行，及时发现并解决问题，评估则是对营销活动结果的测量和分析，以判断其是否达到了预定的目标。这种评估不仅包括销售业绩，还包括顾客满意度、市场份额、品牌认知度等多个维度。通过评估，企业可以了解哪些策略有效，哪些需要改进，从而为未来的营销决策提供依据。

2.1.3　营销管理的作用

营销管理是现代企业维持市场竞争力和实现持续增长的核心策略。在多元化和快速变化的市场环境中，有效的营销管理能够帮助企业深入了解消费者需求，制订相应的产品和服务策略，从而在激烈的市场竞争中保持优势。通过细致的市场分析和消费者洞察，企业能够准确地把握市场趋势，适时调整产品特性和营销策略，以满足目标顾客的期望和需求。通过精准的市场需求分析、竞争态势把握以及科学的策略制订，营销管理能够让企业在瞬息万变的市场中占据一席之地。营销管理的作用如图 2-2 所示。

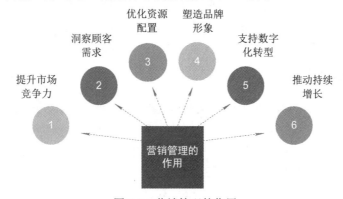

图 2-2　营销管理的作用

一、提升市场竞争力

营销管理通过深入了解市场需求和动态变化，帮助企业制订有效的市场策略。在消费者行为不断变化的背景下，营销管理能够帮助企业准确把握市场的最新趋势，及时调整产品、定价、分销渠道和推广策略，以确保企业能够灵活应对市场波动。这样的精准分析与科学决策使得企业在快速变化的市场中，始终保持在竞争的前列。

二、洞察顾客需求

营销管理使得企业能够通过市场调研和消费者行为分析，更加深入地了解顾客需求和偏好。市场调研不仅帮助企业收集第一手的顾客数据，还能够为企业提供详尽的顾客需求、期望、习惯和消费模式的深入洞察。消费者行为分析则可以使企业清楚地了解顾客的购买心理和决策过程，进而为企业提供产品开发、市场细分和目标市场选择的依据。

三、优化资源配置

营销管理在资源配置优化方面也发挥了至关重要的作用。企业在进行市场活动时，往往面临资源有限的问题，这就需要通过营销管理的科学方法，将有限的资源集中于最具潜力的市场和消费群体。通过有效的资源配置，企业能够提高营销活动的效率，实现投资的最大化回报。例如，在进行广告投放时，企业可以通过数据分析找到最适合的投放渠道，将资源集中于能够最大限度触达目标受众的平台上。这种聚焦型的资源配置不仅提高了市场活动的效果，还能够有效降低营销成本，为企业创造更高的经济效益。

四、塑造品牌形象

在品牌建设方面，营销管理同样扮演着不可或缺的角色。企业在竞争激烈的市场中要想长久立足，建立独特且鲜明的品牌形象至关重要。营销管理通过品牌定位、品牌传播和品牌维护，帮助企业在消费者心中建立起清晰的品牌认知。

五、支持数字化转型

随着数字技术的迅猛发展，营销管理也在逐步迈向数字化和智能化。数字营销使得企业能够通过网络平台、社交媒体、电子邮件营销、搜索引擎优化(SEO)等多种数字渠道与消费者直接互动。这种直接沟通的方式不仅提高了企业的市场覆盖率，还使得企业能够通过大数据分析了解消费者的实时需求和偏好，进行精准营销。

六、推动持续增长

一个成功的企业不仅需要应对短期的市场挑战，更需要在长期战略上有明确的方向。营销管理帮助企业制订长期的市场目标，并通过一系列的营销活动实现这些目标。企业在面对外部市场变化时，能够迅速调整自身的产品和服务，以满足市场的最新需求。同时，营销管理还通过不断监控和评估市场活动的效果，确保所有的营销行为都在朝着既定的目标前进。当营销活动偏离预期时，企业可以根据数据反馈进行及时调整，避免资源浪费。这种基于效果的营销评估为企业提供了强有力的支持，确保企业在未来发展中保持竞争力和市场地位。

【拓展阅读】

魔法市场：亚马逊的营销奇迹

2.2　营销管理的起源、发展及概念的演化

2.2.1　营销管理的起源及发展

营销管理的起源可以追溯到早期市场交易的出现，但作为一门系统化的学科，它的发展主要始于 20 世纪初。在这个时期，随着工业革命的深入，生产技术的飞速发展使得生产能力大幅提升，进而导致市场供应的激增。企业开始意识到，仅依靠提高生产效率和降低

产品成本的生产导向策略已无法满足市场需求的多样性和复杂性。企业面临的挑战不再是如何生产更多的商品，而是如何将这些商品有效地销售给消费者。这一认识的转变促使营销管理作为一门独立的学科受到重视，开始探讨如何通过各种营销手段来满足和创造消费者需求，实现产品的有效销售。营销管理的起源及发展如图 2-3 所示。

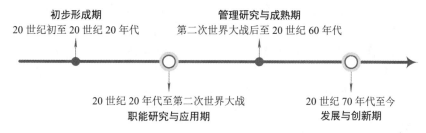

图 2-3　营销管理的起源及发展

一、初步形成期(20 世纪初至 20 世纪 20 年代)

营销管理的初步形成期可以追溯到 20 世纪初工业革命后的市场竞争加剧阶段。此时，生产效率提升带来产品供应增加，企业意识到仅依靠高质量产品已不足以确保市场成功，还需销售和分销策略来吸引客户。在这一背景下，营销逐渐从商品流通和广告活动中分离，成为一门独立学科，关注于销售和分销渠道的改进以扩大市场覆盖率。这一时期的营销活动以产品的物理分配为主，缺乏对客户需求和满意度的关注。

二、职能研究与应用期(20 世纪 20 年代至第二次世界大战)

20 世纪 20 年代，世界经济危机的冲击使得众多企业深陷产品过剩与市场需求萎缩的泥潭。企业逐渐认识到，传统的生产和销售模式已难以适应市场的新需求，亟须采用更为精细化的营销策略来吸引顾客并维持其忠诚度，营销理论的研究重心开始从生产导向转变为市场导向。学者们开始致力于通过深入的市场研究来预测并满足消费者需求，探索产品差异化策略以提升市场竞争力，以及运用灵活的定价机制来应对市场波动。众多杰出的营销理论家与实践者纷纷涌现，如约翰·霍华德首次提出了"营销管理"的概念，强调了买卖双方交换的促进作用；而菲利普·科特勒则进一步丰富了营销管理理论，提出了营销组合(Marketing Mix)的核心理念，即综合运用产品、价格、分销和促销四大策略来优化营销活动。

三、管理研究与成熟期(第二次世界大战后至 20 世纪 60 年代)

管理研究与成熟期是营销管理发展史上的一个重要阶段，这一时期从第二次世界大战结束后开始，一直持续到 20 世纪 60 年代。在这个阶段，营销管理理论经历了深刻的变革和发展，形成了更为成熟和系统的理论体系，为企业提供了更为科学和有效的营销管理工具与方法。第二次世界大战后，美国经历了第三次科技革命，这一时期科技的飞速发展极大地促进了生产力的提高和商品种类的丰富。同时，美国政府推行的高消费、高工资、高福利和缩短工时的政策，增强了消费者的购买力，刺激了消费者的需求和购买欲望。这些因素共同推动了市场经济的快速发展，也为营销管理理论的发展提供了新的机遇和挑战。

四、发展与创新期(20世纪70年代至今)

发展与创新期始于20世纪70年代，并持续至今。在这个阶段，营销管理经历了前所未有的变革，这些变革受到了科技进步、经济全球化以及社会文化变迁的深刻影响。随着信息技术的飞速发展，特别是互联网的广泛应用，营销管理开始融入新的元素。这一时期，营销不再局限于传统的广告和促销手段，而是开始利用数字媒体进行品牌推广和客户互动。网络营销、社交媒体营销、内容营销等新兴的营销方式逐渐成为企业获取竞争优势的重要手段。经济全球化的推进使得企业不再局限于本国市场，而是开始拓展国际市场，全球营销、跨文化营销以及国际品牌建设等概念开始受到重视。

2.2.2 营销管理概念的演化

在不同历史时期，营销管理领域经历了显著的变革，见证了一系列创新理论和实践的发展，它们不仅重塑了营销的面貌，而且为现代营销管理奠定了基础。各阶段营销管理相关概念的发展如表2-2所示。

表2-2 各阶段营销管理相关概念的发展

阶段	20世纪50年代	20世纪60年代	20世纪70年代	20世纪80年代	20世纪90年代	21世纪初
营销管理概念	营销组合 产品生命周期 品牌形象 市场细分	4P理论 营销近视症 生活方式	社会营销 战略营销 社会性营销	内部营销 全球营销 直接营销 关系营销	体验营销 网络营销 赞助营销	ROI营销 品牌营销 顾客资产营销 社会责任营销 绩效营销

一、战后的20世纪50年代

(1) 营销组合(Marketing Mix)。营销组合是指企业为推广其产品或服务，所采用的一系列策略和手段的组合。它涵盖了多个方面的决策，包括产品设计、定价策略、销售渠道选择和促销活动等。

(2) 产品生命周期(Product Life Cycle，PLC)。产品生命周期描述了产品从进入市场到最终退出市场的整个过程，通常分为四个阶段：引入期、成长期、成熟期和衰退期。

(3) 品牌形象(Brand Image)。品牌形象是消费者对品牌的整体感知和评价，它包括品牌的名称、标志、口碑、价值观以及消费者的使用体验。

(4) 市场细分(Market Segmentation)。市场细分是指将整个市场按照不同的消费者特征、需求、购买行为、地理位置等因素划分为若干个具有相似需求和特征的子市场。通过市场细分，企业能够识别和分析各个细分市场的特点，从而更精准地定位其产品或服务。

二、腾飞的20世纪60年代

在20世纪60年代，随着市场环境的变化和消费者需求的多样化，营销管理理论继续发展并逐步完善。这一时期的营销理念不仅深化了4P营销组合的应用，还引入了重要的概念和思维方式，帮助企业更好地适应市场竞争和消费者变化。

(1) 4P 理论(Four Ps)。4P 理论是营销管理中最经典的概念之一，指的是产品(Product)、价格(Price)、渠道(Place)和促销(Promotion)四个关键要素的组合。

(2) 营销近视症(Marketing Myopia)。营销近视症是由西奥多·莱维特提出的概念，它描述了一种短视的营销思维，即企业过于关注产品的生产而忽视了顾客需求和市场变化。

(3) 生活方式(Lifestyles)。生活方式指的是个体或家庭在日常消费、休闲活动、工作态度等方面的总体行为模式和价值观，它反映了消费者的兴趣、习惯、价值取向以及他们如何看待生活中的不同元素。

三、动荡的 20 世纪 70 年代

20 世纪 70 年代是营销管理领域的一个重要变革时期，出现了许多具有社会责任和战略性的营销理念，推动了企业营销方式的进步。这一时期引入的社会营销、战略营销和社会性营销理念，使得企业不再仅关注自身的经济利益，而是开始承担更多的社会责任。

(1) 社会营销(Social Marketing)。社会营销是一种将市场营销原理应用于社会行为改变的方法，目的是通过影响个人或群体的行为来促进社会福利和公共利益。不同于传统营销，社会营销并非以盈利为核心，而是关注如何推动人们采取对社会有益的行动，如改善健康、保护环境、提高交通安全意识等。

社 会 责 任

碧水源是一家致力于提供清洁饮水解决方案的企业，其企业社会责任的核心在于改善边远地区居民的饮水条件。在"清流计划"下，碧水源不仅为缺乏安全饮水资源的村庄捐赠净水设备，还提供持续的技术支持和维护服务，确保设备长期有效运行。公司还开展教育项目，提高当地居民对清洁饮水重要性的认识，并教授他们基本的水质检测和水环境保护知识。通过这些努力，碧水源不仅改善了数千人的生活质量，还促进了当地社区的可持续发展。

---

(2) 战略营销(Strategic Marketing)。战略营销是将营销管理融入企业战略规划的过程，重点在于将企业的长远目标与市场机会紧密结合。它通过分析企业的内部资源(如技术、人才、财务等)以及外部环境(如市场需求、竞争态势、政策法规等)，确定企业的市场定位和竞争优势，进而制订出一系列实现这些目标的营销策略。

(3) 社会性营销(Societal Marketing)。社会性营销是营销管理的一个分支，它关注于通过营销手段实现社会目标。这种营销不仅追求企业的经济利益，还追求社会福祉。社会性营销的目标是提高公众意识，改变不良的社会行为，如吸烟、酗酒和不良饮食习惯等。通过社会性营销，企业可以在追求利润的同时，也为社会带来积极的影响。

四、迷茫的 20 世纪 80 年代

20 世纪 80 年代的营销管理在全球化浪潮和信息技术的推动下经历了多元化的演变，企业逐渐意识到内部文化、全球视野、客户关系和直接沟通在营销中的重要性。这一时期出现了内部营销、全球营销、直接营销和关系营销等新理念，使得企业能够从多个维度构建更加完善的营销体系。

(1) 内部营销(Internal Marketing)。内部营销是指在企业内部推广一种营销导向的文化，

确保所有员工都理解并致力于实现企业的营销目标。

(2) 全球营销(Global Marketing)。全球营销是指企业在全球范围内开展的营销活动,涉及在多个国家市场推广其产品或服务。这一概念要求企业超越本国市场的局限,充分考虑不同国家的文化、法律和商业环境,以制订具有适应性的国际营销策略。

(3) 直接营销(Direct Marketing)。直接营销是一种企业通过与消费者直接沟通来实现销售目标的营销方式,无须依赖中间渠道。其核心在于企业直接联系潜在客户,通过邮件、电话销售、电子邮件和在线营销等手段向消费者传达产品或服务信息。

(4) 关系营销(Relationship Marketing)。关系营销是一种以建立和维护与消费者长期关系为核心的营销策略。其重点在于通过提供持续的价值、优质的服务和个性化的客户体验来提升顾客满意度,从而提高顾客忠诚度并维持稳定的客户基础。

> **【案例 2-1】**
>
> ### 先锋书店的忠诚计划
>
> 先锋书店是一家位于大学城附近的独立书店,它通过实施一项创新的关系营销策略——"蓝海忠诚计划",成功地在激烈的在线零售竞争中站稳了脚跟。该计划通过提供个性化推荐、定期会员活动和积分兑换系统,与顾客建立了深厚的关系。书店根据会员的购买历史和阅读偏好,通过电子邮件和社交媒体提供定制化的新书推荐和优惠活动,使顾客感到被特别关注。此外,先锋书店还举办签名会、读书会和文学讲座等活动,邀请作者与读者面对面交流,增强了社区的凝聚力。积分系统让顾客在每次购买时都能积累积分,用于兑换咖啡、文具或未来的购书折扣。这种以关系为核心的营销策略不仅提升了顾客的忠诚度,也为先锋书店带来了稳定的回头客和口碑传播,成为其在当地市场中的一大竞争优势。

五、一对一的 20 世纪 90 年代

在 20 世纪 90 年代,市场营销逐步走向个性化和深层互动,企业开始通过体验营销、网络营销和赞助营销等多种创新策略,与消费者建立更加紧密的关系。

(1) 体验营销(Experiential Marketing)。体验营销是一种以创造和提供独特消费体验为目标的营销策略,通过感官刺激、互动活动和情感联结,使消费者在购买过程中获得深刻的体验。

(2) 网络营销(E-marketing)。网络营销是一种通过互联网技术和平台进行的多样化营销活动,包括利用网站、社交媒体、电子邮件和其他在线渠道来推广产品或服务。网络营销具有覆盖范围广、互动性强、成本效益高等优势,使企业能够精准地触达目标受众。

(3) 赞助营销(Sponsorship Marketing)。赞助营销是一种企业通过支持特定活动、事件或公众人物来推广其品牌或产品的营销方式。通过赞助,企业可以将品牌融入受众感兴趣的场景中,从而提升品牌的知名度和美誉度。

六、利润导向的 21 世纪初

在 21 世纪初,企业的营销管理逐渐以利润为核心,强调通过精确衡量与价值回报的方式,提升其市场竞争力与资源效率。

(1) ROI 营销(Return On Investment Marketing)。ROI 营销是一种评估营销活动效益的方法，通过比较营销投入与获得的收益，衡量营销活动的成功程度。这种以结果为导向的营销方法促使企业在制订营销计划时更加关注成本效益，确保资源的有效利用。ROI 营销不仅帮助企业优化预算配置，提高决策的科学性，还能够促进营销策略的不断改进，以实现长期盈利和品牌价值的提升。

(2) 品牌营销(Brand Marketing)。品牌营销是一种通过广告、公关、赞助等多种手段来构建和提升品牌形象的策略，旨在增加品牌的知名度和影响力。通过品牌营销，企业能够在消费者心中建立起鲜明的品牌认知，帮助其在竞争中脱颖而出。

【案例 2-2】

汉口二厂的文学营销

在喧嚣的都市中，有一家名为汉口二厂的饮料企业，以其独特的品牌营销策略赢得了文学爱好者的青睐。他们将诗歌与饮料瓶相结合，每一瓶饮料上都印有一首精选的短诗，这些诗歌或励志或抒情，旨在为消费者带来片刻的心灵慰藉。通过这种方式，汉口二厂不仅提供了清凉的饮品，还传递了文化的深度。他们的产品在书店和文艺咖啡馆特别受欢迎，成为文艺青年的新宠。通过社交媒体上的互动活动，如"分享你的汉口二厂故事"，进一步增强了与消费者的联系，使得汉口二厂迅速在小众市场中获得了品牌忠诚度和口碑传播。这个案例表明，即使是中小型企业，也能通过创意营销在竞争激烈的市场中找到自己的一席之地。

(3) 顾客资产营销(Customer Equity Marketing)。顾客资产营销关注于建立和维护顾客关系，以增加顾客的终身价值。顾客资产营销强调通过提供高质量的产品和服务、个性化的客户体验以及有效的顾客关系管理来增强顾客的忠诚度。

(4) 社会责任营销(Social Responsibility Marketing)。社会责任营销是指企业在营销活动中考虑社会和环境影响，强调企业的社会责任。企业通过参与公益活动、支持社会项目和环保计划等，展示其对社会的积极贡献，吸引消费者的关注和认可。

(5) 绩效营销(Performance Marketing)。绩效营销是一种以结果为核心的营销模式，通过设定具体的绩效目标和关键指标来衡量营销活动的成效。

【拓展阅读】

海尔逆袭记：从模仿到创新的营销传奇

2.3 营销管理的职能

营销管理与其他类型的管理并无本质上的差异，它实质上是针对企业营销活动展开的一系列管理实践，体现了管理理论在企业营销领域的实际运用。因此，按照管理学的基本原理，营销管理可以被认为是企业利用计划、组织、领导和控制等基本管理功能，来协调和整合营销活动中各参与方的工作，与他们合作，有效且高效地完成营销目标。从这个定义出发，创业企业营销管理的含义可从三个维度解析：

(1) 营销管理的核心目标是提升创业企业营销活动的效率与成效。

(2) 营销管理的主要对象包括所有参与企业营销活动的人员及其行为，这些参与者可能是创业公司内部的营销团队或外部机构，也可能涉及其他公司(如分销商)或个体(如代理人)。

(3) 营销管理所依据的方法包括对营销活动的规划、组织、领导和控制。

创业企业的关键营销动作通常包括市场调查与分析、营销组织设计、营销策划与执行、营销监控与评估，分别依据管理学中的四大基本职能——计划、组织、领导和控制来进行。营销管理的职能、创业企业的营销活动及其具体应用在表 2-3 中详细描述。

表 2-3   营销管理的职能、创业企业的营销活动及其具体应用

营销管理的职能	创业企业的营销活动	营销管理中职能的具体应用
计划	市场调查与分析	确定市场机会，进行需求分析和竞争分析，制订营销目标
组织	营销组织设计	建立营销团队，分配任务和资源，确保营销活动的有效执行
领导	营销策划与执行	领导团队实施营销策略，包括产品、价格、分销和促销
控制	营销监控与评估	监控营销活动的效果，评估绩效，进行必要的调整

在市场竞争日益激烈的今天，创业企业必须采取更加精细化和战略性的方法来管理其营销活动。这要求创业者不仅要对市场有深刻的洞察力，还要能够灵活地调整策略以应对不断变化的市场条件。营销管理在创业企业营销活动中的具体应用如图 2-4 所示。

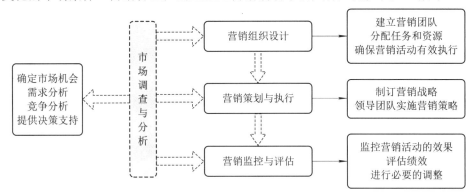

图 2-4   营销管理在创业企业营销活动中的具体应用

一、市场调查与分析

市场调查与分析在创业企业营销活动中扮演着至关重要的角色。通过深入的市场调查，创业企业能够收集到关于消费者需求、市场趋势、竞争对手行为等关键信息，这些信息对于制订有效的营销策略至关重要。一个系统的市场调查与分析流程不仅能够帮助创业企业确定市场机会，还能够帮助创业企业深入了解消费者的具体需求，并制订出差异化的市场

策略，从而在激烈的市场竞争中脱颖而出。市场调查与分析的作用如图 2-5 所示。

图 2-5　市场调查与分析的作用

二、营销组织设计

基于市场调查与分析的结果，创业企业可以设计出合适的营销组织结构。这个结构应该能够支持营销策略的实施，确保营销活动的顺利进行。一个高效的营销团队能够确保营销活动的顺利进行，并能够迅速响应市场变化。为了实现这一目标，创业企业必须精心设计和构建其营销团队，确保团队成员具备所需的技能和专长，并能够有效地协同工作。营销组织设计是创业企业营销活动成功实施的关键，通过建立具有不同技能和专长的团队，分配任务和资源，以及确保营销活动的有效执行，并能够迅速响应市场变化。一个高效的营销团队不仅能够提高创业企业的市场竞争力，还能够帮助创业企业实现长期的业务增长。因此，创业企业必须投入足够的资源和精力，来设计和构建其营销团队，以确保其营销活动能够取得成功。

三、营销策划与执行

营销策划与执行是创业企业营销活动中的核心环节，它要求创业企业领导层不仅要制订明确的营销策略，还要确保这些策略得到有效执行。在这个过程中，制订营销战略是至关重要的一步，它为创业企业提供了长期发展的方向和目标。一个全面的营销战略应该包括市场定位、目标市场的选择、营销组合策略以及资源的分配。营销战略制订后，创业企业需要制订营销组合策略——产品策略、价格策略、分销策略和促销策略。这些策略必须相互协调，形成一个统一的营销组合，以满足目标市场的需求。为了确保营销策略的成功执行，创业企业还需要建立一个跨功能的团队，包括产品开发、市场调研、广告和公关等部门的专家。这个团队需要具备跨领域的知识和技能，以确保营销策略的全面性和有效性。

四、营销监控与评估

营销监控与评估是创业企业营销活动的重要组成部分。通过监控与评估，创业企业可以确保营销活动能够持续产生预期的结果，并在必要时进行调整。这一过程对于创业企业的长期成功至关重要，因为它帮助创业企业理解哪些策略有效，哪些需要改进，从而确保资源的有效利用和营销投资的最大化回报。监控营销活动的效果是确保营销目标得以实现的关键。通过设定关键绩效指标(KPI)，创业企业可以量化营销活动的表现，并跟踪其进展。营销监控与评估还涉及对市场趋势和消费者行为的持续分析。市场条件是不断变化的，消费者需求和行为也在不断演变。

【拓展阅读】

健康风暴：元气森林的零糖革命

2.4　营销管理理论的发展

营销管理理论的发展经历了多个阶段，从 4P 理论到 4C 理论再到 4R 理论，反映了营销重心从产品导向到顾客导向，再到关系导向的演变。营销管理理论的发展是企业在应对不断变化的市场需求和技术进步中逐步演化的过程。从 20 世纪初的生产导向时期到今天的数字化营销，营销理论经历了深刻的变革。这些变革反映了企业如何从单纯关注产品生产转向更加关注消费者需求、市场细分、长期客户关系，以及利用先进技术进行市场推广的复杂过程。在这一历史进程中，企业不断寻找更有效的方法来吸引和保持顾客，同时也在不断调整其营销策略以应对日益激烈的市场竞争和不断变化的消费者期望。营销管理理论的发展如图 2-6 所示。

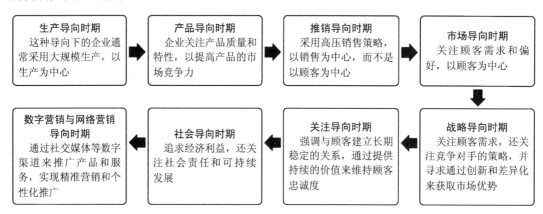

图 2-6　营销管理理论的发展

一、生产导向时期

生产导向是营销管理理论发展的早期阶段，它主要出现在 20 世纪初至中叶，这一时期正是工业化迅速发展的时代。在这个阶段，由于生产技术的进步和生产效率的提高，企业的生产能力得到了极大的增强。然而，市场上的产品相对稀缺，消费者对于各种商品的需求远超过供给，这就导致了产品供不应求的现象。在这种市场环境下，企业关注的是如何提高生产效率和产量，以降低成本并满足市场需求。在生产导向时期，营销理论的核心假设是只要产品广泛可用且成本低廉，就能在市场上成功。企业将主要精力投入如何提升生产效率和降低成本上，几乎不对市场需求和消费者偏好进行考量。

二、产品导向时期

在 20 世纪中叶，营销管理理论的一个重要发展便是产品导向的兴起，这标志着企业从生产导向向更加聚焦于产品质量与特性的转变。随着生产技术的飞跃和效率的显著提升，市场逐渐陷入产品过剩的境地，消费者的选择因此变得日益多样化。单纯依赖高效的生产能力已难以确保产品的市场成功，产品质量与特性成为决定胜负的关键因素。

三、推销导向时期

推销导向出现在 20 世纪中叶至末期，这一时期标志着市场从卖方市场向买方市场的转变。随着生产能力的提高和产品种类的增加，市场上的产品开始出现过剩现象，消费者开始拥有更多的选择，依靠高质量的产品并不能保证销售的成功，必须通过积极的推销和促销活动来推动销售。这种导向下的企业以销售为中心，而不是以顾客为中心，企业的成功很大程度上取决于其销售团队的能力和推销技巧。

四、市场导向时期

在 20 世纪末至 21 世纪初，市场导向成为营销管理理论的关键转型期，这一时期企业开始深刻洞察并高度重视顾客需求。随着全球经济的融合和信息技术的高速发展，市场竞争愈发激烈，消费者面临的选择也日益增多。市场导向的企业将顾客置于营销活动的核心，通过系统的市场调研来深入掌握顾客的需求、期望和行为模式。这种导向促使企业在产品设计和推广阶段就充分考虑顾客需求，并将顾客置于整个价值链的中心，确保企业的所有决策和行动都能满足顾客的期望。

五、战略导向时期

随着全球化和技术创新的推进，企业不仅要满足顾客需求，还需在竞争中保持优势，这要求企业进行更加系统且具有前瞻性的战略规划。在战略导向时期企业将营销活动视为实现长期目标和竞争优势的关键手段，这类企业不仅关注顾客当前的需求，还通过市场研究预测未来的趋势，从而制订相应的营销策略。企业开始实施更加细致的市场细分策略，识别不同消费者群体的需求，并为其设计差异化的产品和服务。

六、关系导向时期

关系导向是自 21 世纪初至今营销管理理论中的一个关键发展方向。在这一时期，企业逐渐认识到，与顾客建立并维持长期、稳定的关系远比单次交易更具重要性。采用关系导向的企业将顾客视为宝贵的资产，通过不断提供价值来增强顾客的忠诚度。受这种导向影响，企业开始采取客户关系管理(CRM)策略，借助顾客数据的收集与分析，更好地了解顾客的行为与偏好。

七、社会导向时期

社会导向是 21 世纪初以来营销管理理论中的重要发展趋势。随着全球化的推进和环境问题的日益严重，企业逐渐意识到其经营活动对社会和环境的影响不容忽视。社会导向的企业不仅追求经济利益，还开始承担起社会责任，强调可持续发展。在这一时期许多企业积极采取环保措施，推动绿色营销，既保护环境，又满足消费者对环保产品的需求。企业通过使用可再生材料、减少废物和污染排放、提高能效等方式，减少运营对环境的负面影响。

八、数字营销与网络营销导向时期

随着互联网和技术的快速发展，数字营销与网络营销已经成为现代营销管理的重要组成部分，并在过去几十年中经历了深刻的变革。数字营销与网络营销的核心在于利用互联网技术和数字媒体平台来接触和吸引消费者。企业通过社交媒体、搜索引擎优化(SEO)、内容营销、电子邮件营销、移动营销等多种数字渠道来进行品牌推广、产品营销和客户关系管理。这些渠道不仅能够帮助企业与目标消费者建立更直接的联系，还能够提供个性化的营销信息，实现精准营销。

【案例 2-3】

斑马旅拍的数字转型之旅

斑马旅拍是一家提供定制旅行摄影服务的创业企业，它通过数字营销实现了业务的快速增长。面对数字化时代的到来，斑马旅拍认识到必须将传统营销模式转型为更加互动和个性化的数字营销策略。公司利用社交媒体平台，如 Instagram(照片墙)和微博，展示旅行摄影作品，并通过故事和短视频吸引目标客户。斑马旅拍开发了一个用户友好的网站，提供在线预订服务，并集成了客户评价系统，使潜在客户能够直观地看到服务效果和客户满意度。此外，公司还运用搜索引擎优化(SEO)和搜索引擎营销(SEM)提高在线可见度，吸引更多流量。通过数据分析工具，斑马旅拍深入了解客户需求和行为模式，不断优化营销活动，提高转化率。这种以数字为核心的营销策略不仅提升了品牌形象，也为公司带来了显著的业绩增长，成为中小型企业数字营销的典范。

2.5　营销管理的分析框架与程序

在当今瞬息万变的市场环境中，创业企业要在竞争激烈的市场中脱颖而出，必须依赖科学而系统的营销管理框架。营销管理的分析框架与程序提供了一套结构化的方法，使创业企业能够从市场和竞争的角度全面分析内外部环境，并制订具有竞争力的营销策略。营销管理的过程，也就是创业企业为实现企业任务和目标而发现、分析、选择和利用市场机会的管理过程。更具体地说，营销管理过程包括如下四个阶段：① 分析市场环境；② 制订营销战略；③ 制订营销组合策略；④ 执行和控制市场营销计划。营销管理的四个阶段如图 2-7 所示。

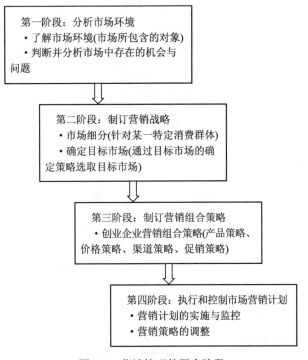

图 2-7 营销管理的四个阶段

2.5.1 分析市场环境

一、市场分析

市场分析聚焦于市场的现状、趋势、消费者需求、行为以及潜在的市场机会，它包括市场需求分析、消费者分析、市场趋势、市场潜力等多个维度。市场需求分析涉及了解市场上消费者的需求类型、需求规模和增长潜力，这对于创业企业确定产品开发和市场定位至关重要。消费者分析则细分市场并分析不同消费者群体的需求、偏好和购买行为，使创业企业能够更精准地满足目标市场的需求。市场趋势识别市场的未来发展方向，评估哪些变化可能影响创业企业，这对于创业企业把握市场动态、预测未来变化具有重要意义。

二、竞争分析

竞争分析是帮助创业企业确定市场定位并制订差异化策略的关键步骤，通过深入了解竞争者的策略和市场表现，创业企业可以有效识别自身的竞争优势与差异化定位。竞争者分析着重于对主要竞争者的优势和劣势、市场份额及其竞争手段的深入研究，帮助创业企业全面了解竞争对手在市场中的地位和行动模式。通过这一分析，创业企业能够识别市场中的主要威胁和机会，找到自己的竞争优势和改进空间。在此基础上，创业企业可以进行差异化定位。差异化定位不仅是企业在市场中脱颖而出的关键，也是建立独特品牌形象的核心策略。这样不仅可以增强客户对企业品牌的认知，还能提高客户的品牌忠诚度，建立竞争壁垒。

【拓展阅读】

花西子：绘彩东方，装点全球

2.5.2 制订营销战略

制订营销战略被简单地归纳为 STP，它由三个步骤组成：一是市场细分(Segment)；二是目标市场(Target)；三是市场定位(Position)。制订营销战略的步骤如图 2-8 所示。

市场定位

在消费者心中为其产品或品牌确定独特位置的过程，包括分析市场竞争、确定定位基准、制订价值主张、建立品牌形象、持续调整优化

目标市场

企业决定要进入的市场的顾客群。战略选择有无差异市场营销、差异市场营销和集中市场营销

通过某一群具有同样消费偏好的群体来划分市场

图 2-8 制订营销战略的步骤

一、市场细分

市场细分是将一个广泛的市场根据不同的特征划分成不同的子市场。这些子市场内部具有相似需求、偏好或行为的消费者群体，而不同细分市场之间则存在明显的差异。市场细分的目的是更好地满足不同消费者群体的需求，提高市场营销的效率和效果。市场细分一般要考虑两个方面的内容：首先，市场细分应该有利于创业企业发现有利的市场机会，能够提高创业企业的市场占有率；其次，市场细分还应该使创业企业通过最少的经营费用取得最大的经营效益。

市场细分的要求主要有：

(1) 可测量性，即各子市场的购买力能够被测量，市场的大小可以被测量；

(2) 可进入性，即创业企业有能力进入所选定的子市场；

(3) 可盈利性，即创业企业进行市场细分后所选定的子市场的规模足以使创业企业有利可图；

(4) 差异性，即创业企业进入的子市场具有差异性，能够被区别；

(5) 相对稳定性，即子市场可以维持相对较大的时间。

二、目标市场

目标市场就是创业企业决定要进入的那个市场部分，也就是创业企业拟投其所好，为之服务的那个顾客群(这个顾客群有颇为相似的需要)。确定目标市场涵盖战略时，有三种选择：

(1) 无差异市场营销。无差异市场营销是指创业企业在市场细分之后，不考虑各子市场的特性，而只注重子市场的共性，决定只推出单一产品，运用单一的市场营销组合，力求在一定程度上适合尽可能多的顾客需求。

(2) 差异市场营销。差异市场营销是指创业企业决定同时为几个子市场服务，设计不同的产品，并在渠道、促销和定价方面都加以相应的改变，以适应各个子市场的需要。

(3) 集中市场营销。集中市场营销是指创业企业集中所有力量，以一个或少数几个性质相似的子市场作为目标市场，试图在较少的子市场上占据较大的市场占有率。

三、市场定位

市场定位指创业企业在目标市场中，为其产品或品牌确定一个独特的位置，使其在消费者心目中形成清晰的、与竞争对手不同的形象。通过市场定位，创业企业能够使其产品在目标消费者中脱颖而出，并在激烈的市场竞争中建立差异化的竞争优势。

市场定位包括以下几个关键步骤：

(1) 分析市场竞争。创业企业需要对市场上的竞争产品和品牌进行深入分析，了解它们的定位和优势。通过研究竞争对手，创业企业可以识别市场中的机会，找到能够差异化定位的切入点。

(2) 确定定位基准。定位基准是创业企业希望在消费者心中建立的核心价值或特性。常见的定位基准包括价格、质量、功能、用户体验、创新性、品牌文化等。

(3) 制订独特的价值主张。价值主张是创业企业在消费者心中建立品牌地位的核心陈述。创业企业需要结合消费者需求和自身优势，提出独特且有吸引力的价值主张，以激发消费者的兴趣并影响其购买决策。

(4) 建立和传播品牌形象。一旦确定了市场定位，创业企业需要通过一致的品牌形象、沟通方式和推广渠道，将定位传达给目标消费者。

(5) 持续调整和优化。市场定位并非一成不变，创业企业需要随着市场变化、竞争格局的改变以及消费者需求的升级，定期评估并适时调整市场定位，以确保品牌始终在目标市场中具有吸引力和竞争力。

市场定位帮助创业企业将产品与消费者需求紧密连接，使品牌在市场中占据独特地位。这一过程不仅使创业企业在竞争中脱颖而出，还能提高消费者对品牌的忠诚度和满意度，从而带来长期的市场成功。

2.5.3 制订营销组合策略

在深入分析市场和竞争环境后，创业企业可以基于分析结果制订一系列具体的营销策略，以提高市场竞争力和满足客户需求。有效的营销策略涵盖产品策略、价格策略、渠道策略和促销策略，这四个方面相互配合，共同形成创业企业的营销组合。每个策略的核心在于通过全面的市场洞察，实现产品价值最大化、价格合理化、渠道高效化和品牌影响力的提升，从而促进销售和提升品牌忠诚度。

产品策略是营销组合的核心，关注产品如何满足客户需求，包括确定产品价值、功能和市场定位。创业企业需明确产品核心价值，通过市场调研优化产品功能，实现差异化竞争。价格策略影响市场竞争力和利润，需考虑市场需求、成本、竞争对手定价和客户价格敏感度。创业企业应根据客户群体特点和竞争对手情况制订价格，或根据产品生命周期调整定价。渠道策略关乎产品如何到达客户，需根据目标市场和购买习惯选择合适的分销渠道，如直接销售、经销商网络和电商平台。直接销售适用于需个性化服务的产品，经销商网络扩大市场覆盖，电商平台则突破地域限制。促销策略旨在通过广告、促销活动、公关和直接营销提升品牌知名度和市场占有率，激发购买欲望。

2.5.4　执行和控制市场营销计划

在营销组合策略制订后，确保其有效实施的关键在于执行和控制，这个过程包括具体的营销计划执行、实时监控与效果评估，以及根据反馈结果进行的调整与优化。这一系统化的执行与控制流程确保创业企业的营销策略能够在实际操作中取得预期效果，并根据市场变化进行灵活调整，以实现最佳营销成果。

一、具体的营销计划执行

营销计划是指在研究目前市场营销状况(包括市场状况、产品状况、竞争状况、分销状况和宏观环境状况等)，分析创业企业所面临的主要机会与威胁、优势与劣势以及存在问题的基础上，对财务目标与市场营销目标、市场营销战略、市场营销行动方案以及预计损益表的确定和控制。实施市场营销计划涉及将营销战略转化为具体的行动步骤，包括产品开发、价格设定、促销活动和分销渠道的决策。

二、实时监控与效果评估

市场营销计划的控制涉及监控和评估营销活动的执行情况，以及对结果的分析。这包括设定关键绩效指标，如销售额、市场份额、顾客满意度等，以衡量营销活动的成功程度。通过定期的绩效评估，创业企业能够识别计划执行中的偏差，并采取纠正措施。控制过程还包括对市场环境的持续监控，以便及时捕捉市场变化，并调整营销计划以适应这些变化。

三、调整与优化

在实施营销计划之后，创业企业还需对整体战略进行系统性的回顾，以评估营销活动的长期效果，并根据市场的动态变化对原有策略进行调整和优化。这一过程不仅是对当前营销成果的总结，更是对未来营销方向的指导，有助于创业企业在竞争激烈的市场环境中保持灵活性和适应性。通过长期策略效果的评估，创业企业可以全面分析营销活动在较长时期内带来的实际效果，识别策略中成功的要素和不足之处。这种评估包括对销售增长、市场占有率、客户忠诚度等关键指标的分析，以明确策略的有效性。对策略进行深入的回顾有助于积累宝贵的经验教训，帮助创业企业了解哪些策略能够带来理想的市场反应，哪些方面仍需改进，这一再规划的过程帮助创业企业始终走在市场前沿，增强其在行业中的地位和市场适应性。

【课后案例】

爱波迎增长黑客创新初创企业营销策略

在全球共享经济的浪潮中，爱彼迎以其独特的住宿分享模式迅速崛起，成为全球最大的旅行住宿平台之一。通过在社交媒体、搜索引擎和合作伙伴平台上的创新营销策略，爱彼迎成功吸引了数以百万计的用户，改变了人们的旅行住宿习惯。2024 年，爱彼迎的市值已达到 250 亿美元，在 192 个国家和 57 000 个城市提供 200 万种入住选择，平均每晚入住 50 万次，用户数量已增至 6000 万。

住宿行业传统的营销方式依赖于线下渠道和广告，但爱彼迎通过增长黑客策略，实现了低成本且高效的用户增长。与传统的住宿预订平台不同，爱彼迎将营销与技术结合在一起，利用大数据和机器学习技术，分析用户行为和市场趋势，以优化定价策略和提高房源的曝光率，通过市场趋势变化来迅速响应用户需求，并以此设计匹配的住宿体验。爱彼迎初创时发现与其他平台相比自身的网站虽然更加人性化与简便化，但是缺少用户量。于是爱彼迎便与 Craigslist 合作，在 Craigslist 上发布平台房源信息，并自动附上爱彼迎的链接，从而从 Craigslist 上获取流量和用户。爱彼迎发现，房源照片的质量直接影响预订率。因此，爱彼迎推出了免费的摄影服务，派遣专业摄影师为房东拍摄高质量的房源照片，显著提升了预订率。

爱彼迎自身与各种旅游服务提供商建立合作伙伴关系，如航空公司和旅游网站，为用户提供一站式的旅行服务。爱彼迎与联合航空合作，允许会员通过在爱彼迎上的住宿预订来累积联合航空的 MileagePlus 里程。这种合作为旅行者提供了额外的价值，鼓励他们选择爱彼迎作为住宿选项，同时也为联合航空增加了客户忠诚度。

本 章 小 结

◆ 营销管理是创业企业为了实现营销目标，对营销活动进行计划、组织、执行和控制的整个过程。

◆ 营销管理在创业企业中扮演着至关重要的角色。它通过深入了解市场需求和消费者行为，帮助企业制订有效的市场策略，提升市场竞争力，洞察顾客需求，优化资源配置，塑造品牌形象，支持数字化转型，推动企业的持续增长。

◆ 从 20 世纪初的生产导向到现代的数字营销与网络营销导向，营销管理理论经历了一系列的转变。这一演变反映了企业如何从单纯关注产品生产转向更加关注消费者需求、市场细分、长期客户关系，以及利用先进技术进行市场推广。

◆ 创业企业市场营销活动主要包括分析市场环境、制订营销战略、制订营销组合策略以及执行和控制市场营销计划等。

复习思考题

1. 什么是营销管理？它与市场营销有何区别？

2. 描述市场分析和竞争分析的主要步骤，并解释它们如何帮助创业企业制订有效的营销策略。

3. 在快速变化的市场环境中，创业企业如何保持其营销策略的适应性和灵活性？请提供一个企业成功适应市场变化的例子。

4. 在营销管理的不同发展阶段，创业企业如何根据市场需求调整其营销策略？请结合实际案例进行分析。

5. 在数字化转型背景下，创业企业如何通过营销管理获取竞争优势？

6. 请结合一个成功的创业企业案例，分析其营销管理战略。

【习题】

即 学 即 测

第三章　创业营销环境分析

本章学习目标

(1) 了解创业企业营销环境的基本概念。
(2) 了解市场环境特征及其影响。
(3) 掌握创业宏观营销环境的构成及分析方法。
(4) 掌握创业微观营销环境的构成及分析方法。
(5) 掌握市场营销机会的分类与识别方法。

引导案例 〉〉〉

字节跳动跃动：探索全球市场的新机遇

字节跳动，自 2012 年成立以来，迅速从一家初创企业发展成为全球领先的数字媒体巨头，旗下产品如 TikTok 不仅颠覆了传统媒体的播放和消费模式，更在全球范围内塑造了新的社交互动方式。据 2023 年统计，TikTok 的全球用户已超过 10 亿，其中 70% 的用户年龄在 18 至 24 岁之间，显示了其在年轻用户群体中的巨大吸引力。这一数字平台每日视频播放次数高达 10 亿次，用户平均每次使用时长达到了 52 分钟，这一数据比 2022 年增长了 15%，说明用户对平台的黏性在持续增强。

字节跳动的成功背后，是其对市场趋势的敏锐洞察和技术创新的持续投入。公司运用先进的数据分析和人工智能技术，不仅优化了内容推荐引擎，提高个性化体验，还在广告精准投放和用户行为预测方面取得了显著成效。2023 年，字节跳动的广告收入达到 450 亿美元，同比增长 30%，这一增长的动力来自其广告转化率的优化，其中通过 AI 算法优化后的广告点击率提高了 20%，显著超过了行业平均水平。

虽然在全球范围内取得了巨大成功，但是字节跳动面临着激烈的市场竞争和复杂的政策环境。在竞争方面，尽管 F 和 I 等传统社交平台持续推出新功能试图夺回市场份额，TikTok 通过不断创新用户互动方式和加强创作者生态系统，成功地维持了其市场领先地位。例如，TikTok 在 2023 年推出的"创作者基金"，投资 1 亿美元支持优秀视频创作者，这一策略不仅吸引了更多高质量内容的生成，也进一步巩固了平台的内容优势。

通过不断的技术创新和市场适应策略，字节跳动不仅在全球媒体市场中确立了领导地位，也为其未来的多元化发展奠定了坚实基础。面对技术进步和市场变化的挑战，公司展现了其强大的适应能力和前瞻性，预计将继续在全球数字媒体领域保持领先地位。

3.1 创业营销环境概述

3.1.1 创业营销环境的定义

创业营销环境是指与创业企业市场营销活动相关的所有外部因素及条件的总和。上述这些因素和条件涉及创业企业营销管理机构外部的行动者与力量，会对创业企业获取和维持目标客户并提供管理层发展和维持目标顾客的产品或服务的能力产生影响。

营销环境对创业企业的影响通常有两种方式：直接影响和间接影响。直接影响是企业可以立即感受到，间接影响会在一段时间后显现出来。因此，在创业营销环境的分析中，不但要重视环境因素的直接影响，而且要重视环境因素的间接影响。对于创业企业而言，市场营销环境变化的速度远远超过了企业内部因素生成变化的速度。创业企业的生存和发展往往取决于适应外部环境变化的能力，并且创业企业的营销活动不仅要主动适应环境，还可以通过把握和预测环境来影响环境，使环境更有利于企业的发展。可见，创业企业研究营销环境及其变化，是营销管理的基本工作。

3.1.2 创业营销环境的分类

创业营销环境是指与创业企业营销活动有潜在关系的宏观和微观因素的集合。宏观市场环境包括政治法律、社会文化、科学技术、自然、人口和经济等，微观市场环境包括供应商、企业、中间商、客户、竞争者和公众等。创业企业营销环境如图 3-1 所示。

图 3-1 创业企业营销环境

宏观市场环境也可称为间接营销环境，其所包括的诸要素对于企业不存在直接的影响和经济联系，而是通过微观市场环境的相关因素作用于创业企业。

微观市场环境也可称为直接营销环境，它与企业直接发生经济联系，具有直接影响创业企业为目标市场服务的能力。

宏观市场环境和微观市场环境相互依存、相互影响，具有包容性和从属性，宏观环境借助于微观环境发挥作用，微观环境受到宏观环境的影响和制约。

营销环境具有客观性、动态性和相关性等特点，创业企业必须不断适应环境，满足客户不断变化的需求实现盈利，迎接环境变化带来的挑战。创业企业不仅要被动地接受环境，还要主动地适应环境，不断地改造环境，积极主动地影响营销环境因素。

3.2 创业宏观营销环境的分类

3.2.1 政治法律环境

政治法律环境是影响创业企业营销的重要宏观环境因素，包括政治环境和法律环境。政治环境引导着企业营销活动的方向，法律环境则为企业规定了经营活动的行为准则。政治与法律相互联系，共同对企业的市场营销活动产生影响。

一、政治环境分析

政治环境是指企业市场营销活动的外部政治形势。一个国家的政局稳定与否，会给企业营销活动带来重大的影响。一个国家如果政局稳定，人民安居乐业，就会给企业营销营造良好的环境；相反，如果政局不稳，社会矛盾尖锐，秩序混乱，就会影响经济发展和市场的稳定。企业在市场营销中，特别是在对外贸易活动中，一定要考虑东道国政局变动和社会稳定情况可能造成的影响。政治环境对企业营销活动的影响主要表现为国家政府所制定的方针政策，如人口政策、能源政策、物价政策、财政政策、货币政策等，都会对企业营销活动带来影响。

二、法律环境分析

法律环境是指国家或地方政府所颁布的各项法规、法令和条例等，它是企业营销活动的准则，企业只有依法进行各种营销活动，才能受到国家法律的有效保护。我国与企业关系密切的法律法规有《中华人民共和国电子商务法》《中华人民共和国产品质量法》《中华人民共和国公司法》《中华人民共和国商标法》《中华人民共和国专利法》《中华人民共和国广告法》《中华人民共和国食品安全法》《中华人民共和国环境保护法》《中华人民共和国反不正当竞争法》《中华人民共和国消费者权益保护法》及《中华人民共和国进出口商品检验法实施条例》等。企业营销管理者只有熟悉相关法律条文，才能保证企业经营的合法性，才能运用法律武器来保护企业的合法权益。对于创业企业的营销活动而言，生产经营活动的合规要求提高，随着法律法规的不断完善和监管力度的加强，创业企业在市场营销活动中必须严格遵守相关规定，确保合规经营。

3.2.2 社会文化环境

社会文化环境是指一个国家或地区长期形成的价值观、宗教信仰、风俗习惯、道德规范等的总和。企业总是处于一定的社会文化环境中，企业营销活动必然受到所在社会文化环境的影响和制约。为此，企业营销管理者应了解和分析社会文化环境，针对不同的文化环境制订不同的营销策略，开展不同的营销活动。营销的社会文化环境分析包括以下几个方面。

一、教育状况分析

消费者受教育程度的高低，影响消费者对商品功能、款式、包装和服务要求的差异性。通常文化教育水平高的国家或地区的消费者要求商品包装典雅华贵，对附加功能也有一定的要求。因此企业开展的市场开发、产品定价和促销等活动都要考虑到消费者所受教育程度的高低，采取不同的营销策略。

二、宗教信仰分析

宗教是构成社会文化的重要因素，也是影响人们消费行为的重要因素之一。不同宗教在思想观念、生活方式、宗教活动、禁忌等方面各有其特殊的传统，某些宗教组织甚至在教徒购买决策中有决定性的影响，这将直接影响着宗教人群的消费习惯和消费需求。企业在营销活动中要注意不同的宗教信仰，尊重宗教信仰，以避免由于矛盾和冲突给企业营销活动带来的损失。

三、价值观念分析

社会文化价值观是指在特定社会文化背景下群体对人、事、物的价值判断与行为倾向。它通过决定人们的主次观、时间观、财富观、是非观、美丑观、善恶观、世界观等形成该社会环境下人们特定的行为模式。不同国家、不同宗教、不同社会阶层有不同的价值观。

例如，同为西方人，美英德(盎克鲁·撒克逊系)人认为"时间就是金钱"，十分讲究效率；而意法西(拉丁系)人时间观念很差。对此，如快餐、速溶咖啡、电动剃须刀等速率化产品在一些国家很受欢迎，而精致餐饮、手工艺品等慢生活概念产品在另一些国家大行其道。

社 会 担 当

在庆祝中国人民解放军建军 91 周年之际，字节跳动党委启动了一项名为"红色血脉——寻找革命烈士后人"的公益计划。这一计划是字节跳动积极履行社会责任、传承红色基因的重要举措。通过其旗下平台 TikTok 的"头条寻人"功能，字节跳动致力于帮助失散多年的革命烈士后人与其先辈重新建立联系。该公益计划不仅体现了字节跳动对革命先烈的深切缅怀，也展现了公司利用自身技术优势和平台影响力，服务社会、传递正能量的决心，充分展示了企业在新时代背景下，如何利用自身的技术和平台优势，参与到社会公益活动中，传承红色血脉，激发社会责任感，同时也为企业自身的品牌形象增添了光彩。

字节跳动还利用其技术平台，为贫困地区的学生提供免费的教育资源，通过 TikTok 上的教育内容，缩小城乡教育差距，助力教育公平。这些举措不仅展现了字节跳动作为一家科技公司的社会责任感，也体现了其在全球范围内的正面影响力。TikTok 不仅为用户提供了娱乐和社交的平台，更成为传递正能量、促进社会进步的重要工具。

3.2.3　科技环境

科技环境是社会生产力中最活跃的因素，它影响着人类社会的历史进程和社会生活的方方面面，对企业营销活动的影响也较为明显。科技创新对营销的影响分析如图 3-2 所示。

图 3-2　科技创新对营销的影响分析

现代科学技术突飞猛进，科技发展对企业营销活动的影响表现在以下几个方面。

一、促进社会经济结构调整

技术是一种"创造性的毁灭力量"，因为每一种新技术的出现、推广都会给有些企业带来新的市场机会，导致新行业的出现；同时，也会给某些行业、企业造成威胁，使这些行业、企业受到冲击甚至被淘汰。例如，塑料业的发展在一定程度上对钢铁业造成了威胁，许多塑料制品成为钢铁产品的代用品；激光唱盘技术的出现，夺走了磁带的市场；大量起用自动化设备，出现了许多新行业，包括新工具维修、电脑教育、信息处理、自动化控制、光导通信、遗传工程等。

二、影响零售商业结构和消费习惯

新技术会影响零售商业结构和消费者的消费习惯。随着多媒体和网络技术的发展，"网上购物"等新型购买方式逐步流行。人们可以在家中通过网络订购车票、订宾馆房间、订花，甚至订餐。企业也可以利用网络进行广告宣传、网络调研和网络营销。网络直接影响着零售商业结构，未来电子商务将成为商业活动的主流。

三、影响企业营销组合策略的创新

科技发展使新产品不断涌现，产品寿命周期明显缩短，要求企业必须关注新产品的开发，加速产品的更新换代。科技的发展和运用降低了产品成本，使产品价格下降，并能快速掌握价格信息，要求企业及时做好价格调整工作。科技发展促进流通方式的现代化，要求企业采用顾客自我服务和各种直销方式。

四、带来伦理讨论与法规变革

科技发展所带来的社会伦理讨论与技术运用的矛盾在当前社会越发尖锐，如遗传基因技术在各类产品及生活应用中的广泛讨论，又如人工智能产品应用的讨论，这就要求营销

管理者必须敏锐观察洞悉这一趋势，合理作出判断进而调整营销策略。同时，科技的发展也会带来新的法规和政策，如各国对于无人驾驶技术的监管与立法，政府机构调查介入及修改增加关于各种转基因食品的安全和健康方面的法规，这同样要求营销管理者的准确判断和不断调整。

3.2.4　自然环境

自然环境是指自然界提供给人类的各种形式的资源，如阳光、空气、水、森林、土地等。随着人类社会进步和科学技术的发展，工业化进程加速，一方面创造了丰富的物质财富，满足了人们日益增长的需求；另一方面也造成资源短缺、环境污染等问题。从 20 世纪 60 年代起，世界各国开始关注经济发展对自然环境的影响，成立了许多环境保护组织，促使国家政府加强环境保护的立法。这些问题都对企业营销提出了挑战。对营销管理者来说，应该关注自然环境变化的趋势，并从中分析企业营销的机会和威胁，制订相应的对策。

一、自然资源分析

自然资源可分为两类：一类为可再生资源，如森林、农作物等，这种资源可以被再次生产出来，但必须防止过度采伐森林和侵占耕地；另一类是不可再生资源，如石油、煤炭、银、锡、铀等，这种资源蕴藏量有限，由于人类的大量开采，有的矿产已处于枯竭的边缘。自然资源短缺，使企业原材料价格大涨、生产成本大幅度上升，这又迫使企业研究更合理地利用资源的方法，开发新的资源和代用品，这些又为企业提供了新的资源和营销机会。

二、环境污染分析

工业化、城镇化的发展导致环境污染问题日趋严重。环境污染问题已引起各国政府和公众的密切关注，这对企业的发展是一种压力和约束，要求企业为治理环境污染付出一定的代价，但同时也为企业提供了新的营销机会，促使企业研究控制污染的相关技术，兴建绿色工程，生产绿色产品，开发环保包装。

三、政府干预分析

自然资源短缺和环境污染加重的问题，使各国政府加强了对环境保护的干预，颁布了一系列有关环保的政策法规。政府对自然资源加强干预，往往与企业的经营效益相矛盾。例如，为了控制污染，政府要求企业购置昂贵的控制污染的设备，这势必会影响企业的经营效益，但企业必须以大局为重，要对社会负责，对子孙后代负责，加强环保意识，在营销过程中自觉遵守环保法令，担负起环境保护的社会责任。

3.2.5　经济环境

经济环境是影响企业营销活动的主要环境因素，是指企业营销活动所面临的外部社会经济条件，一般包括社会购买力和经济特性两方面因素。经济环境分析如图 3-3 所示。

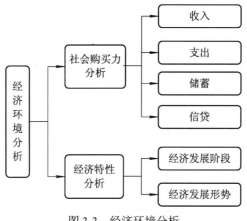

图 3-3　经济环境分析

社会购买力包括消费者收入、支出、储蓄和信贷等因素，其中收入因素、支出因素对企业营销活动的影响较大。

经济特性是指对该国或该地区经济发展阶段、经济发展形势的分析。

一、社会购买力分析

1. 消费者收入分析

收入是构成市场的重要因素，这是因为市场规模的大小归根结底取决于消费者的购买力，而消费者的购买力取决于他们的收入。营销管理者研究消费者收入，通常可以从以下几个方面进行分析。

1) 人均收入

人均收入是国内收入总量除以总人口的比值。这个指标大体反映了一个国家人民生活水平的高低，也在一定程度上决定商品需求的构成。一般来说，人均收入增长，对商品的需求和购买力就大，反之就小。

2) 个人可支配收入

个人可支配收入是指在个人收入中扣除消费者个人缴纳的各种税款和交给政府的非商业性开支后剩余的部分，即可用于消费或储蓄的那部分个人收入，它构成实际购买力。个人可支配收入是影响消费者购买生活必需品的决定性因素。

3) 个人可任意支配收入

个人可任意支配收入是指在个人可支配收入中减去消费者用于购买生活必需品的费用支出(如房租、贷款、食物、水电、交通、通信等项开支)后剩余的部分。这部分收入是消费需求变化中最活跃的因素，也是企业开展营销活动时所要考虑的主要对象。这部分收入一般用于购买高档耐用消费品、娱乐、教育、旅游等非生活必需品。

4) 家庭收入

家庭收入的高低会影响很多产品的市场需求。一般来讲，家庭收入高，对消费品需求大，购买力也大；反之，需求小，购买力也小。另外，企业要注意分析消费者实际收入的变化。在通货膨胀条件下，货币收入和实际收入会不一致，货币收入增加，实际收入可能下降。

2. 消费者支出分析

随着消费者收入的变化，消费者支出模式也会发生相应变化，致使一个国家或地区的消费结构发生变化。西方经济学通常用恩格尔系数来反映这种变化。

19 世纪德国统计学家恩格尔根据统计资料得出消费结构变化之间的规律。恩格尔所揭示的这种消费结构的变化通常用恩格尔系数来表示。其公式如下：

$$恩格尔系数 = \frac{食品支出金额}{家庭消费支出总金额}$$

恩格尔系数越小，食品支出所占比重越小，表明生活富裕，生活质量高；恩格尔系数越大，食品支出所占比重越高，表明生活贫困，生活质量低。

恩格尔系数是衡量一个国家、地区、城市、家庭生活水平高低的重要参数。根据联合国粮农组织提出的标准，恩格尔系数在 59% 以上为贫困，50%～59% 为温饱，40%～50% 为小康，30%～40% 为富裕，低于 30% 为最富裕。企业从恩格尔系数可以了解目前市场的消费水平，也可以推知今后消费变化的趋势及对企业营销活动的影响。

3. 消费者储蓄分析

消费者的储蓄行为直接制约着市场消费量购买的大小。当收入一定时，如果储蓄增多，现实购买量就减少；反之，如果用于储蓄的收入减少，现实购买量就增加。

居民储蓄倾向会受到利率、物价等因素变化的影响。人们的储蓄目的是不同的，有的是为了养老，有的是为未来的购买而积累，当然储蓄的最终目的主要也是为了消费。企业应关注居民储蓄的增减变化，了解居民储蓄的不同动机，制订相应的营销策略，获取更多的商机。

4. 消费者信贷分析

消费者信贷，也称信用消费，指消费者凭信用先取得商品的使用权，然后按期归还贷款，完成商品购买的一种方式，比如银行按揭购房或银行按揭购车。

信贷消费允许人们购买超过自己现实购买力的商品，创造了更多的消费需求。随着我国商品经济的日益发达，人们的消费观念大为改变，信贷消费方式在我国也逐步开展起来。值得注意的是，过度消费信贷也会带来风险，美国次贷风波就是信贷危机导致的。

二、经济特性分析

1. 经济发展阶段分析

"经济成长阶段论"是由美国经济史学家沃尔特·罗斯托提出的。他在 1960 年出版的《经济成长的阶段》一书中，将世界各国的经济发展划分为六个阶段。其中，处于前三个阶段的国家被认为是经济不发达国家，处于后三个阶段的国家则被认为是发达国家。

就消费品市场而言，处于经济发展水平较高阶段的国家和地区，由纯工业产品偏爱转向文化服务产品偏爱，在市场营销方面，逐步由强调产品款式、性能转而注重产品的文化属性及个性特征，由注重接受大量广告和促销活动转向互动体验服务活动，其内涵品质竞争多于形式价格竞争；而处于经济发展水平较低阶段的国家和地区，则侧重于产品的功能和实用性，其价格因素重于产品品质因素。

2. 经济发展形势分析

毋庸置疑，不同特征的经济发展形势会影响到市场消费者的消费活动特征。以下是一个有趣的来自美国的案例，可结合该案例讨论在我国当前的经济形势下，消费动向的特征以及如何把握相关市场的新机遇。

【案例3-1】

经济发展形势与口红效应

经济景气与否，看口红销量。在美国，每当经济不景气时，口红的销量反而会直线上升。这是为什么呢？在美国，人们认为口红是一种比较廉价的消费品，在经济不景气的情况下，人们仍然会有强烈的消费欲望，所以会转而购买比较廉价的商品。口红作为一种"廉价的非必要之物"，可以对消费者起到一种"安慰"的作用，尤其是当柔软润泽的口红接触嘴唇的那一刻。再有，经济的衰退会让一些人的收入降低，这样手中反而会出现一些"小闲钱"，正好去买一些"廉价的非必要之物"。同时，经济不景气时，原本就非投资主力的女性消费能力愈发显得稳定，而因为男性在经济中的主导作用下降，整个社会会向女性化主义(Femininity)偏移。

【拓展阅读】

中国创业宏观营销环境的特征

3.3　宏观营销环境的分析方法

宏观营销环境，又称间接营销环境，是指对创业企业营销活动造成市场机会和环境威胁的因素，这些因素包括政治法律因素、经济因素、人口因素、社会文化因素、科学技术因素和自然资源因素。分析宏观营销环境的目的在于更好地认识环境，通过创业企业营销活动来适应社会环境的变化，达到创业企业的营销目标。宏观营销环境如图3-4所示。

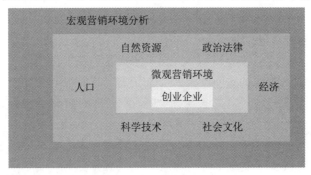

图3-4　宏观营销环境

3.3.1　PEST 分析法

PEST 分析法是一种宏观环境的分析工具，主要用于评估影响企业的外部宏观环境因素。它通过政治(Politics)、经济(Economy)、社会(Society)和技术(Technology)这四个方面的分析，帮助创业企业了解自身所面临的机遇和挑战，从而制订更明智的战略决策。PEST 分析法如图 3-5 所示。

图 3-5　PEST 分析法

(1) 政治环境(P)：指对组织经营活动具有实际与潜在影响的政治力量和有关的法律法规等因素。它具体包括国家的政治制度与体制、政府政策、国家的产业政策、相关法律及法规等。

(2) 经济环境(E)：指一个国家的经济制度、经济结构、产业布局、资源状况、经济发展水平以及未来的经济走势。关键经济指标包括国内生产总值(GDP)、利率水平、财政货币政策、通货膨胀率、失业率水平、居民可支配收入水平、汇率、能源供给成本、市场机制、市场需求等。

(3) 社会环境(S)：指组织所在社会中成员的民族特征、文化传统、价值观念、宗教信仰、教育水平以及风俗习惯等因素。构成社会环境的要素包括人口规模、年龄结构、种族结构、收入分布、消费结构和水平、人口流动性等。

(4) 技术环境(T)：不仅包括引起革命性变化的发明，也包括与企业生产有关的新技术、新工艺、新材料的出现和发展趋势以及应用背景。考察技术的发展趋势，包括新技术的出现、技术创新的速度等。技术因素的变化会直接影响企业的生产效率和产品质量，也可能会改变企业的生产方式、产品设计和营销模式。

【案例 3-2】

比亚迪新能源汽车行业的 PEST 分析

比亚迪公司始终坚持"技术为王，创新为本"的发展理念，业务布局涵盖汽车、电池、电子、新能源和轨道交通等领域，从能源的获取、存储，再到应用，全方位构建零排放的新能源整体解决方案。运用 PEST 分析法对比亚迪公司的宏观环境展开分析，在政治因素方面，各国政府纷纷出台鼓励新能源汽车发展的政策，如补贴、购车优惠、税收减免等。例如，中国政府对新能源汽车的补贴政策推动了国内新能源汽车市场的快速发展。在经济因素方面，随着全球经济的发展和人们生活水平的提高，消费者对环保、高效的交通工具需求增加。石油价格的波动和能源安全问题促使消费者考虑新能源汽车作为替代选择。新能源汽车产业链的不断完善和规模效应的显现，降低了生产成本，提高了市场竞争力。在社会因素方面，消费者环保意识不断增强，使得消费者更加关注汽车的环保性能。新能源汽车零排放或低排放的特点符合消费者对绿色出行的需求。在技术因素方面，电池技术的不断进步，提高了新能源汽车的续航里程和安全性。例如，锂离子电池的能量密度不断提高，充电时间不断缩短。

3.3.2　利益相关者模型分析法

利益相关者模型分析法是一种用于系统识别、深入分析以及有效管理与组织相关的各类利益相关者群体及其相互关系的工具和方法。其核心在于明确能够影响组织目标达成，同时自身又会受到组织实现目标过程影响的个人或群体(即利益相关者)，并对这些群体从多个维度展开剖析，进而依据分析结果制订出适宜的管理策略，以实现组织与利益相关者之间的良好互动与协调发展。利益相关者包括供应商、营销中介、顾客、竞争者以及社会公众。

一、供应商分析

供应商是指为企业生产提供所需原材料、辅助材料、设备、能源、劳务、资金等资源的供货单位。这些资源的变化直接影响到企业产品的产量、质量以及利润，从而影响企业营销计划和营销目标的完成。供应商分析的内容主要包括以下几个方面：供货的及时性和稳定性、供货的价格变化以及供货的质量保证

【拓展阅读】

利乐协奏曲：编织中国供应链

二、营销中介分析

营销中介是指为企业营销活动提供各种服务的企业或部门，协助企业促销、销售和配销其产品给最终购买者的企业或个人。营销中介能够对企业产生直接的、重大的影响，只有通过有关营销中介所提供的服务，企业才能把产品顺利地送达目标消费者手中。营销中介包括中间商、营销服务机构、物流机构和金融机构，如图 3-6 所示。

图 3-6　营销中介分类

营销中介的类型如下：

1. 中间商

中间商是指把产品从生产领域转向消费领域的环节或渠道，主要包括批发商和零售商

两大类。

2. 营销服务机构

营销服务机构是指在企业营销活动中提供专业服务的机构，如广告公司、广告媒介、市场调研公司、营销咨询公司、财务公司等。这些机构对企业的营销活动会产生直接的影响，它们的主要任务是协助企业确立市场定位，进行市场推广，提供活动方案。

3. 物流机构

物流机构是指帮助企业进行保管、储存、运输的机构，如仓储公司、运输公司等。物流机构的主要任务是协助企业将产品实体运往销售目的地，完成产品空间位置的移动，同时还有协助保管和储存职能。

4. 金融机构

金融机构是指为企业营销活动进行资金融通的机构，如银行、信托公司、保险公司等。金融机构的主要功能是为企业营销活动提供融资及保险服务。在现代经济社会中，企业都要通过金融机构开展经营活动。金融机构业务活动的变化会影响企业的营销活动，比如银行贷款利率上升，会使企业成本增加；信贷资金来源受到限制，会使企业经营陷入困境。

三、顾客分析

顾客是指使用或接受企业最终产品或服务的消费者或用户，是企业营销活动的最终目标市场，也是营销活动的出发点和归宿。顾客是市场的主体，任何企业的产品和服务，只有得到了顾客的认可，才能赢得这个市场，现代营销强调把满足顾客需求作为企业营销管理的核心。

四、竞争者分析

在商品经济条件下，任何企业在目标市场进行营销活动时，不可避免地会遇到竞争对手的挑战。竞争者是指与企业争夺同一个目标顾客群或满足顾客同一种需求的相关企业。即使在某个市场上没有直接竞争对手，也会有潜在竞争对手的存在。

根据竞争的目标和对象分析，可以把市场上的竞争者划分为以下不同类型：

1. 愿望竞争者

愿望竞争者是指那些提供与本公司产品不同，但能满足消费者不同需求的其他产品或服务的竞争者。愿望竞争者的产品之间不存在直接的替代关系，但它们都在争夺消费者的购买力和注意力。

2. 类别竞争者

类别竞争者是指那些虽然提供的产品或服务在形式、品牌等方面存在差异，但都能满足消费者同一种需求的不同类别的竞争者。其特点是，提供的产品或服务属于不同的类别，但具有相似的功能或用途；都在争夺满足消费者同一种需求的市场份额；消费者在选择时，会根据自身需求和偏好，在不同类别的产品或服务之间进行比较和选择。

3. 产品形式竞争者

产品形式竞争者，也称为行业竞争者，是指那些生产同种产品，但在产品的形式、规格、型号、款式等方面存在差异的竞争者。其产品基本功能相同，但形式、规格、性能或档次存在差异；由于这些差异，购买者在选择时会有所偏好和选择；产品的生产经营者之间因满足相同需求但提供不同形式的产品而形成竞争关系。

4. 品牌竞争者

品牌竞争者是指在同一市场中，提供相似或相同功能、规格、型号的产品，但品牌不同的企业之间的竞争。这些企业之间的主要竞争点在于品牌的影响力、市场份额、消费者忠诚度等方面。

五、社会公众分析

社会公众是指所有可能受到企业活动影响的人群，包括但不限于消费者、非营利组织、媒体、政府机构、竞争对手等。在营销中，社会公众的态度对企业至关重要，他们可能帮助企业建立良好的形象和标签，也可能妨碍企业的形象维护和设立。社会公众的分类如图3-7所示。

图3-7　社会公众的分类

1. 金融公众

金融公众包括银行、投资公司、证券公司、股东等，他们对企业的融资能力有重要的影响。企业需要分析金融公众的需求和期望，以便制订合适的融资策略和风险管理措施。

2. 媒介公众

媒介公众包括报纸、杂志、电台、电视台等传播媒介，他们掌握传媒工具，有着广泛的社会联系，能直接影响社会舆论对企业的认识和评价。企业需要分析媒介公众的传播渠道和影响力，以便制订有效的媒体关系和公关策略。

3. 政府公众

政府公众包括与企业营销活动有关的各级政府机构部门，他们所制订的方针、政策对企业营销活动具有重要影响。企业需要分析政府公众的政策走向和监管要求，以便及时调整营销策略并遵守相关法律法规。

4. 社团公众

社团公众包括消费者组织、环境保护组织等群众团体，他们的意见和建议对企业营销决策具有重要影响。企业需要分析社团公众的关注点和诉求，以便积极回应并满足其期望，树立良好的企业形象。

5. 社区公众

社区公众指企业所在地附近的居民和社区团体，他们与企业存在密切的邻里关系。企业需要分析社区公众的需求和期望，以便制订合适的社区关系和公益活动策略，提升企业在社区中的声誉和形象。

6. 内部公众

内部公众指企业内部的管理人员及一般员工，他们是企业营销活动的重要支持者。企业需要分析内部公众的需求和期望，以便制订合适的员工激励和沟通策略，提高员工的工作积极性和创造力。

利益相关者模型分析法分为识别、分析和评估三个步骤。首先，识别阶段要明确组织目标和活动范围，列出所有可能的利益相关者，如股东、员工、顾客等。其次，分析阶段要确定这些相关者的利益诉求，如股东追求投资回报，员工关注薪酬福利，顾客期望高质量产品等。最后，评估阶段要衡量相关者的权力和影响力，如政府通过法规规范企业，股东通过表决权影响决策。根据影响力大小，将利益相关者影响力分为高、中、低三类，如表 3-1 所示。同时，分析各利益相关者的利益与组织目标的关联程度，如员工技能直接影响生产效率，与企业目标高度相关；社区居民关注企业的社会责任，但与企业目标的关联度较低。这一流程有助于企业理解各利益方的需求和影响力，以制订更有效的策略。

表 3-1   利益相关者影响力分类

类 别	高影响力	中影响力	低影响力
典型利益相关者	政府、股东	顾客、供应商	社区、部分小型竞争者

在分析利益相关者的基础上，企业需要制订相应的管理策略。基于影响力和利益相关度的高低，管理策略可分为四种，分别对应利益相关者模型包括的四个象限，如图 3-8 所示。

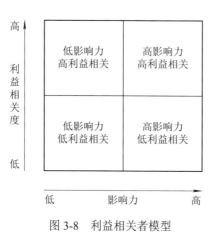

图 3-8   利益相关者模型

第一象限为高影响力且高利益相关性群体，对于这类群体，如股东和政府，企业应采取积极主动的管理策略。第二象限为低影响力但高利益相关性群体，如员工群体，虽然单个员工的影响力相对有限，但全体员工作为一个整体对企业目标实现至关重要。企业应重视员工的需求，提供良好的薪酬福利、职业发展机会和工作环境，激励员工提高工作效率和技能水平。第三象限为低影响力且低利益相关性群体，如一些社区中的小型社会组织，企业可以适当关注其动态，在力所能及的范围内履行社会责任，维护良好的社区关系，但不需要投入过多的精力。第四象限为高影响力但低利益相关性群体，像部分大型竞争者就可能属于这类群体。企业应对其保持警惕，密切关注其动态，分析其竞争策略，以便及时作出反应，维护自身的市场地位。

【案例3-3】

禄智科技的绿色能源战略

禄智科技是一家致力于开发可持续能源解决方案的企业，专注于利用微藻生物技术生产生物燃料。面对环境保护的迫切需求和可再生能源的市场机遇，禄智科技采取了一系列针对不同利益相关者的战略。首先，公司与政府机构建立合作关系，利用政府对绿色能源的补贴和税收优惠，加速研发进程。其次，禄智科技与科研院所合作，共同开发高效的微藻培养技术，提升产品竞争力。再次，公司还积极与环保组织沟通，通过参与公益活动，提升企业形象，增强公众对绿色能源的认识。针对投资者，禄智科技强调其技术的环保效益和长期投资价值，吸引社会责任投资。最后，公司通过教育合作项目，培养未来的绿色能源人才，为行业的可持续发展打下基础。禄智科技的这一系列策略不仅满足了各方利益相关者的需求，也为公司在竞争激烈的可再生能源市场中赢得了一席之地。

3.4　创业微观营销环境的分类

微观营销环境，又称直接营销环境，是指直接影响与制约创业企业营销活动的因素，即与创业企业紧密相连，直接影响创业企业营销能力的各种参与者，如创业企业本身、上游企业、下游企业、顾客、竞争者以及社会公众。微观营销环境如图3-9所示。

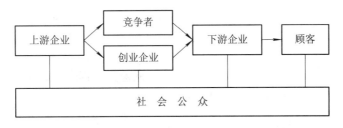

图3-9　微观营销环境

微观营销环境受制于间接营销环境，宏观环境一般以微观环境为媒介去影响和制约创业企业的营销活动，在特定场合，也可直接影响创业企业的营销活动。宏观环境因素与微观环境因素共同构成多因素、多层次、多变的创业企业市场营销环境的综合体。

3.5　创业微观营销环境的分析方法

波特五力模型作为微观营销环境分析的方法，是迈克尔·波特于 1979 年提出的一种分析工具。该模型主要关注五种力量，即现有竞争者的威胁、潜在进入者的威胁、替代品的威胁、供应商的议价能力和购买者的议价能力。通过评估这五种力量的强度，企业可以更好地了解其所处行业的竞争环境，识别机会和威胁，从而制订出相应的营销战略。波特五力模型如图 3-10 所示。

图 3-10　波特五力模型

一、现有竞争者的威胁

现有竞争者的威胁是指行业内现有企业之间的竞争程度。它取决于多个因素，如竞争者的数量、行业增长速度、产品或服务的差异化程度以及固定成本的高低等。现有竞争者的威胁分析的具体步骤包括：

(1) 识别直接竞争对手：确定在同一目标市场中提供相似产品或服务的企业。

(2) 分析竞争态势：考察竞争对手的市场份额、产品特点、价格策略、促销活动、品牌形象等。例如，如果竞争对手推出了一款具有创新性功能的产品，可能会对你的企业构成威胁。

(3) 评估竞争强度：考虑市场的集中度、产品的差异化程度、进入和退出壁垒等因素。如果市场集中度高且产品差异化小，竞争强度通常较大。

二、潜在进入者的威胁

潜在进入者的威胁是指新企业进入一个行业会带来新的生产能力和资源，抢占现有企业的市场份额，从而对现有企业构成威胁。进入壁垒是影响潜在进入者威胁程度的关键因素。进入壁垒包括规模经济、产品差异化、资金需求、转换成本、分销渠道、政府政策等。例如，制药行业有很高的进入壁垒，因为新药研发需要巨额的资金投入和长时间的研发周期，同时还需要通过严格的药品审批程序。这些因素使得新企业很难进入该行业，降低了现有制药企业面临的潜在进入者威胁。

三、替代品的威胁

替代品的威胁是指其他产品或服务对本企业产品或服务的替代性可能带来的威胁。如果替代品能够提供类似的功能，并且价格更具吸引力或者性能更好，就可能会吸引消费者，减少本企业产品的需求。例如，随着线上会议软件的发展，对于一些商务差旅活动产生了替代作用。线上会议软件价格相对较低，而且能实现实时沟通和文件共享等功能，对于一些不需要面对面交流的会议，企业可能会选择线上会议，减少对传统商务酒店、机票等相关产品的需求。

四、供应商的议价能力

供应商的议价能力是指供应商影响企业投入要素(如原材料、零部件等)价格和质量的能力。供应商的议价能力取决于供应商的集中程度、所供应产品的重要性、企业转换供应商的成本等因素。例如，在航空航天领域，一些关键零部件只有少数几家供应商能够提供，而且这些零部件对于飞机的制造至关重要，企业转换供应商的成本也很高，这就使得供应商具有很强的议价能力，能够对飞机制造企业的采购成本和生产计划产生重大影响。

五、购买者的议价能力

购买者的议价能力是指购买者(顾客)影响产品或服务价格以及其他交易条件的能力。购买者的议价能力与购买者的集中程度、购买产品的数量、产品的标准化程度以及购买者的信息掌握程度等因素有关。例如，大型连锁超市作为食品供应商的重要购买者，由于其采购量大、集中程度高，对食品价格和交货条件等有很强的议价能力。同时，在互联网时代，消费者可以很容易地比较不同品牌产品的价格和质量，信息更加透明，这也增强了购买者的议价能力。

【拓展阅读】

绿拇指：城市绿洲的突围战

3.6 创业营销环境分析的新方法

创业营销环境分析的方法在不断发展和演变，以适应日益复杂和多变的市场环境。以下是一些值得关注的营销环境分析新方法。

3.6.1 大数据挖掘方法

大数据挖掘方法在营销环境分析中有广泛应用，如对消费者行为分析、市场趋势预测、竞争对手分析、营销渠道分析和产品分析等方面。创业企业利用大数据技术对海量数据进行挖掘和分析，可以发现潜在的消费趋势、市场机会和消费者行为模式。通过数据分析，创业企业可以更精准地定位目标客户群体，制订个性化的营销策略。

一、消费者行为分析

(1) 购买行为模式识别：通过收集和分析消费者的购买历史数据，包括购买的商品种类、购买时间、购买频率、购买金额等信息，可以发现消费者的购买行为模式，进行消费者画像，可以帮助创业企业更深入地了解目标客户群体的特征和需求，制订更加精准的营销策略。例如，分析发现某些消费者在特定季节或节日会增加某些商品的购买量，企业可以根据这些模式提前做好库存准备和促销活动策划。

(2) 消费偏好洞察：利用大数据挖掘技术对消费者在社交媒体、电商平台等渠道上的行为数据进行分析，了解消费者的兴趣爱好、品牌偏好、产品功能需求等。例如，通过文本挖掘分析消费者在产品评论中的关键词和情感倾向，企业可以更好地理解消费者对产品的看法和需求，从而优化产品设计和营销策略。

(3) 客户细分：根据消费者的行为、偏好、人口统计学等多维度数据，将客户划分为不同的细分群体，以便企业针对不同群体制订个性化的营销方案。例如，将客户分为高价值客户、潜在客户、流失客户等，对高价值客户提供更优质的服务和专属优惠，对潜在客户进行针对性的营销推广，对流失客户采取召回措施。

二、市场趋势预测

(1) 销售趋势预测：基于历史销售数据、市场动态数据、行业趋势数据等，运用大数据挖掘中的时间序列分析、回归分析等方法，预测未来的销售趋势。这有助于企业合理安排生产计划、制订库存策略和销售目标。例如，企业可以根据过去几年的销售数据和市场增长趋势，预测下一年度某产品的销售量和销售额。

(2) 市场需求预测：通过分析消费者的搜索数据、浏览数据、咨询数据等，挖掘消费者的潜在需求。例如，当消费者在搜索引擎上频繁搜索某类产品的相关信息时，可能预示着市场对这类产品的需求在增加，企业可以提前布局生产和营销。

(3) 流行趋势分析：对社交媒体、时尚杂志、潮流网站等平台上的信息进行大数据分析，及时把握市场的流行趋势，包括流行的产品款式、颜色、功能等。这对于时尚、快消品等行业尤为重要，企业可以根据流行趋势快速推出符合市场需求的产品。

三、竞争对手分析

(1) 竞争态势监测：收集竞争对手的产品信息、价格策略、促销活动、市场份额等数据，利用大数据挖掘技术进行分析，实时监测竞争对手的动态和市场竞争态势。例如，企业通过分析竞争对手的产品发布时间、产品特点和价格变化，及时调整自己的产品策略和营销策略。

(2) 优劣势分析：通过对比自己和竞争对手的产品性能、服务质量、客户评价等数据，找出竞争对手的优势和劣势，以及自己的竞争优势和差距。这有助于企业制订针对性的竞争策略，突出自己的优势，弥补自己的不足。

(3) 潜在竞争对手识别：利用大数据挖掘技术对行业内的新进入者、相关行业的企业动态等信息进行分析，识别潜在的竞争对手。例如，当某个相关行业的企业开始涉足本企业所在的市场领域时，企业可以及时关注并做好应对准备。

四、营销渠道分析

(1) 渠道效果评估：对不同营销渠道的销售数据、客户流量、转化率等指标进行大数据分析，评估各渠道的营销效果。例如，企业通过分析电商平台、线下门店、社交媒体等渠道的销售额、订单量、客户获取成本等，找出效果较好的渠道，加大投入；对效果不佳的渠道，分析原因并进行优化或调整。

(2) 渠道优化选择：根据消费者的行为数据和渠道特点，选择最适合的营销渠道组合。例如，对于年轻消费者群体，社交媒体渠道可能更具影响力；对于高价值产品，线下门店的体验式营销可能更有效。企业可以通过大数据分析，综合考虑各渠道的优势和目标客户群体的特点，选择最优的渠道组合。

(3) 渠道风险预警：通过对营销渠道的数据分析，及时发现渠道中存在的风险和问题，如渠道流量异常波动、客户投诉增加等。企业可以建立预警机制，及时采取措施防范和化解风险，保障营销渠道的稳定运行。

五、产品分析

(1) 产品关联分析：利用大数据挖掘的关联规则算法，分析消费者购买不同产品之间的关联性。例如，发现购买某款手机的消费者同时也会购买手机壳、耳机等配件，企业可以针对这种关联性进行产品组合营销，提高销售额。

(2) 产品口碑分析：收集和分析消费者对产品的评价、评分、反馈等数据，了解产品的口碑和市场认可度。企业可以根据产品口碑分析的结果，及时改进产品质量和性能，优化产品包装和售后服务，提升产品的竞争力。

(3) 新产品研发：通过对市场趋势、消费者需求、竞争对手产品等多方面数据的分析，为新产品的研发提供依据。例如，企业可以根据消费者对现有产品的不满和期望，结合市场上的新技术和新材料，开发出更符合市场需求的新产品。

3.6.2　人工智能预测方法

利用人工智能算法对市场趋势进行预测，可以帮助创业企业发现新的市场。例如，企业可以通过机器学习模型预测消费者购买意愿，优化产品定价和销售策略。

一、消费者行为分析

(1) 行为模式识别与预测：通过对消费者的购买历史、浏览记录、社交媒体互动等多源数据进行分析，利用机器学习和深度学习算法，识别消费者的行为模式和购买习惯。例如，分析消费者在不同季节、不同时间段的购买行为差异，预测消费者未来可能购买的产品或服务，帮助企业提前做好库存准备和营销策略规划。

(2) 个性化推荐：基于消费者的行为数据和偏好信息，人工智能可以为消费者提供个性化的产品推荐。例如，电商平台利用推荐算法，根据用户的浏览历史、购买记录和搜索关键词，为用户推荐符合其兴趣的商品，提高用户的购买转化率和满意度。

(3) 情感分析：利用自然语言处理技术对消费者在社交媒体、在线评论、客服反馈等渠道的文本数据进行情感分析，了解消费者对品牌、产品或服务的态度和情感倾向。企业可以根据情感分析的结果，及时调整营销策略，改进产品或服务，提升消费者的满意度。

二、营销渠道分析

(1) 渠道效果评估：对不同营销渠道的流量、转化率、用户留存率等数据进行分析，评估各渠道的营销效果。例如，分析社交媒体广告、搜索引擎营销、电子邮件营销等渠道的投入产出比，找出效果较好的营销渠道，优化营销资源的分配。

(2) 渠道优化与选择：根据消费者的行为数据和渠道特点，利用人工智能算法选择最适合的营销渠道组合。例如，对于年轻消费者群体，社交媒体渠道可能更具影响力；对于高价值客户，电子邮件营销和线下活动可能更有效。企业可以根据渠道优化的结果，制订个性化的营销方案，提高营销效果。

三、营销内容创作

(1) 文本内容生成：利用自然语言生成技术，自动生成新闻稿、博客文章、产品描述、广告文案等营销文本内容。人工智能可以根据企业提供的关键词、主题和风格要求，快速生成高质量的文本内容，提高营销内容的创作效率。

(2) 图像和视频创作：运用人工智能的图像识别和生成技术，创作营销图片和视频。例如，根据产品特点和品牌形象，自动生成宣传海报、产品演示视频等，为企业提供更丰富的营销素材。

(3) 内容优化与推荐：对已有的营销内容进行分析和优化，提高内容的质量和可读性；同时，根据用户的兴趣和行为数据，推荐相关的营销内容，提高用户的参与度和转化率。

3.7　市场营销机会概述

3.7.1　市场营销机会的定义及特征

在认识和分析宏观营销环境和微观营销环境过程中，市场营销机会被不断挖掘，市场营销环境的动态复杂发展变化带来了机会和威胁。市场营销机会是指对企业营销管理富有吸引力的而且具有竞争优势的领域或动向，是市场上尚待满足的需要、欲望和需求。菲利普·科特勒曾说："一个市场营销机会是指一个具有需求的领域，公司在这里能取得利润。"这些机会可能源于市场的变化、技术的进步、消费者需求的转变等多种因素。

市场营销机会具有以下特征：

（1）公开性：市场营销机会是客观存在的，不为某一企业或个人所独有，所有企业都有可能发现和利用这些机会。

（2）时限性：市场营销机会是有时间限制的，机会稍纵即逝，企业需要及时把握和利用。

（3）平等性：理论上，每个企业都有平等的机会去发现和利用市场营销机会，但实际上由于企业资源、能力、经验等方面的差异，利用机会的效果会有所不同。

（4）多样性：由于消费者需求的多样化和市场环境的复杂性，市场营销机会也呈现出多样化的特点。

3.7.2　市场营销机会的分类方法

吸引力和成功性是市场营销机会的两个根本属性。当创业企业能在具有吸引力的需求领域中成功获得利润时，这种需求领域才是机会。但是并非所有的创业企业都能获得成功，只有具有与成功条件相匹配的优势企业才有可能获得成功。

机会矩阵图是一种重要的管理工具，用于分析企业面临的环境机会，并根据这些机会的成功可能性和潜在吸引力来制订相应的策略。机会矩阵图如图3-11所示。

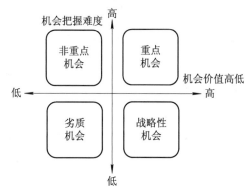

图 3-11　机会矩阵图

在机会矩阵图里，第一象限为重点机会区，该区域成功的可能性和潜在吸引力都较大。这个象限的机会对企业发展非常有利，企业应积极把握，采取果断措施来利用这些机会。第二象限为非重点机会区，虽然成功的可能性较小，但潜在吸引力较大。这些机会虽然具有很大的潜在吸引力，但成功的可能性较低。企业需要仔细分析失败的原因，并考虑是否可以通过创新或改进策略来提高成功率。同时，这些机会也可能需要更多的时间和资源来开发。第三象限为劣质机会区，成功的可能性和潜在吸引力都较小。这个象限的机会通常不值得企业投入太多资源。然而，在某些特殊情况下，这些机会可能仍然具有某种价值。第四象限为战略性机会区，成功的可能性较大，但潜在吸引力较小。虽然这些机会的成功率较高，但由于潜在吸引力较小，企业可能需要权衡利弊，考虑是否值得投入资源。在某些情况下，这些机会可能仍然值得一试，但需谨慎评估。

3.7.3　市场营销机会的识别

识别市场营销机会是企业制订营销策略、开展营销活动的前提和基础。识别市场营销机会包括以下几个方面：

(1) 市场调研：通过市场调研，了解目标市场的容量、趋势、竞争格局以及消费者的需求和偏好。企业可以运用大数据分析工具和人工智能技术，对市场数据、消费者行为数据等进行分析，发现隐藏在数据中的营销机会。

(2) 分析竞争对手：深入研究竞争对手的产品、服务、价格、营销策略等，找出其不足之处和薄弱环节。企业可以从竞争对手的失误和弱点中寻找营销机会，如产品缺陷、服务不足等。

(3) 关注技术发展趋势：了解行业的技术趋势和发展方向，预测未来的市场需求和变化。企业可以积极引入新技术、新材料、新工艺等，开发新产品或服务，满足消费者的新需求。

(4) 洞察消费者需求变化：密切关注消费者的需求变化，包括需求层次、需求结构、需求偏好等方面的变化。企业可以通过有效的调查、问卷、电话回访等方式，收集消费者的意见和建议，转化为针对性的商业机会。

(5) 利用政策环境：关注政府政策、法律法规的变化，分析其对市场的影响和机遇。企业可以充分利用政策优惠和扶持措施，降低企业成本，提高市场竞争力。

(6) 创新营销手段：不断探索和创新营销手段，如社交媒体营销、内容营销、体验式营销等。企业可以通过创新的营销手段，吸引消费者的注意力，提高品牌知名度和美誉度。

3.7.4 市场营销机会的评估

在识别出市场营销机会后，企业还需要对机会进行评估，以确定其可行性和潜在价值。市场营销机会评估指标体系如表 3-2 所示。

表 3-2 市场营销机会评估指标体系

市场营销机会评估标准	具 体 指 标
市场规模	评估潜在市场的规模，包括目标消费者数量、市场规模和增长潜力等
竞争状况	分析市场的竞争状况，包括竞争对手的数量、实力和市场份额等
利润潜力	预测营销机会所能带来的利润潜力，包括销售额、毛利率和净利润等
可控性	评估企业是否有能力控制或减轻威胁的影响，以及需要采取的措施和资源投入

综上所述，市场营销机会的识别和利用是企业成功开展营销活动、提高市场竞争力的关键。企业需要综合运用市场调研、分析竞争对手、关注技术发展趋势、洞察消费者需求变化以及利用政策环境等多种方法，不断发现和把握市场营销机会。同时，企业还需要对机会进行科学的评估和分析，以确保其可行性和潜在价值。

【拓展阅读】

5G 先锋：中国电信的数字江湖

【课后案例】

传奇商超——胖东来

胖东来商贸集团公司，自 1995 年成立以来，已成为河南地区知名的大型商业零售企业，业务范围涵盖百货、家电和超市等多个领域，在许昌市和新乡市等地成功开设了 30 余家连锁商店，雇员 7000 余人。胖东来以其独特的服务理念和运营管理能力，在零售业中脱颖而出，挤倒了本土品牌和全国连锁品牌，甚至使世界零售巨头沃尔玛、家乐福延迟开业。

胖东来的成功秘诀在于其"家人般"的服务理念。创始人于东来提倡"不要把顾客当上帝，把他们当家人"，这一理念深深植根于企业文化之中。公司注重品牌建设，通过广告、促销和会员制提高知名度，同时提供优质的售后服务和顾客支持，增强顾客信任和忠诚度。自 1999 年起，胖东来推出了一系列免费服务，如免费存车、免费打气、免费饮水等，这些服务和员工的热情、主动和微笑，让顾客感到满意和贴心。

胖东来在商超设计上以人为本，考虑到不同人群的需求，如为带孩子的父母提供婴儿床、儿童卫生间和育婴室等。公司设置了多个收银台，减少顾客排队时间，体现了对客户需求的持续关注与满足。胖东来的服务理念和实践，使其在业界获得了极高的评价，被认为是中国最好的店之一。胖东来的员工能够提供如此优质的服务，与其人本管理和激励机制密切相关。公司提供高于行业平均水平的工资，保持低员工流失率，并通过各种培养与激励机制提高员工的工作表现。胖东来还关注员工的生活质量，实施每月闭店休息和春节放假等措施，让员工有更多时间享受生活。

胖东来商贸集团公司的成功，在于其独特的服务理念、人本管理、资源优势和不断创新的商业模式。这些因素使其在激烈的市场竞争中立于不败之地，成为中国零售行业的一支生力军。胖东来的成功虽不易复制，但其传奇故事为零售业提供了宝贵的经验和启示。

本 章 小 结

◆ 创业企业营销环境是影响创业企业营销活动的外在因素，可以分为宏观环境和微观环境，一般创业企业是难以控制的，但创业企业可以通过制订并不断调整市场营销策略去主动适应环境的发展和变化。

◆ 创业宏观营销环境可以分为政策法律环境、社会文化环境、科技环境、自然环境和经济环境。宏观营销环境的分析方法包括 PEST 分析法和利益相关者模型分析法。

◆ 创业微观环境的参与者包括创业企业本身、上游企业、下游企业、顾客、竞争者和社会公众。创业微观营销环境主要运用波特五力模型进行分析。

◆ 市场营销机会是指对企业营销管理富有吸引力的而且具有竞争优势的领域或动向，是市场上尚待满足的需要、欲望和需求，可运用机会矩阵图进行市场营销机会的识别。

复习思考题

1. 什么是创业企业宏观营销环境？
2. 宏观营销环境包括哪些要素？它们对创业企业营销活动的影响有哪些？
3. 开展宏观营销环境分析的方法有哪些？
4. 什么是创业企业微观营销环境？
5. 微观营销环境包括哪些要素？
6. 创业企业如何识别、把握市场营销机会？市场营销机会和企业机会有什么区别？
7. 大数据和人工智能的快速发展给创业企业带来了怎样的机遇和挑战？
8. 中国的市场营销环境有哪些主要的特征？

【习题】

即 学 即 测

第四章　消费者行为分析

本章学习目标

(1) 理解消费者行为的定义及特点。
(2) 掌握消费者购买决策过程中的身份转换和五个阶段。
(3) 了解消费者行为的影响因素。
(4) 掌握消费者行为的分析方法和案例应用。

引导案例 》》》

小仙炖：燕窝市场的年轻化转型

小仙炖，一个起初专注于传统燕窝销售的品牌，主要服务于中老年消费群体，以高品质燕窝产品著称。然而，随着健康意识的提升和年轻消费者对健康食品需求的日益增长，小仙炖意识到必须调整其市场定位和产品线以适应市场变化。通过深入的市场调研，小仙炖发现年轻一代消费者不仅追求营养价值，更注重产品的便捷性和时尚感。

为了满足年轻消费者的需求，小仙炖推出了即食燕窝和燕窝甜品等新产品，这些产品在设计上更加年轻化和个性化，方便携带和食用。新包装设计和产品线的推出迅速吸引了年轻消费者的目光，尤其是追求健康生活方式的都市白领和健身爱好者。小仙炖的新产品线以其独特的设计和便携性，成功地在年轻市场中占据了一席之地。

在营销策略上，小仙炖积极拓展社交媒体平台，如 Instagram、微博等，发布与健康生活方式相关的内容，并与健康生活领域的网红合作，扩大品牌影响力。这种社交媒体营销策略不仅增加了品牌的可见度，也加强了小仙炖与年轻消费者的互动和沟通，使小仙炖成功吸引了年轻消费者群体。

小仙炖的转型展示了一个传统品牌如何通过市场调研、产品创新和社交媒体营销，成功地将目标市场从中老年扩展到年轻消费者。这一转变不仅拓宽了小仙炖的消费者基础，也提高了品牌的市场竞争力。小仙炖的成功转型为其他传统品牌提供了宝贵的经验，证明了在快速变化的市场中，及时调整战略和创新产品是实现品牌增长的关键。通过这种转型，小仙炖不仅巩固了其在传统燕窝市场的地位，还成功拓展到了更年轻的消费者市场，成为一个兼具传统与现代的燕窝品牌。

4.1 消费者行为概述

4.1.1 消费者行为的定义

消费者行为是指消费者在寻找、购买、使用、评估以及处置产品或服务过程中所表现出的各种行为和决策模式。它涵盖了消费者的需求识别、信息搜索、评估选择、购买决策、消费体验以及购后行为等环节。

4.1.2 消费者行为的特点

消费者行为具有多样性、复杂性、动态性、可预测性和可引导性的特点。了解这些特点有助于企业更好地理解消费者，制订有效的市场策略，满足消费者的需求，并建立长期的客户关系。

(1) 多样性：不同的消费者有不同的需求、偏好、购买习惯和决策方式，这些差异使得消费者行为呈现出多样性。

(2) 复杂性：消费者的购买决策过程可能涉及多个阶段，包括需求识别、信息搜索、评估选择、购买决策和购后行为，这个过程受到多种因素的影响，使得消费者行为变得复杂。

(3) 动态性：消费者行为不是静态不变的，它会随着个人情况的变化、社会文化的发展、经济条件的波动以及市场环境的改变而发生变化。

(4) 可预测性：尽管消费者行为具有多样性和复杂性，但通过市场研究和消费者行为分析，可以在一定程度上预测消费者的行为模式和趋势。

(5) 可引导性：消费者行为可通过营销活动、广告宣传、促销手段和口碑传播等引导和影响。企业通过精心策划的营销活动，能够激发消费者的购买欲望，促使其产生购买行为。

【案例4-1】

大众点评：引导消费者行为的强大平台

在当今数字化时代，大众点评作为一款极具影响力的生活服务平台，充分展现了消费者行为的可引导性。

大众点评汇聚了海量的商家信息，涵盖餐饮、酒店、旅游、购物等众多领域。据统计，约70%的消费者表示在选择餐厅时会优先参考大众点评的评分和评价。这种信息的集中展示，为消费者提供了决策依据，引导他们选择那些在平台上口碑良好的商家，改变了他们原本可能随机或基于有限经验的选择行为。

用户评价是大众点评影响消费者行为的核心因素之一。消费者在消费后会在平台上分享自己的真实体验，这些评价不仅反映了商家的产品或服务质量，也对其他潜在消费者产生了引导作用。当消费者看到大量正面评价时，会对商家产生信任感，进而有可能前往消费；反之，负面评价则可能使消费者放弃选择该商家。

大众点评通过信息提供、用户评价等多种方式引导着消费者的行为，深刻地影响了消费者在各个生活服务领域的决策过程，为商家和消费者之间搭建了一座高效的桥梁，也成为研究消费者行为可引导性的典型案例。

4.2 消费者行为的类型

一、习惯性购买行为

当消费者购买价格低、日常高频购入且品牌差异小的产品时，往往会产生习惯性购买行为。消费者在购买这类产品时，几乎不需要花费时间进行选择，也不会经过复杂的信息收集、产品评估等过程，主要基于过往的购买经验和习惯进行购买决策。例如，消费者购买食盐、卫生纸等日用品时，往往会习惯性地选择自己常用的品牌，不会过多思考其他选择。

二、变换型购买行为

变换型购买行为通常出现在品牌差异明显的产品领域，消费者在购买这类产品时，不愿花费大量时间去进行选择和评估，而是更倾向于不断变换所购买产品的品牌。这种行为主要是因为消费者希望通过尝试不同品牌来获得更多样化的体验、新鲜感，或者是在寻找最能满足自己特定需求和偏好的产品。

三、理性购买行为

理性购买行为是指消费者在购买商品或服务之前，会广泛搜集所需购买商品的信息，经过周密分析和思考后才作出购买决定。这类消费者善于思考，具有一定的商品知识和以往购物的经验。他们在购买过程中比较谨慎，会权衡各种因素，以确保购买的商品或服务能够最大程度地满足自己的需求，并且在质量、价格等方面达到最优的平衡。

四、冲动型购买行为

冲动型购买行为是指消费者在购物时对外界环境的刺激比较敏感，情绪不易自控，在没有经过充分思考和比较的情况下，迅速作出购买决定的行为。这种购买行为往往是由消费者的一时冲动引发的，购买的商品可能并非事先计划购买的。冲动型购买行为的流程图如图4-1所示。

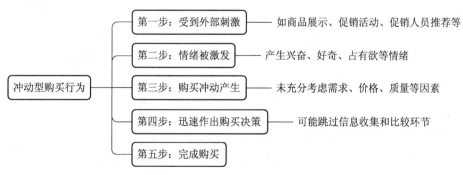

图4-1 冲动型购买行为的流程图

五、诱发性购买行为

诱发性购买行为是指消费者在店内看到产品的陈列、促销活动、包装等因素而临时产生购买意愿的行为。这种购买行为不是消费者在进店之前就计划好的，而是受到了零售环境中各种营销刺激因素的诱导而发生的。

【案例4-2】

太平鸟快时尚品牌引起的诱发性购买力

快时尚品牌在店铺陈列与视觉营销方面独树一帜。太平鸟作为快时尚品牌的代表，通常将最具时尚感和吸引力的服装搭配组合展示在入口和橱窗位置，同时店内的布局设计巧妙地运用了视觉营销技巧。太平鸟会按照不同的风格或系列划分区域，并且在每个区域内展示完整的穿搭。这种展示方式让消费者可以直观地看到服装的搭配效果，从而诱发他们购买整套服装或者其中某个单品来更新自己的穿搭风格。此外，快时尚品牌的商品更新速度很快，太平鸟以其极快的商品更新速度著称。几乎每周都会有新款式上架，这种频繁的更新会让消费者产生一种"如果不马上购买，可能就会错过"的心理。新上架的商品会被放置在店铺中比较显眼的位置，周围用灯光和展示道具来突出显示，因此会吸引消费者的注意力，引起购买行为。

4.3　消费者购买决策过程

消费者购买决策是指消费者谨慎地评价某一产品、品牌或服务的属性，并进行理性的选择，即用最小的成本购买能满足某一特定需要的产品的过程。这是一个复杂的心理和行为过程，涉及问题认知、信息收集、方案评估、购买决策以及购后评价等多个阶段。

4.3.1　消费者购买决策过程的参与者

消费者在完成一项完整的购买决策的过程中，可能会扮演一种或多种角色，包括发起者、影响者、决策者、购买者和使用者。

一、发起者

发起者是指首先提出购买某种产品或服务需求的人。

发起者可能因为自身的需求感知而产生购买想法。发起者的需求和提议是购买决策过程的起点，能够引发后续的信息收集和评估等环节。他们的需求强烈程度和表达方式会影响整个购买决策的进程。如果发起者的需求很迫切，并且能够清晰地表达出产品或服务需要满足的功能和特点，那么其他参与者会更加重视这个购买提议。

二、影响者

影响者是为购买决策提供信息、建议或意见的人。影响者的范围比较广泛，可以包括家庭成员、朋友、同事、专家、社交媒体达人等。

影响者能够通过提供专业知识、使用经验或个人观点来改变消费者对产品或服务的看法。他们的意见可能会使消费者关注某些品牌或产品属性，或者排除一些原本在考虑范围内的选项。一个有影响力的推荐可能会使消费者对某个品牌产生好感，增加其被选择的概率；相反，负面的评价也可能导致消费者放弃某个品牌。

三、决策者

决策者是最终决定是否购买、购买什么品牌、在哪里购买以及何时购买的人。在简单的购买决策中，发起者可能就是决策者；但在复杂的购买决策中，可能涉及多个决策者。

决策者拥有最终的决定权，他们的个人偏好、购买标准和风险承受能力等因素对购买决策的结果有着关键的影响。决策者需要权衡各种因素，如产品的质量、价格、售后服务等，以确保购买的产品或服务能够满足需求并且符合整体利益。

四、购买者

购买者是实际执行购买行为的人。购买者不一定是决策者。购买者在购买过程中的实际操作会影响购买体验。他们可能会根据自己在购买现场的观察和体验，如店铺的环境、销售人员的服务态度等，对购买决策进行微调。

五、使用者

使用者是最终使用产品或服务的人。使用者的需求和反馈对购买决策具有重要影响，因为产品或服务的质量和适用性直接关系到使用者的体验。使用者的体验和反馈是购后评价的重要依据，能够为未来的购买决策提供参考。如果使用者对产品或服务不满意，则可能会促使决策者在下次购买时更换品牌或产品；反之，满意的使用者则可能会增加品牌忠诚度，使购买决策更倾向于再次选择同一品牌。

【案例4-3】

欧派家具的定制家具之旅

欧派家具是一家提供定制家具解决方案的企业，其成功在于深刻理解并有效管理消费者购买决策过程中的各个参与者。当它的主要客户目标是年轻家庭时，欧派家具通过社交媒体营销和口碑传播吸引消费者的注意力。在决策过程中，消费者往往会与家人、朋友以及在线社区成员进行讨论，欧派家具通过建立线上论坛和提供虚拟家居设计工具来促进这些讨论，并收集用户反馈。同时，公司与室内设计师合作，提供免费的设计咨询，使设计师成为影响消费者选择的重要参与者。欧派家具还与房地产开发商建立合作关系，在新开发项目中提供样板间展示，使购买决策过程更加直观和便捷。通过这种方式，欧派家具不仅满足了消费者的个性化需求，也通过影响购买决策过程中的关键参与者，成功地将潜在客户转变为忠实客户，巩固了其在定制家具市场的小众市场地位。

4.3.2 消费者购买决策的五个阶段

消费者购买决策的过程具有一定的规律性。消费者购买决策过程的五个阶段分别为问题认知、信息收集、方案评估、购买决策和购后评价。值得一提的是，消费者在消费过程中未必经历全部五个阶段，很可能会跨过或返回到某个阶段。消费者购买决策过程的五个阶段完整呈现了消费者在面对高重要性新决策时的思考过程，是分析购买行为的有效框架。消费者购买决策过程的五个阶段如图 4-2 所示。

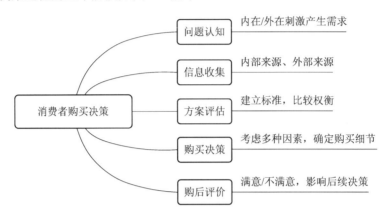

图 4-2   消费者购买决策过程的五个阶段

一、问题认知阶段

问题认知阶段是购买决策过程的起始点，消费者察觉到理想状态与实际状态之间存在差距，从而引发需求。这种差距可能源于内部的生理或心理需求未得到满足，也可能源于受到外部环境的刺激。

内部刺激因素包括生理需求(如饥饿、口渴、疲劳等)和心理需求(如追求自尊、社交需求、自我实现等)。

外部刺激因素主要有广告宣传、他人的使用示范、新产品的出现、社会流行趋势等。

因此，企业需要了解消费者潜在的需求缺口，通过市场调研和消费者分析，制订有效的营销策略来激发消费者在这一阶段的问题认知。例如，企业可以利用广告创造消费者对某种新产品的需求意识，突出产品能够解决消费者现有的问题或未被满足的需求。

二、信息收集阶段

信息收集是在消费者确定需求后，开始从各种渠道获取与满足需求相关的产品或服务信息。在这一阶段，信息的来源分为以下几种：

1. 内部信息源

内部信息源主要包括过往的购买经验、使用经验以及自身已有的知识储备。

2. 外部信息源

外部信息源主要包括以下几个方面：

(1) 个人来源：包括朋友、家人、同事、邻居等的建议和推荐。这些信息往往具有较高的可信度，因为它们来自消费者身边熟悉的人。

(2) 商业来源：涵盖广告(电视广告、网络广告、户外广告等)、销售人员的介绍、产品说明书、企业宣传资料、包装等。商业来源是企业主动向消费者传播信息的途径。

(3) 公共来源：主要是消费者组织的报告、新闻媒体的报道、政府发布的产品质量信息、专业评测机构的评测等。这些信息来源相对客观、公正。

(4) 经验来源：通过产品试用、展厅体验、租赁使用等方式获得信息。

因此，企业要确保在各种信息来源中都能传递准确、有吸引力的产品信息。对于内部信息源，企业要通过提高产品质量和消费者满意度来积累良好的口碑。在商业来源方面，企业要制作高质量、针对性强的广告，培训专业的销售人员。同时，企业应积极与公共来源合作，争取获得正面评价，并提供良好的产品试用体验来吸引消费者。

三、方案评估阶段

在完成问题认知和信息收集后，需要消费者对收集到的多种产品或服务方案进行分析、比较和权衡，依据自己的需求和偏好确定评估标准，以筛选出最符合自己要求的选项，这一阶段就是消费者购买决策五个阶段中的方案评估阶段。

四、购买决策阶段

在方案评估阶段结束后，综合考虑各种因素，消费者会对品牌集里的产品形成偏好，甚至直接产生购买意图，但是也会出现消费者没有实现购买行为的情况，原因有以下几点：

(1) 他人意见：在最终选择购买之前，消费者受到社会舆论、专家意见、网络评价等他人意见的影响。

(2) 促销活动：如打折、满减、赠品、抽奖等促销手段会影响消费者的购买决策。

(3) 购买情境：包括购买时的时间、地点、氛围等。

(4) 意外情况：某些突发事件会改变消费者的购买决策，如失业或品牌失信，甚至销售人员的无礼与冒犯。

五、购后评价阶段

消费者在购买和使用产品或服务后，根据实际体验对产品或服务进行评价，这种评价会影响消费者的再次购买决策以及对周围人的推荐行为。购后评价的结果如图4-3所示。

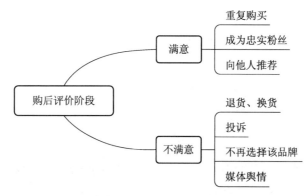

图4-3 购后评价的结果

(1) 满意：如果产品或服务的实际表现达到或超过消费者的期望，消费者会感到满意。满意的消费者可能会进行重复购买，成为品牌的忠实用户，并向他人推荐该产品或服务。

(2) 不满意：若产品或服务未达到消费者的期望，消费者会产生不满情绪。不满意的消费者可能会采取退货、换货、投诉等行动，并且在未来购买类似产品或服务时，不会再选择该品牌。在严重的情况下，消费者还可能会通过社交媒体等渠道向更多人传播负面评价。

因此，企业要重视消费者的购后评价，建立有效的反馈机制，及时了解消费者的满意度情况。对于不满意的消费者，企业要积极解决问题，改进产品或服务质量，尽量挽回消费者的信任。同时，企业要通过良好的购后服务来提高消费者的满意度和忠诚度，促进消费者的口碑传播。

【拓展阅读】

墨香余韵：书店的服务革命

4.4　消费者行为的影响因素

4.4.1　"刺激-反应"模型

一、基本概念

"刺激-反应"模型是 20 世纪 70 年代由洛杉矶南加州大学的营销教授威廉·克林提出的。该模型认为人的行为由外部刺激和个体对刺激的反应共同决定。外部刺激作用于消费者后，消费者根据自身的特点和心理过程对这些刺激进行处理，进而产生相应的购买行为或其他反应。"刺激-反应"模型是了解消费者行为的出发点。

二、刺激的分类

(1) 市场营销刺激：企业有意安排的、对购买者的外部环境刺激，包括产品、价格、销售地点和场所、各种促销方式等。

(2) 外部刺激：除市场营销刺激外，消费者还受到其他方面的外部刺激，如经济的、技术的、政治的和文化的刺激等。

三、反应的表现

消费者的反应表现为购买决策和购买行为，包括是否购买、购买什么产品、购买哪个品牌、购买的时间和地点、购买的数量等。

四、消费者的"黑箱"

在"刺激-反应"模型中，消费者的决策过程被视为一个"黑箱"。"黑箱"里面包含了消费者的心理活动和决策过程，这些过程是复杂且难以直接观察的。消费者会根据接收到的刺激，经过一系列心理活动，如认知、情感、学习、记忆等，最终产生购买反应。

从"刺激-反应"模型中我们可以看到，具有一定潜在需求的消费者首先要受到企业的销售活动刺激和各种外部环境因素的影响才会产生购买意向，而不同特征的消费者又会对外界的各种刺激和其特定的内在因素与决策方式作出不同的反应，从而形成了不同的购买取向和购买行为，这就是消费者购买行为的一般规律，如图4-4所示。

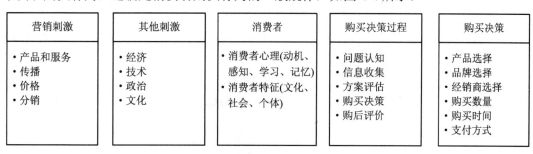

图4-4　消费者购买行为的一般规律

【拓展阅读】

色彩引诱：纪梵希的美妆魔法

4.4.2　消费者行为的影响因素

一、文化因素

文化是一个内涵丰富的概念，在影响消费者购买行为的因素中，它是由文化、亚文化和社会阶层共同构成的。

1. 文化

文化因素是指人类在社会历史发展过程中所创造的物质财富和精神财富的总和，包括民族传统、宗教信仰、风俗习惯、教育层次、价值观念、语言文字、文学艺术等。它对消费者购买行为的影响非常广泛且深远。

不同的文化背景下，人们的价值观念、审美标准、生活方式等存在很大差异，这些差异会直接影响消费者的购买决策和行为。例如，东方文化强调集体主义和家庭观念，消费者在购买决策时可能会更多考虑家庭的需求和意见；而在西方文化中，个人主义较为突出，消费者更注重个人喜好和自我表达。

2. 亚文化

亚文化群体具有独特的价值观和消费行为。民族亚文化、宗教亚文化和地域亚文化等都会影响消费者的购买决策。例如，不同民族的消费者可能有不同的饮食禁忌和传统习俗，这会影响他们对食品和相关产品的选择。

3. 社会阶层

社会阶层决定了消费者的收入、职业和教育水平等，从而影响他们的购买行为。高社会阶层的消费者更倾向于购买高端、品质优良的产品，以彰显自己的社会地位；而低社会阶层的消费者则更注重产品的价格和实用性。

文 化 认 同

红研社是一家致力于传承和推广红色文化的企业，通过创新的文化创意产品将红色文化的精髓融入现代生活。该企业深入挖掘历史故事和革命精神，设计了一系列红色主题的文创产品，如以历史人物为原型的卡通形象、革命遗址的立体拼图以及革命历史事件的主题插画。这些产品不仅在设计上富有教育意义，而且在材质和制作上注重环保和可持续发展。红研社通过线上平台和文化旅游活动进行产品推广，同时与当地学校合作，开展红色教育活动，增强年轻一代对国家历史的认同感。这种将红色文化与现代文创相结合的方式，使红研社在小众市场中获得了独特的品牌定位，成功地将文化遗产以新颖的形式传承给更广泛的受众。

二、社会因素

除了文化因素的影响，社会因素也会对消费者的购买行为造成影响，如参考群体、家庭、角色与地位。

1. 参考群体对消费者行为的影响

参考群体是消费者在购买决策过程中参考的个人或群体。主要参考群体如家人、朋友和同事等，对消费者的购买行为有直接影响；次要参考群体如名人、社会团体等，也会通过示范效应影响消费者的购买决策。参考群体对消费者购买行为的影响主要有信息性影响、范围性影响和价值表现影响。

名人，是指在社会上具有较高知名度、影响力和关注度的个人，通常在特定的领域取得了杰出的成就，又或者是因为其独特的个性、才华、外貌等特质而被大众熟知。名人效应是指名人的出现所达成的引人注意、强化事物、扩大影响的效应，或者是人们模仿名人的心理现象的统称。因此，企业经营者常常会利用消费者对名人的这种敬慕心理来扩大销量，如美国篮球巨星勒布朗·詹姆斯代言 NK 的篮球鞋和运动装备。勒布朗在球场上的卓越表现和巨大影响力，使得他的粉丝们对他所代言的产品充满热情。每当 NK 推出勒布朗系列的新篮球鞋时，都会吸引大量篮球爱好者和粉丝购买。

2. 家庭对消费者行为的影响

1) 家庭生命周期的影响

在新婚阶段，夫妻双方通常会共同决策购买大量家居用品，如家具、电器等。他们注重产品的时尚性、实用性以及与家庭装修风格的协调性。在育儿阶段，有了孩子后，家庭消费重点明显转向婴儿和儿童相关产品。父母会更加关注产品的质量、安全性和适用性。当孩子长大成人离开家庭后，空巢老人的消费需求也会发生变化。他们可能更关注健康和休闲方面的产品与服务。此时，他们的消费更加注重实用性和性价比，同时也会考虑产品和服务是否能够满足他们的情感需求。

2) 家庭成员角色的影响

在购买重大商品或服务时，夫妻双方通常会共同参与决策。例如，购买房产时，夫妻会一起考察不同的楼盘，综合考虑地理位置、房屋面积、周边配套设施、价格等因素。丈夫可能更注重房屋的结构和质量，妻子可能更关注装修风格和周边环境。双方通过沟通和协商，最终作出决策。同时，孩子在家庭消费中也起着重要的作用。他们的需求和喜好会影响父母的购买决策。

3) 家庭经济状况的影响

家庭收入水平直接决定了消费者的购买力。高收入家庭在购买商品和服务时更注重品质和品牌，愿意为高端产品支付更高的价格。

3. 角色对消费者行为的影响

1) 不同角色的消费需求差异

一个人在社会中往往扮演着多种角色，如职业角色、家庭角色等。不同的角色会带来不同的消费需求。例如，一位职业女性在工作场合可能需要穿着得体的职业装、高跟鞋，使用专业的办公设备，如笔记本电脑、打印机等。这些消费选择是为了满足工作中的职业形象和工作效率的需求。而在家庭角色中，她可能会购买家居用品、儿童用品等，以满足家庭生活的需要。

2) 角色转换带来的消费变化

随着生活场景的变化，人们的角色也会发生转换，这会导致消费行为的改变。例如，一位大学生在学校时，可能会购买时尚的服装、电子产品等，以满足社交和学习的需求；而在假期回家时，可能会扮演家庭帮手的角色，购买一些家庭日用品或为父母购买礼物。

4. 地位对消费者行为的影响

1) 社会地位与消费品牌选择

社会地位较高的人通常会选择高端品牌和奢侈品，以彰显自己的身份和地位。相反，社会地位较低的人可能更倾向于购买价格实惠、性价比高的产品。

2) 地位象征与消费行为

消费者常常通过购买特定的商品和服务来展示自己的社会地位。此外，地位还会影响消费者对服务的需求。社会地位高的消费者可能会要求更个性化、专业化的服务，如私人管家、专属定制旅游等；社会地位低的消费者则更注重基本的服务质量和价格。

【拓展阅读】

静谧禅居：小森的东方生活艺术

三、个人因素

1. 年龄和生命周期阶段

人们对服装、家具和娱乐活动的喜好，都与年龄相关联，因此，人们的消费观念和消费行为也都受到年龄、家庭生命周期的显著影响。此外，随着人在生命历程中的不断成长，他们会经历不同的过渡和转变，其行为也会随着这些事件而发生变化，如结婚生子、生病、离婚、失业、退休、丧偶等都会带来新的需求。

2. 职业和经济状况

职业会影响个体消费行为与模式，不同的职业之间存在消费需求差异。例如，白领人士通常需要穿着得体的职业装，使用专业的办公设备；蓝领工人可能更注重产品的实用性和性价比，他们可能会购买耐用的工具、工作服、安全设备等。同时，经济状况决定购买力，高收入人群倾向高端品牌和奢侈品，中等收入人群注重性价比，低收入人群以满足基本生活需求为主。

3. 生活方式和个性

在生活方式方面，健康生活方式的消费者会购买有机食品和运动装备等，时尚生活方式的消费者关注流行趋势，环保生活方式的消费者选择环保产品。在个性上，外向的消费者喜欢社交互动，内向的消费者注重个人空间。

这些个人因素相互交织，且随着社会发展不断演变，因此企业应针对不同消费者群体制订相应营销策略以满足个性化需求。

四、心理因素

心理因素包括动机、知觉、学习、信念和态度。

1. 动机

动机是推动消费者行为的内在动力。消费者的购买动机可以分为生理动机和心理动机。生理动机基于人类基本的生理需求，如饥饿、口渴时会产生购买食物和饮料的动机。心理动机则更为复杂，如消费者为了追求自尊、自我实现或社交需求而购买产品。

动机理论有多种，其中马斯洛的需求层次理论很有代表性。该理论将人的需求从低到高分为生理需求、安全需求、社交需求、尊重需求和自我实现需求。消费者在不同的需求层次下会产生不同的购买动机，当低层次需求得到满足后，会追求更高层次的需求。此外，双因素理论也对消费者动机有一定的解释力：保健因素(如产品的基本质量、安全性)如果不满足，会导致消费者不满；激励因素(如产品的新颖性、品牌形象)则能激发消费者的购买欲望。

2. 知觉

知觉是消费者对外部刺激进行选择、组织和解释的过程。消费者会根据自己的经验、价值观和期望来感知产品和营销信息。不同的消费者对同一产品可能会有不同的知觉。

3. 学习

消费者的购买行为也是一个学习的过程。他们通过经验、观察和信息获取来学习产品知识和购买技巧。随着经验的积累，消费者会形成自己的购买习惯和品牌偏好。

4. 信念和态度

信念是消费者对事物的一种看法和信任程度。消费者的信念会影响他们的购买行为。态度是消费者对产品或品牌的一种评价和情感倾向，包括喜欢或不喜欢、赞成或反对等。消费者的态度一旦形成，就会相对稳定，并影响他们的购买决策。

4.5　消费者行为分析方法

消费者是创业企业营销和市场发展的核心对象，因此消费者行为分析在创业企业经营和消费市场中是极其重要的部分。

4.5.1　传统研究方法

一、访谈法

访谈是一种直接与消费者进行交流的方式。通过访谈可以深入了解消费者的想法、动机和购买决策过程。访谈的形式包括结构化访谈、半结构化访谈和非结构化访谈。在访谈过程中，主持人要注意营造轻松、信任的氛围，鼓励消费者真实地表达自己的观点。

焦点小组讨论是将一组具有相似特征或购买行为的消费者聚集在一起，在主持人的引导下就特定的产品或话题进行讨论。这种方法可以激发消费者之间的互动和思想碰撞，获取更丰富的信息。焦点小组讨论的优点是可以快速收集多个消费者的意见，但也需要注意控制讨论的方向和氛围，避免个别消费者主导讨论或出现偏离主题的情况。

二、观察法

自然观察：在自然环境中观察消费者的行为，不进行任何干预。例如，企业调查人员在超市、商场或其他消费场所，观察消费者的购物路径、在货架前停留的时间、对不同产品的关注程度、与同伴的交流内容等；通过自然观察，可以发现消费者在真实购物场景中的行为模式；在进行自然观察时，要尽量保持隐蔽，避免被消费者察觉，以免影响他们的正常行为。

实验观察：通过设计实验场景，控制某些变量，观察消费者的反应。实验观察需要注意控制好实验条件，确保除了自变量外，其他可能影响消费者行为的因素保持不变或在可控范围内，以准确分析自变量对消费者行为的影响。

三、问卷调查法

问卷调查法是一种广泛应用的收集消费者信息的方法。企业调查人员通过设计科学合理的问卷，向大量消费者发放，可以获取关于消费者人口统计学特征、消费习惯、购买频率、品牌偏好、购买决策因素等方面的数据；问卷设计要注意问题的清晰性、逻辑性，并且要避免引导性；在收集问卷数据后，可以使用统计分析软件对数据进行分析，如计算百分比、均值、标准差等描述性统计量，以及进行相关性分析、回归分析等数据分析。

四、大数据分析法

随着互联网和信息技术的发展，企业可以获取海量的消费者数据，包括线上购物数据(如购买记录、浏览历史、搜索关键词、评论等)和线下消费数据(如会员信息、刷卡记录、店内活动参与情况等)。通过大数据分析技术，企业可以挖掘消费者行为的深层次规律和趋势。例如，电商平台可以利用大数据分析技术分析消费者的购买历史和浏览行为，为消费者推荐个性化的商品推荐列表。大数据分析的优势在于能够处理大规模的数据，从多个维度(如时间、地域、产品类别等)对消费者行为进行分析，并且可以实现实时分析，方便企业及时调整营销策略。

4.5.2 "7Os"研究法

消费者行为是指消费者在寻求、购买、使用、评价和处理预期能满足其需要的商品或服务时所表现出来的行为。对消费者行为的研究，研究的是消费者如何用有限的可支配的资源(如时间、精力、金钱等)来更高效率地满足自身需要。"7Os"研究法作为一个经典方法，将消费者市场购买行为的研究概括为 7 个主要问题，如表 4-1 所示。

表 4-1   "7Os"研究法

要　　素	主要内容	详细解释
市场构成者 (Occupants)	消费者特征	包括年龄、性别、职业、收入水平、受教育程度、消费习惯、兴趣爱好、价值观等。这些因素影响消费者的需求、偏好和购买决策
购买目标 (Objects)	产品或服务种类	市场上提供的各类商品或服务，如食品、服装、旅游、金融服务等。不同种类满足不同需求
购买目的 (Objectives)	消费者购买动机	功能性动机(如购买交通工具是为了出行方便)、心理性动机(如提升社会地位、获得情感满足等)
购买组 (Organizations)	消费者购买决策过程	包括需求识别、信息搜索、备选方案评估、购买决策、购后评价一系列过程
购买方式 (Operations)	购买渠道选择	线上渠道、线下渠道以及新兴渠道(直播带货等)。消费者根据产品类型和个人偏好选择
营销影响 (Outlets)	企业营销活动对消费者的影响	广告、促销、公关(提升企业声誉和形象，增强信任)、人员推销
营销活动的效果评估 (Outcomes)	销售业绩评估	通过销售额、销售量、市场份额等指标评估营销活动对产品销售的直接影响

一、市场构成者

1. 消费者特征

消费者特征包括消费者的年龄、性别、职业、收入水平、受教育程度、消费习惯、兴趣爱好、价值观等。这些因素影响消费者的需求、购买能力和购买决策过程。

2. 市场规模与增长趋势

了解市场的总体规模大小、过去几年的增长情况以及未来的预测趋势，有助于企业评估市场潜力和发展机会。

二、购买目标

1. 产品或服务的种类

企业需要明确市场上提供的各类产品或服务，以及它们满足消费者的哪些需求。

2. 消费者需求层次

根据马斯洛的需求层次理论，消费者需求可分为生理需求、安全需求、社交需求、尊重需求和自我实现需求。企业需分析产品或服务主要满足消费者哪个层次的需求，以便更好地定位和营销。

三、购买目的

1. 消费者购买动机

消费者购买产品或服务的动机多种多样，包括满足基本生活需要、追求品质生活、提升社会地位、获得情感满足、跟风从众等。

2. 消费者期望利益

消费者期望利益指消费者期望从购买中获得的具体利益，如产品的功能利益(如手机拍照清晰，运行速度快)、情感利益(如购买某品牌汽车会带来自豪感)、经济利益(如购买打折商品节省开支)等。企业应了解消费者期望利益，突出产品或服务在这些方面的优势。

四、购买组织

1. 消费者购买决策过程

消费者购买决策过程涉及问题认知、信息收集、方案评估、购买决策以及购后评价等环节。例如，购买家电产品时，消费者可能先发现家中旧家电出现问题(问题认知)，然后通过网络、实体店、咨询朋友等方式收集信息(信息收集)，对比不同品牌和型号的产品特点、价格、售后服务等(方案评估)，最终选择一款合适的产品购买(购买决策)，使用后根据产品性能和服务质量进行评价(购后评价)。

2. 购买决策参与者

在购买决策中，可能涉及多个参与者，如发起者、影响者、决策者、购买者和使用者。

五、购买方式

1. 购买渠道选择

消费者购买产品或服务的渠道包括线上电商平台、线下实体店、直销、代理销售等。不同渠道具有不同的特点和优势,消费者会根据产品类型、购买便利性、价格、服务等因素选择合适的渠道。

2. 购买时机与频率

购买时机与频率指消费者购买产品或服务的时间选择(如季节性购买、节假日购买、促销活动期间购买等)以及购买的频繁程度。

六、营销影响

1. 企业营销活动对消费者的影响

企业通过广告、促销、公关、人员推销等营销手段,影响消费者的认知、态度和购买行为。

2. 外部环境因素对营销的影响

外部环境因素包括宏观经济环境(如经济增长、通货膨胀、失业率等)、政治法律环境(如法律法规、政策法规等)、社会文化环境(如文化习俗、价值观、社会潮流等)和技术环境(如新技术的发明和应用、互联网发展等)。这些外部环境因素既为企业营销提供机会,也带来挑战。

七、营销活动的效果评估

1. 销售业绩评估

企业可以通过分析销售额、销售量、市场份额等指标,评估营销活动对产品销售的直接影响。

2. 消费者满意度与忠诚度评估

了解消费者对产品或服务的满意程度以及是否愿意重复购买和向他人推荐,是衡量营销活动长期效果的重要指标。企业可以通过问卷调查、在线评价、客户投诉等方式收集消费者的反馈,计算满意度得分,并跟踪消费者的重复购买行为和口碑传播情况。

3. 品牌形象提升评估

企业可以通过市场调研、社交媒体监测等手段,了解消费者对品牌的认知和评价变化,评估营销活动对品牌知名度、品牌美誉度、品牌形象认知等方面的影响。

4.5.3 用户画像

一、用户画像的定义

用户画像(Personas)是一种对目标用户群体特征进行抽象化和具象化描述的方法。它不是简单地对用户信息进行罗列,而是通过深入挖掘和分析用户数据,构建出一个能代表特定用户群体典型特征的虚拟角色。这个虚拟角色包含了用户的人口统计学信息(如年龄、性别、地域、职业、收入等)、行为特征(如购买行为、浏览行为、使用频率等)、心理特征(如动机、价值观、态度、兴趣爱好等)以及消费场景等多方面的内容。

二、用户画像的作用

1. 深入理解用户

用户画像为企业和研究人员提供了一种直观、生动的方式来了解目标用户。它超越了简单的数据分析,将用户的各种特征整合在一起,形成一个有血有肉的人物形象。这种形象化的理解有助于我们站在用户的角度思考问题,更好地满足他们的需求。

2. 指导产品设计与开发

在产品设计阶段,用户画像可以指导产品的功能设计、界面设计和用户体验设计。如果目标用户是老年人,则产品的界面设计可能需要更简洁,字体更大,操作更简便;如果目标用户是年轻的科技爱好者,则产品可以增加更多的创新功能和个性化设置。

3. 优化营销策略

对于营销人员来说,用户画像有助于制订更精准的营销策略。根据用户画像可以确定目标市场的细分群体,选择合适的营销渠道、广告内容和促销方式。

4. 提升客户服务质量

用户画像可以帮助客服人员更好地了解客户的需求和偏好,从而提供更个性化的服务。当客服人员知道客户是一位对产品质量要求很高、对价格不太敏感的用户时,在处理客户咨询或投诉时,可以更有针对性地推荐解决方案,如提供高质量的产品升级或优质的售后服务,而不是单纯地以价格优惠来解决问题。

三、用户画像的构建

用户画像的构建分为三步:数据收集、数据清洗与预处理、数据分析与画像生成。

1. 数据收集

(1) 直接数据收集。企业可以通过问卷调查、用户访谈、焦点小组等方式直接从用户那里获取信息。问卷调查可以覆盖大量用户,通过这一方式企业可收集到关于用户基本信息、消费习惯、偏好等方面的数据。通过用户访谈,企业则可以更深入地了解用户的想法和动机,尤其是对于一些复杂的消费行为或决策过程。焦点小组可以让不同用户之间进行交流和讨论,激发更多的想法和观点,使得企业获取更丰富的信息。用户在注册产品或服务时填写的信息是构建用户画像的重要数据来源。这些信息通常包括用户名、密码、电子邮件地址、年龄、性别、地域等基本信息。这些信息虽然可能相对有限,但可以作为用户画像的基础数据,为后续的分析提供一个起点。

(2) 间接数据收集。间接数据收集通过跟踪用户在产品或服务中的行为来收集数据。对于电商平台,间接数据包括用户的浏览记录(浏览的商品页面、停留时间、浏览顺序等)、购买记录(购买的商品、价格、数量、购买时间等)、搜索记录(搜索的关键词)、收藏和加购行为等。

2. 数据清洗与预处理

(1) 数据清洗。在收集到的数据中，可能存在大量的噪声数据、重复数据和错误数据，需要进行清洗。例如，用户在注册时可能填写了错误的年龄信息，或者在问卷中存在一些不合理的回答。通过数据清洗，可以去除这些无效数据，提高数据的质量。

(2) 数据预处理。不同来源的数据可能具有不同的格式和尺度，需要进行标准化处理。例如，将购买金额的数据统一为人民币单位，并对不同量级的数据进行归一化处理，以便于后续的分析和建模。

(3) 数据编码。对于一些非数值型数据，如性别(男、女)、职业(教师、工程师、公务员等)，需要进行编码，将其转换为计算机可以处理的数值形式。例如，可以将男性编码为0，女性编码为1；将不同的职业赋予不同的数字代码。

(4) 缺失值处理。数据中可能存在一些缺失值，需要根据具体情况进行处理。例如，可以采用填充法填充缺失值(如用均值、中位数填充数值型缺失值，用众数填充分类数据缺失值)，用插补法进行插补(根据数据的相关性进行插补)，或者直接删除含有缺失值的记录(如果缺失值比例较小且对分析影响不大)。

【拓展阅读】

笔触精准：墨研阁的书法市场墨迹

3. 数据分析与画像生成

(1) 数据分析。数据分析包括：利用描述性统计分析对用户数据进行基本的统计描述；利用相关性分析分析不同变量之间的相关性，以了解用户行为和特征之间的关系；利用聚类分析将具有相似特征的用户聚集在一起形成不同的用户群体。

(2) 画像生成。在数据分析的基础上，开始生成用户画像。每个用户画像通常包括以下几个方面的内容：基本信息、行为特征、心理特征、消费场景。

【课后案例】

咖啡品牌的消费者行为分析

三顿半，成立于2015年，是正在探索新生活的精品咖啡品牌。三顿半自进入市场以来，凭借一系列创新举措和精准的市场定位，成功在消费者心中占据一席之地。其消费者群体呈现出鲜明的特征，以年轻消费者为主力军，尤其是"90后""00后"这些成长于数字化时代的人群。他们追求个性化、品质化的生活方式，消费观念前卫且具有较强的自主消费意识。三顿半的品牌形象恰好契合了他们对时尚、创新和高品质的追求，使得他们对该品牌产生了浓厚的兴趣。

三顿半采用先进的冻干技术将咖啡制成粉末状，实现了"无须搅拌，三秒速溶"的便捷特性，这极大地满足了现代消费者快节奏生活下对于便捷性的追求。

三顿半打造了独特的品牌视觉风格，其采用的 mini 可爱的"杯子装"包装，搭配亮黄、淡红、黑灰等经典配色，使产品在众多咖啡中脱颖而出，辨识度极高。消费者在购买产品时，往往被其独特的包装吸引，产生拍照分享的冲动。

消费者决策因素中，产品品质占据重要地位。三顿半选用优质咖啡豆，并运用先进的冻干技术，最大程度上保留了咖啡的风味和香气，让消费者能够品尝到原汁原味的精品咖啡。与传统速溶咖啡相比，其产品在口感、溶解性和品质上具有明显优势。消费者在评价中经常强调咖啡的口感层次丰富、风味独特，这成为他们选择三顿半的关键因素。尽管三顿半的产品价格相对部分传统速溶咖啡较高，但其在品质、口感和便捷性方面的优势使消费者认为其具有较高的性价比。三顿半适时推出了组合装、促销活动等，提升了产品的性价比感知，让消费者在享受高品质咖啡的同时感受到物有所值。此外，品牌形象与价值观也影响着消费者的决策。三顿半倡导的年轻、时尚、创新的形象，以及环保、可持续的发展理念，与当代消费者的价值观相契合，吸引了注重生活品质和社会责任的消费者。

在消费者忠诚度方面，三顿半不断推出新口味、新包装以及限量版产品，满足了消费者的个性化需求，激发了消费者的收藏欲望。例如，三顿半定期推出的季节限定口味，让消费者充满期待，每次新品推出都会吸引老顾客尝新购买。其会员体系为消费者提供了积分、优惠、专属活动等福利，增强了消费者与品牌之间的黏性。消费者在享受会员权益的过程中，感受到品牌对他们的重视和关怀，从而更愿意持续购买三顿半咖啡。

三顿半通过精准的营销策略、独特的品牌视觉、强大的产品创新以及积极的社会行动，成功地影响了消费者的购买决策、使用体验和忠诚度，成功吸引并留住了消费者，为其在咖啡市场的崛起奠定了坚实基础，也为其他品牌在消费者行为分析与营销策略制订方面提供了有益的借鉴。

本 章 小 结

◆　消费者行为涵盖购买全过程，包括消费者的需求识别、信息搜索、评估选择、购买决策、消费体验以及购后行为等环节，具有多样性、复杂性、动态性、可预测性和可引导性。

◆　消费者购买决策的过程具有一定的规律性，消费者在完成一项完整的购买决策的过程中可能会扮演一种或多种角色，包括发起者、影响者、决策者、购买者和使用者，经历的阶段包括问题认知、信息收集、方案评估、购买决策和购后评价。

◆　消费者行为影响因素包括文化(文化、亚文化、社会阶层)、社会(参考群体、家庭、角色与地位)、个人(年龄等)和心理(动机等)因素。

◆　消费者行为分析方法包括传统研究方法(访谈法、观察法、问卷调查法和大数据分析法)、7Os 研究法和用户画像。

复习思考题

1. 什么是消费者行为？消费者行为具有什么样的特点？

2. 消费者行为对企业制订营销策略有哪些重要影响？请举例说明。

3. 举例阐述消费者行为的多样性和复杂性在实际消费场景中的体现。

4. 描述习惯性购买行为和理性购买行为的主要区别，并分别举例说明在哪些产品或服务领域较为常见。

5. 举例说明社会阶层如何影响消费者在高端奢侈品和大众消费品之间的选择。

6. 结合实际案例，分析企业如何运用用户画像来优化产品设计和营销策略，提高市场竞争力。

【习题】

即 学 即 测

第五章 新产品设计与开发

本章学习目标

(1) 了解产品的构成要素及产品分类。

(2) 掌握新产品开发策略及流程。

(3) 了解产品生命周期的概念。

(4) 掌握不同产品生命周期阶段的营销策略设计与选择。

引导案例 》》》

华为折叠科技引领设计创新

2024 年 9 月，华为发布了其最新旗舰产品——华为 Mate XT 三折叠手机。这款手机的发布在全球科技界引发了广泛关注。与苹果 iPhone16 系列的发布会同日进行，Mate XT 凭借其创新的三折叠设计和 19 999 元的高昂定价迅速占据了消费者和媒体的热议话题。尽管价格偏高，Mate XT 的市场热度并未因此受到影响，反而由于其独特的设计和限量发布，成为"电子茅台"，这一标签的赋予也让它的市场价值迅速攀升。这款手机代表了华为在折叠屏领域的大胆尝试，并且也为行业的未来发展提供了新的视角和思路。

Mate XT 的设计灵感源于华为消费者业务 CEO 余承东提出的愿景——"把平板装进口袋"。这一愿景的实现让华为在传统智能手机设计的框架内，进行了前所未有的突破。Mate XT 的三折叠设计让手机在展开后几乎可以媲美平板电脑，尤其适合需要大屏显示和高效办公的用户。尽管折叠后的体积较大，几乎是普通手机的两倍厚度，许多人戏称其为"小砖头"，但这一设计的独特性和对传统设计的挑战，迅速在社交网络和消费者中引起了热烈讨论。它不仅是一款手机，更像是一种未来科技的象征，激发了人们对未来移动设备的想象。

在技术实现方面，华为 Mate XT 面临了诸多挑战，特别是在屏幕材料和铰链设计上。为了支持三折叠的结构，Mate XT 采用了超薄柔性玻璃(UTG)技术，这一材料的高透光性和高防护性使得手机能够经受数万次折叠而不发生裂纹或漏液。但超薄玻璃的生产技术复杂，且成本高昂，这为华为带来了不小的压力。此外，Mate XT 的铰链设计同样充满技术难度。为了确保屏幕在折叠和展开时的稳定性，华为采用了内外折叠相结合的铰链方案，确保在折叠过程中屏幕受力均匀，避免出现损伤。这一设计突破了以往折叠屏手机仅支持外折或内折单一方案的局限，提升了整个设备的耐用性和操作流畅度。

市场上对于华为 Mate XT 的反应可谓是出乎意料的热烈。尽管其定价远高于传统智能手机，预售阶段的订单量依然突破百万，成为市场焦点。华为通过精准的品牌定位，将 Mate XT 塑造成一款"奢侈科技"产品，使其在高端消费者中找到了市场定位。在"电子茅台"这一标签的加持下，Mate XT 迅速在社交媒体上引发了话题，不仅受到科技爱好者的追捧，也成为社交平台上炫耀身份的象征。即使价格极为高昂，市场对它的需求依然保持旺盛，显示出创新设计所带来的巨大吸引力。

在实际使用中，华为 Mate XT 的三折叠设计使其在移动办公和多任务处理方面展现出了巨大的潜力。展开后的大屏幕为用户提供了类似平板电脑的使用体验，使其在观看视频、处理文件和进行远程办公时更加高效。与此同时，华为还为其配备了移动办公键盘，进一步拓展了其在商务场景中的应用。然而，尽管硬件设计突破性十足，Mate XT 在软件适配和应用程序优化上仍面临一些挑战，特别是在各种应用与操作系统的兼容性方面，如何确保用户体验的流畅性和功能的完整性，仍需要进一步的技术改进。

展望未来，华为 Mate XT 不仅代表了折叠屏技术的一个重要发展方向，也为智能手机行业的未来提供了新的启示。随着折叠屏技术的不断成熟和消费者需求的逐步增加，Mate XT 有望成为行业标杆，引领折叠屏手机市场的未来。它所面临的技术挑战和市场压力，也正是推动这一新兴技术不断前进的动力来源。未来，华为 Mate XT 或许会成为智能手机设计的全新标准，带动更多厂商进入这一领域，并推动整个行业进入下一个技术飞跃的阶段。

5.1 产品的构成要素与分类

5.1.1 产品的内涵

在现代市场营销学的观念中，产品的定义得到了极大扩展。产品是能够满足消费者需求和欲望的任何东西，它不仅包括有形的物品，还涵盖了无形的服务、体验、事件、人物、地点、组织、信息和观念等。

5.1.2 产品的整体概念

产品的整体概念是把产品理解为由核心产品、形式产品、期望产品、附加产品和潜在产品五个层次所组成的一个整体。这个概念强调了产品不仅仅是一种有形的物体，还包括了能够满足消费者需求的各种无形因素，它从多个角度反映了产品的价值和消费者的期望。产品的整体概念如图 5-1 所示。

(1) 核心产品。核心产品是消费者购买某种产品时所追求的核心利益和服务，是产品最基本、最核心的部分。它是消费者真正想要得到的东西，回答了消费者"购买产品是为了什么"的问题。

(2) 形式产品。形式产品是核心产品的载体和具体表现形式，是核心利益得以实现的物质基础。它包括产品的质量、特征、设计、品牌名称和包装等具体的、可以被消费者直接感知的要素，这些要素能够帮助消费者识别和区分不同的产品。

(3) 期望产品。期望产品是消费者在购买产品时期望得到的一系列属性和条件。这些期望通常是基于消费者以往的购买经验、口碑传播或者市场上同类产品的普遍水平而形成的。它是消费者认为产品应该具备的基本属性和功能。

(4) 附加产品。附加产品是消费者购买产品时所获得的附加服务和利益，这些服务和利益能够增加产品的价值，使产品在竞争中更具优势。它是产品的非基本部分，但却对消费者的购买决策和满意度有着重要的影响。

(5) 潜在产品。潜在产品是产品可能的演变和发展方向，包括产品可能增加的新功能、新服务或者新的应用场景等。它代表了产品未来的潜力和可能性，体现了企业对产品的持续创新和改进的思路。

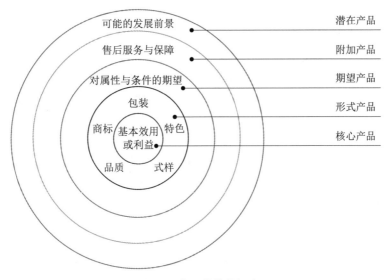

图 5-1 产品的整体概念

5.1.3 产品的分类

一、按产品的存在形态分类

1. 有形产品

有形产品是具有物质实体的产品，消费者可以通过视觉、触觉、嗅觉等感官直接感知它们的存在和特征。这类产品通常可以在实体商店或线上店铺中看到实物展示。

汽车、家具、电子产品(如手机、电脑、电视)、服装、食品、玩具等都属于有形产品。以汽车为例，消费者可以看到汽车的外观造型、颜色，触摸到车身的材质、座椅的质地，感受到车内空间的大小等。

2. 无形产品

无形产品没有物质实体，主要是以服务、体验、知识、信息等形式存在。它们的价值在于提供某种特定的功能、感受或知识获取。

金融服务、电信服务(如手机通话套餐、网络宽带服务)、教育服务(如学校的课程教学、在线教育课程)、旅游服务(包括交通、住宿、导游等一系列服务)、软件(如办公软件、游戏软件)等都是无形产品。例如，使用在线办公软件，用户主要是利用其功能来处理文档、制作表格等，软件本身没有实体形态，但能提供实际的办公价值。

二、按产品的用途分类

1. 消费品

消费品是指用于个人或家庭最终消费的产品。这些产品直接满足消费者的生活需求或欲望，根据消费者购买习惯和产品特点又可以进一步细分为便利品、选购品、特殊品和非需品。

(1) 便利品。便利品是消费者经常购买、几乎不需要比较和选择过程、随时购买的产品，如香皂、口香糖、饮料等。这些产品通常价格较低，消费者购买频率高，而且购买地点比较随意，如在街边便利店就能买到。

(2) 选购品。选购品是消费者在购买过程中会进行比较和选择的产品。这类产品的特点是价格相对较高，消费者会花较多时间和精力搜寻商品信息，考虑产品的质量、品牌、款式、价格等因素，在不同的购买方案之间进行比较和选择，如服装、家具、电子产品等。

(3) 特殊品。特殊品是消费者对某些品牌或特色有特殊偏好，愿意花费更多的时间和精力去购买的产品。这些产品通常具有独特的品牌形象、高质量或特殊的功能，如高档手表、豪华汽车、名牌化妆品等。消费者购买特殊品时，往往对品牌有很高的忠诚度，并且不太会考虑其他替代品牌。

(4) 非需品。非需品是消费者通常没有意识到自己需要或者即使意识到也不会主动去购买的产品。这些产品需要通过大量的营销活动来刺激消费者的购买欲望。例如，保险产品、墓地等，很多人不会主动去购买保险，但是在保险销售人员的宣传和推荐下，可能会考虑购买合适的保险产品。

2. 工业品

工业品是用于生产其他产品或用于商业运营的产品，它们的购买者主要是企业、工厂、政府机构等组织，而不是个人消费者。工业品的购买决策通常更复杂，涉及更多的技术、经济和组织因素。工业品可以分为原材料和零部件、资本项目、供应品和服务三类。

(1) 原材料和零部件。原材料主要是指未经加工或仅经过初步加工的物质，是工业生产最原始的投入品，如农产品和矿业产品。这些原材料构成了产品的基本物质来源，是生产流程的起始点，其质量和供应稳定性对整个工业生产链的连续性和产品质量有着至关重要的影响。零部件则是经过加工制造后，能够用于装配产品的独立单元。它们有特定的形状、尺寸、功能和质量要求，是构成最终工业产品的各个部分。零部件是通过一定的装配工艺组合在一起构成完整的工业产品，它们的专业性强，不同产品所需的零部件差异巨大，并且对精度要求很高，精度的高低往往决定了最终产品的性能和质量。

(2) 资本项目。资本项目主要是指企业用于长期生产经营活动的固定资产投资项目，如机床、印刷机、注塑机等。这些项目通常具有较高的价值、较长的使用寿命和较低的流动性，是企业进行生产活动的重要物质基础，其目的是增强企业的生产能力、提高生产效率或者提升产品质量等。

(3) 供应品和服务。供应品是工业生产中经常使用和补充的物品，如办公用品、生产耗材等，消耗快、价值相对低但对生产影响大。服务是为工业生产提供的支持性活动，如技术支持、维修保养、物流运输和咨询培训等，无形且与生产紧密结合。

三、按产品的耐用性分类

1．耐用品

耐用品是指能够长期使用、具有较高的使用价值和较长使用寿命的产品。这类产品一般价格较高，消费者购买的频率相对较低。汽车、家电(如冰箱、洗衣机、空调)、家具等都是耐用品。

2．非耐用品

非耐用品是指在较短时间内或一次性使用后就消耗掉的产品。它们的使用寿命较短，消费者需要经常购买。食品、饮料、清洁用品(如洗衣粉、洗洁精)等都是非耐用品。

5.2 新产品的开发策略及流程

随着科学技术的进步，未来创业企业活动中产品的生命周期日趋缩短。创业企业要想持久地占领市场，必须不断适应市场潮流变化，推陈出新，才能适应变化的市场需求。因此，创业者应力求采取正确的新产品开发策略以及恰当的产品营销策略。

5.2.1 新产品的概念、分类与价值

一、新产品的概念

新产品开发的客体是产品，产品是创业企业的经营核心，也是创业企业赖以生存和发展的基础。因此，创业企业所推出的产品是否满足消费者的需求，是否被消费者所接受，这正是创业企业所关心的问题。为了推出满足社会当前或潜在需求的产品，创业企业必须对新产品有正确的认识，否则创业企业的开发很有可能面临失败。

新产品是指在结构上、性能上、材质上等方面或某一方面具有显著改进和提高或有独创性的产品。在市场营销活动中新产品的范畴与科技领域的新产品的含义不同，不仅仅是新发明创造的产品，其内容广泛得多。新产品除包含因科学技术在某一领域的重大发现所产生的新产品外，还包括如下方面：在产品销售方面，只要产品在功能或形态上发生改变，与原来的产品产生差异，甚至只是产品单纯由原有市场进入新市场都可视为新产品；在消费方面，能进入市场给消费者提供新利益或新的效用而被消费者认可的产品。

总体来看，所谓新产品，可以从两大角度来理解：技术角度的新产品——在结构、技术

标准等方面比老产品有显著改进或明显提高的产品；营销角度的新产品——只要产品整体概念中的任何一部分有变革和创新，都可被认为是一种新的产品，如在包装、产品重新定位、分销等方面得到改进提高的产品或服务。

二、新产品的分类

一般而言，新产品按其具备的创新程度，可以分为以下四类：

(1) 全新产品。全新产品是指企业采用新原理、新结构、新技术、新材料制成的完全意义上的新产品。它往往标志着科学技术上有重大突破，大型企业开发这类新产品耗资巨大，经历的时间较长，一旦开发成功，可在较长的时间里处于市场领先地位。一般中小企业很难做到这一点。

(2) 改进新产品。改进新产品是指企业原产品核心部分基本保持不变，但在产品的外观、包装功能及用途上有所改进的产品。改进的新产品与原来的产品差异不大，消费者易于接受，企业创新难度较小，易于改进成功，可能会招致激烈竞争。

(3) 换代新产品。换代新产品是指企业根据市场需求，对产品进行较大的改进而生产的新产品。企业一般运用新技术、新工艺、新材料使产品的性能、效果有显著改善。换代新产品的普及速度快，企业成功率相对较高。

(4) 仿制新产品。仿制新产品是指某企业仿制市场上已有的产品而推出的新产品。相对而言，仿制新产品的开发难度小，花费时间少，成本低。由于竞争对手已花费了大量的促销费用，消费者已熟悉这种产品，所以，这种产品进入市场较容易。

【案例 5-1】

宜家创新家居解决方案

宜家通过深入调研中国消费者的生活习惯，发现许多消费者早上非常忙碌，平均用时在 1 小时以内出门。针对这一习惯，宜家推出了在衣柜外侧可挂衣架的配件新品，帮助用户节省早晨的时间。此外，宜家还发现中国消费者普遍觉得厨房空间拥挤，因此创造了个性化的厨房储存收纳空间和不同的产品组合，以适应不同家庭的使用习惯，使厨房变得井井有条。

三、新产品开发在创业企业发展中的作用

(1) 新产品开发可以成为创业企业竞争优势的源泉。创业企业需要在选定的细分市场中发展可持续的竞争优势，将现有异质性资源转化为具有稀缺性、不可模仿性的未来资源壁垒，从而形成可持续的竞争优势。在理论上，这是一个以时间为基础的不断更新的过程。由于一个创业企业是通过它向市场提供的产品来确定其自身地位的，因此新产品为实现这一目标提供了一种手段。新产品包含多方面的概念，它具有满足那些对它感兴趣的利益相关者早先未曾体验过的需要。它可以是性能上逐步提高的产品(扩展性产品)，甚至是有重大改进的产品(突破性产品)。扩展性产品通常比突破性产品需要较少的资金，冒较少的风险，往往构成一个创业企业的新产品开发项目组合的主要部分。一项新产品无论是扩展性的还是突破性的，它所包含的希望，即将要带来的持续竞争优势，会诱导创业企业利用新

产品开发作为从战略上管理创业企业的一个途径。

(2) 新产品开发可以加强创业企业的战略优势。创业企业常常通过新产品开发来加强市场上的竞争优势。出于这一目的而开发的新产品往往是扩展性产品或者是现有产品的仿制品，它们增加了某些额外的特色以适应购买者或市场不断变化的需要。这类新产品开发程序强调渐进的创新和不断的改进。抄袭竞争对手的产品往往对创业企业来说是新的，但对市场来说则并不是新的；对非本创业企业产品进行改进使之成为新产品，可以加强创业企业在目标市场上的竞争优势。

(3) 新产品开发能够提升创业企业的形象。一项有价值的新产品不仅能够提升创业企业的形象，而且还能挽救创业企业的生命。

(4) 新产品开发能够提高创业企业的研究与开发能力。创业企业利用研究与开发资金和实际拥有的研究与开发资源，可以维持一定的研究与开发能力，虽不能保证创业企业一定取得成功，但它与新产品开发结合起来可以使创业企业在许多方面受益。

(5) 新产品开发可以充分利用创业企业的生产和经营资源。创业企业通过新产品开发，可以接到更多的订单，从而提高其生产能力的利用率和效率。

(6) 新产品开发可以优化创业企业的人力资源配置。成功的新产品开发可以创造工作岗位并且为事业发展提供机会，新产品的开发和研究可以提高员工整体的技术素质和经营素质，使现有的劳动力队伍重现生机。

(7) 新产品开发对创业企业的长期业绩和主要职能都有影响。在国际化市场竞争愈来愈激烈的今天，任何现存的市场份额都不是安全的，任何一个产品的寿命周期都是非常有限的。创业企业拥有的产品优势越来越短暂，一切都处于激烈的竞争中。因此新产品开发对创业企业来说具有非同寻常的意义，它是着眼于未来的发展变化、改善创业企业的产品结构和经营状况的一项战略任务。如果创业企业不能够源源不断地创造出新产品，那么其命运将会是萎缩和死亡。新产品开发在创业企业发展中的作用如图 5-2 所示。

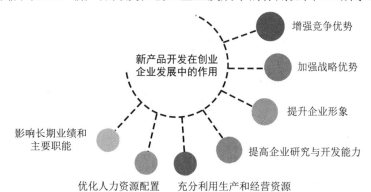

图 5-2　新产品开发在创业企业发展中的作用

社 会 责 任

上下作为中国首个基于传统手工艺保护及传承的品牌，将中国传统再造物智慧与当代设计相结合，并实现产业化。品牌将产品销售利润的 10% 捐助给"世界看见" 1＋5 民族文化传承计划，该计划支持在民族区域由1个老艺人培养5个当地青年传承人的公益培训项目。通过这种方式，上下不仅保护和传承了中国的传统手工艺，还促进了区域经济的发展，为传统手工艺者提供了参与现代生产的机会。此外，上下的产品至少有一种设计元素、图案、材质、制作技艺或生产方法来自中华民族手工艺，进一步强化了其在社会责任方面的贡献。通过这些举措，上下展现了其对文化传承和社会责任的承担，为传统手工艺的现代转化和可持续发展提供了新的思路。

5.2.2 新产品的创意

一、创意产生

创意是一种独特的思维产物，它能够为解决问题、满足需求或创造价值带来全新的思路和方法。从本质上讲，创意是对现有元素的重新组合、对常规思维的突破以及对未知领域的勇敢探索。它不仅仅是一个突发奇想，更是基于对问题深入理解、对环境敏锐观察和丰富知识储备的基础上所产生的智慧火花。一个好的创意可以让平淡无奇的事物焕发出耀眼的光彩，为产品、服务或项目赋予独特的竞争力。

1. 产生创意的方法

产生创意是一个涉及多个步骤和技巧的过程，以下是产生创意常用的十种方法。

(1) 头脑风暴法：组织不同背景的人员在轻松的氛围中围绕主题进行讨论，不受束缚地提出想法，激发思维碰撞，挖掘创意灵感。

(2) 客户需求分析法：通过用户调查、反馈等多渠道深入了解客户体验，分析问题、需求和期望，转化为创意源泉。

(3) 竞争对手分析法：研究对手的产品、价格、渠道、促销、品牌等方面，对比优劣，找空白和细分市场，产生有竞争力的创意。

(4) SCAMPER 法：包括替换(Substitute)、组合(Combine)、调整(Adapt)、修改(Modify)、其他用途(Put to other uses)、消除(Eliminate)和重新排列(Rearrange)七个维度，从不同角度对产品、服务或流程等进行改变以激发创意。

(5) 逆向思维法：打破常规思考方向，从相反角度思考问题，突破定式，发现创意角度。

(6) 类比启发法：在不同领域找与目标问题相似的对象，借鉴其方案或创新点应用到自身领域获取灵感。

(7) 问题解决法：梳理和剖析现存问题，用创造性思维提出解决方案，转化为创意来源。

(8) 时间旅行法：包括回到过去汲取灵感、前往未来基于趋势想象、通过时间扭曲突破正常时间观念来激发创意。

(9) 角色扮演法：让团队成员扮演与产品或服务相关的不同角色，从其视角体验、思考和表达，从而突破局限产生创意。

(10) 六项思考帽法：通过戴上白帽(代表客观事实)、红帽(代表情感直觉)、黑帽(代表谨慎批判)、黄帽(代表积极乐观)、绿帽(代表创新创意)、蓝帽(代表理性控制)这六种不同颜色的"帽子"，全面系统地分析问题。

【案例5-2】

任天堂的头脑风暴

任天堂，作为全球电子游戏产业的领航者，其卓越的创新精神始终引领着行业的变革。当时，任天堂的团队面临着前所未有的市场挑战，传统游戏机的销量下滑，玩家对于游戏体验的期望却在不断上升。在这样的背景下，任天堂的团队决定打破常规，从全新的角度思考游戏机的未来。在会议中，团队成员们畅所欲言，分享着各自对于游戏机的设想与愿景。有人提出了将游戏机与运动相结合的想法，让玩家在玩游戏的同时也能锻炼身体；有人则建议增加游戏机的社交功能，让玩家能够与朋友、家人共享游戏的乐趣。这些想法在会议中碰撞、交融，最终催生了 Wii 这一革命性的产品。

Wii 游戏机以其独特的体感控制器和丰富的社交功能，为玩家带来了前所未有的游戏体验。玩家可以通过身体动作来操控游戏角色，实现与游戏世界的深度互动；同时，游戏机内置的社交功能也让玩家能够与全球各地的玩家进行实时互动，分享游戏的乐趣与挑战。这些创新的设计不仅满足了玩家对于游戏体验的新期待，也开辟了全新的游戏市场，为任天堂赢得了广泛的赞誉与商业成功。

2. 激发创意的环境营造

艾米·埃德蒙森提出的心理安全理论，强调团队成员拥有一种共同信念，即团队是一个可以冒险、表达观点和犯错而不会受罚或羞辱的安全之地，这对创意的产生至关重要。

(1) 开放空间：提供一个可以自由交流和思想碰撞的场所。

(2) 鼓励探索：营造一种鼓励尝试和接受失败的文化。

(3) 止面激励：通过展示成功案例、设置目标和奖励来激励团队。

(4) 多样性和包容性：一个多元化的团队可以带来不同的观点和想法。

(5) 持续学习：提供培训和研讨会，以促进技能提升和知识更新。

二、创意筛选

创意筛选是新产品开发流程的一个重要环节，其目的是将具有商业潜力的创意与那些达不到创业企业目标的创意分开，确定哪些创意值得进一步投入资源进行开发。在具体操作过程中，企业可以用新产品创意评估表进行筛选。新产品创意评估表如表 5-1 所示。

表 5-1　新产品创意评估表

产品成功的要素	相对权重(a)	产品得分(b)	产品等级($c = a \times b$)
市场吸引力	0.3	0.8	0.24
竞争优势	0.3	0.5	0.15
技术可行性	0.3	0.6	0.18
战略契合度	0.1	0.7	0.07
合计	1		0.64*

* 评级标准：0～0.4 为差；0.41～0.75 为良好；0.76～1 为优秀。

表 5-1 中第一列是评估要素，列举某种新产品成功地进入市场的必要条件。第二列是按照这些要素的重要性给出的权数。产品得分是创业企业根据自身在各种条件上的能力打分。最后一列是计算出的加权分值。将所有的加权分值相加后，就得出某新产品创意能力的总分值。最后，根据评级标准，对所计算的各种新产品创意的能力分值划分等级和排列，从中选出较为可行的创意。表 5-1 中给出了对某个新产品创意的评分为 0.64 分，划分为良好等级。

5.2.3　新产品的战略设计

一、概念开发

概念开发是新产品开发或新服务设计等过程中的一个关键阶段。它是指从创意的产生到形成一个相对完整、清晰的产品或服务概念的过程。这个概念包括了对目标客户群体、产品或服务的主要功能、特性、价值主张等方面的初步设想。例如，在智能手机的概念开发阶段，开发团队可能会设想一款面向年轻上班族的手机。它具有高像素摄像头用于拍摄工作文档和生活照片，具备快速充电功能以满足忙碌的生活节奏，并且有简洁易用的办公软件集成。这就是一个初步的产品概念。

二、概念测试

在产品概念形成之后，创业企业需进一步通过测试来验证其可行性，产品概念测试便是其中的关键环节。这一测试通过文字描述、图像展示或实物模型，将产品理念直观呈现给目标消费群体，细致地观察并记录他们的反馈与态度，旨在深入洞察顾客对产品概念的喜好程度及其背后的原因。测试的核心关注点涵盖多个维度：

(1) 概念清晰度：检验产品的概念是否表述清晰，能否让顾客一目了然地理解其核心要义。

(2) 顾客偏好：直接询问顾客对新产品的喜好程度，以此作为评估产品市场吸引力的一个重要指标。

(3) 应用场景：鼓励顾客思考并分享新产品的潜在使用场景，以拓宽产品的市场定位与应用范围。

(4) 购买意愿与对象：了解顾客是否有购买意愿，以及他们计划将产品用于自己还是作为礼物赠送他人。

(5) 改进空间：收集顾客对产品概念的改进建议，为产品的后续优化迭代提供宝贵的参考依据。

通过这些细致的测试环节，创业企业能够更全面地把握顾客的真实需求与偏好，为产品的最终定型与市场投放奠定坚实的基础。

三、商业分析

经过最初筛选保留下来的新产品概念将进入全面的商业分析阶段。商业分析阶段包括对新产品的潜在市场、增长率、竞争能力以及创业企业的资源匹配能力进行评估。商业分析为新产品开发提供极其重要的信息，一是界定了新产品的目标市场和消费者的需求；二是决定了新产品资金、技术上的要求。

5.2.4　新产品的开发与商业化

截至目前，我们的产品仍仅停留在文字描述、设计草图或初步模型的状态。接下来的开发步骤，意味着需要投入更为可观的资金。在这一关键环节，公司将深入评估产品构思，判断其是否能在技术和市场层面实现可行转化。若评估结果显示不可行，创业企业便只能从过程中收获一些有价值的信息，但前期累积的所有投资或将付诸东流。

一、产品开发

质量功能展开(Quality Function Deployment，QFD)是一种将顾客需求转化为产品设计要求、零部件特性、工艺要求、生产要求的多层次演绎分析方法，它通过将顾客需求与产品或服务特性进行关联，确保产品开发满足顾客需求。

1. 顾客需求收集与分析

产品开发的第一步是全面收集顾客需求，这需要多渠道的信息来源。一是借助市场调研公司报告掌握宏观市场需求趋势、同类产品顾客反馈和潜在需求；二是创业企业自行开展直接市场调研活动，线上问卷调查可快速大量收集数据，设计问卷要保证问题清晰且涵盖关键方面；三是通过与顾客面对面访谈和焦点小组讨论深入挖掘潜在和情感需求。收集后的顾客需求繁杂多样，可使用亲和图等方法整理分类，如智能手环可将心率监测、睡眠监测准确性等健康监测需求归为一类，颜色、形状、材质等外观需求归为一类，操作便捷性、续航能力等使用体验需求归为一类，这有助于创业企业清晰了解需求结构，利于后续分析处理。

2. 质量屋的构建

1) 质量屋的基本结构

质量屋是 QFD 的核心工具，其基本结构要素如下：

(1) 左墙：顾客需求及重要程度。这是经过整理后的顾客对产品的各种期望，每个需求都有明确的描述和权重评估。

(2) 天花板：产品的技术特性。这些技术特性是企业为了满足顾客需求可以采用的技术手段和设计要素。

(3) 房间：顾客需求与技术特性的关系矩阵。它通过分析两者之间的关联程度，用特定的符号(如强相关用"◎"，中等相关用"○"，弱相关用"△")来表示。

(4) 地板：工程措施的指标及重要度。它用于输入工程措施的技术指标要求及根据顾客需求重要程度和关系矩阵计算得到工程措施的重要程度。

(5) 屋顶：技术特性之间的相互关系矩阵。它用于分析不同技术特性之间的相互影响。

(6) 右墙：市场竞争能力评估。它用于为产品的市场竞争能力和技术竞争能力打分，以便在产品开发中确定重点满足的需求。

(7) 地下室：技术竞争能力评估矩阵。它根据顾客需求和技术特性的关系，为技术特性设定具体的目标值。

2) 产品开发的经过

产品开发一般要经过四个阶段：产品规划、零部件规划、工艺规划和生产控制。每个阶段都可建立一个质量屋，上一阶段天花板和地板的主要项目就是下一阶段质量屋的左墙。各阶段的内容如下：

(1) 产品规划阶段：确定顾客需求，并将其转化为产品特性。

(2) 零部件规划阶段：将产品特性转化为零部件特性，确保零部件设计满足产品特性要求。

(3) 工艺规划阶段：将零部件特性转化为生产工艺参数，确保生产工艺能够满足零部件特性要求。

(4) 生产控制阶段：制订生产计划和质量控制标准，确保生产过程稳定可靠，产品质量符合设计要求。

【拓展阅读】

未来轨迹：三菱的颠覆之旅

二、市场测试

1. 市场测试的方法

(1) 阿尔法测试。这是在公司内部或特定的可控环境下进行的测试，通常由公司员工、合作伙伴等参与。以软件产品为例，阿尔法测试主要是检查产品是否存在严重的漏洞、功能是否正常运行等基本问题。参与测试的人员会按照预先设定的测试用例对产品进行全面检查，记录发现的问题并反馈给开发团队。

(2) 贝塔测试。贝塔测试是将产品提供给外部的、数量有限的用户群体。这些用户一般是产品的目标客户或者是对该类产品有兴趣的潜在客户。例如，一款新的运动手表，企业会选择一些经常运动的人来进行贝塔测试。他们在真实的使用场景中使用产品，然后向企业反馈产品在实际使用中的体验，包括功能是否满足需求、电池续航是否符合预期、佩戴是否舒适等方面的问题。

2. 市场测试的实施步骤

(1) 确定测试目标和范围：明确市场测试要达到的目的，是评估产品的某个功能还是了解整体市场接受度；同时确定测试的范围，包括测试的地区、参与测试的用户类型和数量等。

(2) 选择测试方法和样本：根据产品特点和测试目标选择合适的测试方法，如上述的阿尔法、贝塔测试等；然后确定测试样本，确保样本具有代表性。

(3) 准备测试材料和环境：对于需要测试的产品，要准备好完整的产品或其原型，以及相关的使用说明、调查问卷等材料；如果是线下的测试，还要准备合适的测试环境。

(4) 执行测试和收集数据：按照选定的测试方法开展测试；在测试过程中，通过多种方式收集数据，可以是问卷调查、用户访谈、直接观察用户使用产品的行为等。

(5) 分析数据和反馈改进：对收集到的大量数据进行分析，提取有价值的信息；将这些信息反馈给产品开发团队，对产品进行改进。

三、商业化

在产品开发过程中，商业化是将产品从研发阶段推向市场并实现盈利的关键环节。它意味着把产品概念转化为具有商业价值的商品或服务，通过合理的营销策略、定价策略、渠道策略等，使产品在市场中获得认可和接受，为创业企业创造经济收益。商业化的成功与否直接决定了产品开发的最终价值和创业企业的投资回报。

通常，大多数创业企业的新产品开发都采用阶段开发方法，即按顺序依次经过上述各步骤，然而，随着竞争加剧、技术更新和消费者偏好转移的加快，许多创业企业采取平行开发方法。平行开发方法将设计、生产、市场、销售和服务等各部门的代表组成团队，共同实施从概念产生到最终商品化的新产品开发。由于团队成员同时开展各步骤的工作，所以减少了新产品开发需要的时间。创业企业新产品开发流程图如图 5-3 所示。

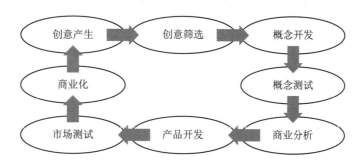

图 5-3　创业企业新产品开发流程图

【拓展阅读】

风起云涌：戴森吹风机的革新风暴

5.2.5　新产品的采用

一、消费者采用过程

20 世纪 60 年代美国著名传播学者埃弗雷特·罗杰斯提出了创新扩散理论及相关理论模型。罗杰斯将创新扩散过程定义为：新思想、技术或产品通过特定的渠道，逐渐传播并被个体或组织采纳的过程。消费者采用过程是创新扩散过程中的关键环节，它关注的是消费者从最初知晓一项创新产品或服务至最终决定采用所经历的心理与行为历程。消费者采用过程如图 5-4 所示。

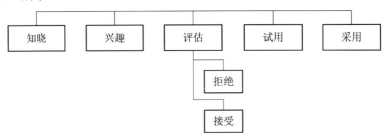

图 5-4 消费者采用过程

(1) 知晓。这是消费者采用过程的起始阶段。在这个阶段，消费者开始获悉新产品或服务的存在，然而对其细节、功能、优势等信息往往了解有限。信息来源主要涵盖广告、新闻报道、社交媒体推广及他人提及等途径。

(2) 兴趣。当消费者对产品有了初步认知后，若产品的某些特性对其产生吸引力，便会步入兴趣阶段。在这个阶段，消费者会主动搜集更多有关产品或服务的信息，包括查看产品详细介绍、用户评价以及对比不同品牌类似产品的特性等。

(3) 评估。消费者在获取充足信息后，会对产品或服务展开评估。他们依据自身需求、价值观、经济状况等因素权衡产品利弊。这可能涉及对不同产品的价格、质量、性能、品牌声誉等多种因素的比较。

(4) 试用。若产品在评估阶段获得消费者一定程度的认可，则消费者可能会寻求试用产品的机会。对于价格较低且易于获取的产品，消费者可能直接购买试用；而对于价格高昂、较为复杂的产品，则可能通过去体验店、向他人借用等途径来试用。

(5) 采用。试用之后，消费者会作出最终决策。若产品符合他们的期望，消费者便会决定采用该产品，即进行购买并持续使用。

二、影响采用过程的因素

1. 个人影响因素

依据市场消费者对于创新性产品的消费行为反应模式，消费者可以划分为创新者、早期采用者、早期采用人群、后期采用人群以及落后者五类。采用者类型与所需时间的关系如图 5-5 所示。

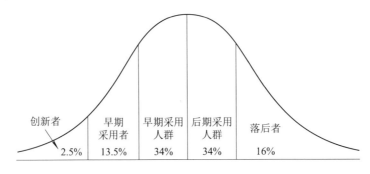

图 5-5 采用者类型与所需时间的关系

(1) 创新者。他们是勇敢的先行者，自觉推动创新。创新者在创新交流过程中，发挥着非常重要的作用。这部分消费者富有个性，勇于冒险，性格活跃，经济宽裕，受过教育，社会地位较高，占消费者的 2.5%，是企业推广新产品的极好目标。

(2) 早期采用者。他们是受人尊敬的社会人士，往往是公众意见领袖，他们乐意引领时尚、尝试新鲜事物，但行为谨慎。当前市场中这部分消费者多数年轻、富于探索、适应性强，经济状况好，以领先为荣，占消费者的 13.5%。

(3) 早期采用人群。他们是有思想的一群人，也比较谨慎，但他们较之普通人群更愿意、更早地接受变革。这部分消费者收入固定，有较强的模仿心理，性格稳重，愿用新产品，占消费者的 34%。

(4) 后期采用人群。他们是持怀疑态度的一群人，只有当社会大众普遍接受了新鲜事物的时候，他们才会采用。这部分消费者与外界接触少，经济条件差，对新事物持怀疑态度，往往在产品成熟时才购买，占消费者的 34%。

(5) 落后者。他们是保守传统的一群人，习惯于因循守旧，对新鲜事物吹毛求疵，只有当新的发展成为主流、成为传统时，他们才会被动接受。这部分消费者为人谨慎，思想保守，在产品进入衰退期才能接受，占消费者的 16%。

【案例 5-3】

特斯拉引领电动汽车新时代

在特斯拉电动汽车刚刚问世时，面对市场上对于电动汽车续航、充电等问题的种种质疑，一批消费者毅然决然地选择了相信，成为特斯拉产品的首批用户。这些创新者，勇于尝试新事物，在电动汽车市场尚未完全成熟时，成为第一批"吃螃蟹"的人。他们不仅享受到了电动汽车带来的安静、舒适、节能等特性，更通过实际使用，验证了电动汽车在续航、性能等方面的优势，为电动汽车市场的快速发展奠定了坚实的用户基础。在他们的示范和引领下，越来越多的消费者开始关注并尝试电动汽车，为电动汽车市场的快速发展注入了新的活力。

2. 创新决策的决定性因素

罗杰斯研究了创新决策中的控制变量，认为采纳者的个人特征、社会特征、意识到创新的需要等将制约采纳者对新事物的接受程度，而社会系统规范、对偏离的容忍度、传播完整度等也将影响创新新事物被采纳的程度。

另外，大众传播渠道和外地渠道在信息获知阶段相对来说更为重要，而人际渠道和本地渠道在劝服阶段更为得力；大众媒介与人际传播的结合是新观念传播和说服人们利用这些创新的最有效的途径，大众传播可以较为有效地、有力地提供新信息，而人际传播对于改变人的态度与行为更为有利。无论是发达国家还是发展中国家，传播的过程通常呈现 S 形曲线，即在采用开始时很慢，当其扩大到总人数的一半时速度加快，而当其接近于最大饱和点时又慢下来。

3. 创新的特征

除了采用者的特征以外，创新本身也有一些能决定其扩展程度或扩散速度的特征。罗杰斯的创新扩散理论认为创新的扩散速度取决于五个因素，创新的特征如图 5-6 所示。

图 5-6　创新的特征

（1）相对优势：创新对比所取代方法的优势，可用多因素评价，个体认为优势越大，被采用速度越快。

（2）相容性：与现存价值观、过往经历及个体需要的符合程度，相容的创新采用速度更快，不相容的采用较难且慢。

（3）复杂性：创新被理解或使用的难易程度，简单易懂的创新比需要学习新知识新技术的创新扩散速度更快。

（4）可试性：创新能被实验的可能性，可分阶段采用的创新比"一锤子买卖"式的采用速度快，更有说服力。

（5）可观察性：个体能看到创新结果的程度，越易观察到结果越宜采用，还会引发同伴讨论。

如果消费者个体认为某些创新具有很大的相对优势、相容性好、可试性高，并且并不复杂，那么这些创新的采用速度比其他创新要快。以往的研究表明，在解释有关创新的采用速度问题时，这五点是创新最重要的特征。

【拓展阅读】

素颜之美：无印良品的简约实用哲学

5.3　产品生命周期

5.3.1　产品生命周期的概念

产品生命周期是指产品从被引入市场开始，直至因市场因素或自身性能、功能等原因而退出市场所历经的完整时间历程。它涵盖了产品在市场中所呈现出的一系列连续状态变化，包括市场需求的波动、竞争环境的演变、销售趋势的升降等，反映了产品在市场中的动态生存轨迹，为创业企业决策提供关键依据。产品生命周期一般包括四个阶段，即导入期、成长期、成熟期和衰退期，如图 5-7 所示。

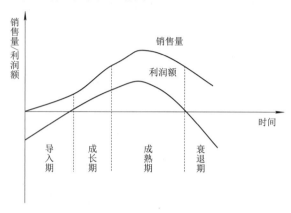

图 5-7　产品生命周期

(1) 导入期。在这个阶段，新产品刚进入市场，销售额低且销售增长缓慢。这是因为消费者对新产品了解有限，购买意愿不高；同时，利润易变动，可能出现亏损，因为研发、生产、营销等成本较高。这个阶段竞争者稀少，市场上的竞争对手较少，企业有机会率先占领市场。

(2) 成长期。进入成长期后，销售额快速增长，销售增长速度也加快。这是由于消费者对产品的了解和接受度提高，市场需求迅速扩大，口碑传播和市场推广的效果显现；同时，利润达到顶峰，销售额的快速增长和成本的逐渐降低使得利润大幅增加。此时竞争者渐多，看到市场机会的企业纷纷进入，市场竞争逐渐加剧。

(3) 成熟期。到了成熟期，销售额缓慢增长或趋于稳定，市场需求逐渐饱和，销售额增长速度放缓，甚至可能出现停滞；同时，利润下降，竞争加剧导致价格下降，同时营销成本增加。这个阶段竞争激烈，市场上的竞争者众多，企业需要通过不断创新和优化营销策略来保持市场份额。

(4) 衰退期。在衰退期，销售额和利润衰退，产品逐渐被市场淘汰，销售额和利润持续下降；同时，利润低或无，由于销售额下降和成本难以降低，企业利润微薄甚至亏损。这个阶段竞争者渐少，一些企业退出市场，竞争逐渐减弱。

产品生命周期各阶段具有不同的特点，如表 5-2 所示。

表 5-2　产品生命周期不同阶段的特点

特　征	阶　段			
	导入期	成长期	成熟期	衰退期
销售额	低	快速增长	继续增长	下降
利润额	负	快速增长	高峰	快速下降
顾客类型	早期采用者	早期采用人群	后期采用人群	落后者
竞争者数量	少	渐多	很多	渐少

5.3.2 产品生命周期各阶段的营销策略

一、导入期的市场营销策略

在导入期，企业需处理好价格与促销的关系，可采用"价格-促销矩阵"提出的四种营销策略。价格-促销矩阵如图 5-8 所示。

图 5-8 价格-促销矩阵

(1) 快速撇脂策略：高价格和高促销相结合。该策略适用于那些具有较大需求潜力的产品，目标顾客通常具有强烈的求新心理，并且对价格不敏感。高价格可以快速回收研发等前期投入成本，高促销则能迅速提高产品知名度，吸引那些敢于尝试新事物且有较强购买能力的消费者，在短时间内打开市场。

(2) 缓慢撇脂策略：高价格搭配低促销。当市场规模有限时该策略较为适用，此时大多数顾客已经了解产品并且愿意出高价购买。同时，由于潜在竞争威胁不大，不需要进行大规模的促销活动，企业可以通过口碑传播和有效的营销推广来逐步扩大产品的影响力，获取较高的利润。

(3) 快速渗透策略：低价格与高促销相结合。该策略的目的是迅速打入市场并取得高市场占有率。对于市场容量大、消费者对价格敏感且潜在竞争激烈的产品来说，低价格能够吸引大量消费者尝试购买，高促销则可以快速提升产品的知名度和认知度，在竞争激烈的市场中抢占先机。

(4) 缓慢渗透策略：低价格和低促销的组合。该策略适用于市场容量大、消费者熟悉该产品但对价格敏感且存在一定潜在竞争的情况。企业依靠产品本身的性价比优势和消费者的口碑传播来逐步扩大市场份额，降低促销成本以提高利润空间。

二、成长期的市场营销策略

(1) 改进产品：改进产品质量，确保可靠耐用，增加产品功能、款式等，满足多样需求。企业通过产品改进，提高顾客满意度，增强产品的市场竞争力。

(2) 拓展新市场：积极寻找新细分市场，扩大销售；加强市场推广和渠道建设，提升产品在新市场的知名度与可及性。企业通过有效的市场推广，提高品牌知名度，通过渠道建设确保产品分销的广泛性和效率。

(3) 调整售价：适当降价，吸引对价格敏感的顾客；通过促销活动等方式，应对竞争压力，扩大市场占有率；同时注意保持品牌形象与产品价值感，避免过度降价导致品牌价值受损。企业通过灵活的定价策略，在扩大市场占有率的同时，保持利润率和品牌价值。

三、成熟期的市场营销策略

(1) 扩大市场。在产品成熟期，企业应通过市场渗透和市场开发策略来扩大市场份额。市场渗透涉及增加现有顾客的使用频率或购买量，如通过促销活动或忠诚度计划来吸引顾客购买。市场开发则是指寻找新的地理市场或市场细分，以吸引新的顾客群体。此外，企业还可以通过多元化策略，将产品推广到其他行业或用途，以实现市场的横向或纵向扩展。

(2) 优化产品。为了维持产品的市场地位，企业需要不断对产品进行改良和创新。这包括提高产品的质量、性能和可靠性，增加新功能或特性，以及改进产品设计和外观。通过产品改良，企业可以满足顾客的多样化需求，提升顾客体验，从而延长产品的成熟期。同时，企业还可以通过产品线的扩展，提供不同规格或价格的产品，以覆盖更广泛的市场。

(3) 优化营销组合。在成熟期，企业需要优化营销组合的四个要素：产品、价格、渠道和促销。产品策略应注重产品线的多样化和定制化，以满足不同顾客的需求。价格策略应灵活调整，如采用价格优惠、捆绑销售或忠诚度折扣，以吸引和保留顾客。渠道策略应优化分销网络，提高渠道效率和覆盖率。促销策略应创新，如采用数字营销、社交媒体营销或事件营销，以提高品牌知名度和顾客参与度。通过营销组合的优化，企业可以提高产品的市场竞争力和盈利能力。

四、衰退期的市场营销策略

(1) 维持策略。维持策略旨在通过特定方式延续产品的市场生命。企业可深入挖掘剩余市场潜力，聚焦于那些对产品仍有需求的忠实顾客，通过精准定位，了解他们独特的需求偏好，为其量身定制产品和服务。同时，企业需持续对产品进行细微改进，提升质量和优化功能，使其在有限的市场中保持竞争力。此外，加强客户关系管理也至关重要，优质的售后与关怀活动能增强客户黏性，让这部分核心客户持续选择本产品，从而在衰退期维持一定的市场份额和销售额。

(2) 缩减策略。当产品进入衰退期，缩减策略成为一种有效的应对方式。企业需对产品线进行梳理，精简那些营利性差、销量低的产品种类，集中资源于核心产品，提高资源利用效率。在销售渠道方面，企业需优化渠道布局，减少低效渠道的投入，将资源向产出高的渠道倾斜，确保产品销售的高效性。同时，企业需严格控制成本，削减不必要开支，无论是生产环节还是运营环节，如减少低效广告投入、优化生产流程等，以此在衰退期降低损失，保持一定的盈利能力。

(3) 撤退策略。在产品衰退趋势明显且无法挽回时，撤退策略是企业的一种理性选择。首先要有序地停止生产，合理处理库存商品和生产设备等资产，避免造成资源浪费和不必要的损失。若品牌还有价值，企业可以考虑将品牌进行转移或出售，为品牌找到新的发展方向或让其在其他企业手中延续价值。另外，企业也可以将产品转移到其他有需求的市场，尤其是那些发展水平较低或对该产品仍有特殊需求的地区，实现产品的最后价值挖掘。

【拓展阅读】

触屏传奇：iPhone 的智能手机革命

【课后案例】

易来的智能照明革新

易来是一家新兴的智能家居照明公司,专注于通过创新设计和技术改善用户的照明体验。在传统照明市场日趋饱和的背景下,易来通过深入研究用户需求,发现了用户对照明的新需求:节能、智能控制以及个性化照明方案。针对这些需求,易来推出了一款名为"Aura"的智能 Led 灯泡,这款产品不仅具有超长寿命和高能效,还集成了先进的传感器和无线连接功能,允许用户通过智能手机应用远程控制灯光的亮度和色温,甚至可以根据用户的生活习惯自动调整照明设置。

Aura 灯泡的设计考虑到了环保和可持续性,采用了可回收材料,并在包装上也体现了极简和环保的理念。易来的创新不仅限于产品本身,还包括其商业模式。公司采用了订阅服务模式,用户可以根据使用情况选择不同的服务计划,包括定期更换灯泡和个性化照明方案设计。此外,易来还与当地艺术家合作,提供定制化的照明设计服务,将艺术与科技完美结合,进一步满足消费者对家居美学的追求。

易来在产品推广上也采取了创新策略,通过社交媒体和线上平台进行精准营销,同时在众筹平台上展示 Aura 灯泡的独特功能和设计理念,成功吸引了一批忠实的早期用户。公司还积极参与各类智能家居展览和设计大赛,通过这些平台展示 Aura 灯泡的创新之处,获得了行业内的广泛关注和认可。

随着智能家居市场的不断扩大,易来凭借其创新的产品设计和商业模式,成功在竞争激烈的市场中脱颖而出。Aura 灯泡不仅为用户提供了更加智能和个性化的照明解决方案,也为整个照明行业带来了新的发展方向。易来的案例展示了如何通过深入理解消费者需求、采用前沿技术和创新商业模式,实现产品的成功设计和市场突破。

本 章 小 结

◆ 产品在现代市场营销学中定义广泛,不仅包含有形物品,还涵盖无形的服务、体验等诸多元素。产品整体概念由核心产品、形式产品、期望产品、附加产品和潜在产品五个层次构成,全面体现产品价值与消费者期望。同时,产品可按存在形态、用途和耐用性进行分类,不同类型产品具有各自特点,满足不同消费需求。

◆ 新产品开发对创业企业发展具有重要意义。其开发流程包括创意产生与筛选、概念开发与测试、商业分析、产品开发、市场测试及商业化等环节,各环节紧密相连、循序渐进。

◆ 消费者采用新产品历经知晓、兴趣、评估、试用和采用五个阶段,这一过程受多种因素影响,如个人因素方面、创新决策因素及创新特征。

◆ 产品生命周期包括导入期、成长期、成熟期和衰退期,各阶段在销售额、利润额、顾客类型和竞争者数量等方面呈现不同特点。创业企业应依据产品所处生命周期阶段,制订相应的营销策略。

复习思考题

1. 阐述产品整体概念的五个层次，并分别举例说明。

2. 新产品按创新程度可分为哪几类？各有什么特点？

3. 分析新产品开发对创业企业发展的重要性，并简述新产品开发的一般流程。

4. 消费者采用新产品的过程包括哪几个阶段？影响消费者采用过程的因素有哪些？

5. 产品生命周期分为哪几个阶段？各阶段的特点是什么？针对不同阶段，创业企业应采取怎样的营销策略？

6. 分析创业企业在产品生命周期的不同阶段应如何调整其营销策略，请以一个企业为例进行分析。

【习题】

即 学 即 测

第六章　创业市场营销战略设计与目标市场定位

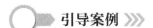 本章学习目标

(1) 了解四种市场结构类型及市场竞争者的分类。
(2) 掌握 SWOT 分析方法并能熟练运用该方法。
(3) 掌握市场细分的概念及市场细分战略的发展。
(4) 掌握创业目标市场战略及目标市场的选择。
(5) 掌握市场营销组合战略的相关理论。

引导案例 >>>

Jellycat 数据赋能情感治愈力

在全球数字化浪潮下，一家专注于毛绒玩具的高端品牌正在快速崛起——在小红书、抖音和 Instagram 上，年轻人热衷分享与 Jellycat 玩偶的日常生活，用户们一边看直播一边下单购买。数据显示，2023 年全球毛绒玩具市场规模达到 157 亿美元，其中"治愈系"产品占比超过 35%。作为这一领域的领军品牌，Jellycat 以其独特的产品设计和营销策略，在全球范围内迅速覆盖 Z 世代消费群体，年销售增长率连续三年保持在 200% 以上。

2024 年 3 月，社交媒体数据显示，Jellycat 在小红书平台的相关话题浏览量突破 10 亿，品牌相关话题讨论量超过 100 万，其中"Jellycat 治愈系列"相关内容的互动率高达 28%。在豆瓣平台，"戒断 Jellycat 互助小组"的成员已超过 5 万人，月均讨论量达 3 万条。根据天猫平台数据，品牌在中国市场的复购率超过 30%，远高于行业 15% 的平均水平。特别是在 25~35 岁的年轻女性群体中，品牌忠诚度指数达到 85 分，位居同类品牌首位。

当下，Jellycat 正积极探索数字化创新路径。品牌在 2024 年底推出虚拟产品体验平台，通过 AR 技术为用户提供沉浸式的情感互动体验。同时，品牌持续加大在社交媒体领域的投入，预计在未来一年内将社交营销预算提升 50%，重点打造更多符合年轻人偏好的互动场景。此外，品牌还在开发新一代智能化用户情感分析系统，通过大数据和人工智能技术，为产品创新提供更精准的决策支持。对于这家源于伦敦的毛绒玩具品牌来说，如何在保持品牌温度的同时实现可持续发展，将是验证其长期竞争力的重要指标。

6.1　创业市场结构及竞争者分析

6.1.1　创业市场结构

创业市场结构是指创业机会所在行业内部买方和卖方的数量及其规模、产品差异程度和新企业进入该行业的难易程度的综合状态。根据行业内部买方和卖方的数量及其规模、产品差别的程度和新企业进入该行业的难易程度，可将市场分为完全竞争市场，垄断竞争市场，寡头垄断市场和完全垄断市场四种类型。市场结构类型如表 6-1 所示。

表 6-1　市场结构类型

市场结构	厂商数目	代表性领域	对价格的控制程度	产品差异程度
完全竞争市场	许多	农业	没有	完全无差别
垄断竞争市场	较多	零售业	一定程度	有差别
寡头垄断市场	几个	钢铁、化工、汽车	较大程度	有差别或无差别
完全垄断市场	一个	水电等公共事业	很大程度	唯一产品

一、完全竞争市场

完全竞争市场又叫作纯粹竞争市场或自由竞争市场。在这种市场上，竞争可以充分地展开，市场上的资源在配置的时候不受任何的干扰与阻碍。在完全竞争市场上存在着众多的企业，且企业进入市场的障碍较小。

完全竞争市场具备以下特征：产品是同质的，无差别的。市场上的竞争者具有完全的市场信息。市场上的竞争者可以自由地毫无阻碍地进入以及退出市场。完全竞争市场下，资源是自由流动的且配置不受阻碍。当然，现实情况下，完全竞争市场很难存在。

二、垄断竞争市场

垄断竞争市场，顾名思义就是市场上既存在着垄断又存在着竞争，是垄断与竞争相结合的市场类型。

为什么这种市场类型被称为垄断竞争市场呢？第一，因为它与完全竞争市场存在着类似的地方，垄断竞争市场上存在着较多的竞争者且这些竞争者可以自由地进入和退出市场。第二，因为垄断竞争市场上的竞争者生产的产品不是同质的，不同竞争者生产的产品不可以完全替代，就具备了垄断的特征。垄断竞争市场具备以下特征：产品具有差异化，不可完全替代。企业进入和退出垄断竞争市场的壁垒较低。

三、寡头垄断市场

寡头垄断市场就是由市场上少数人形成的垄断，顾名思义就是某一行业仅仅由少数的厂商进行控制，这个是现实市场中最常见的模式。如果寡头之间相互勾结，那么就会形成产业联盟，比如 OPEC。这样就会导致产品价格的上升，消费者只能被动地接受价格。

当然，各个寡头之间也会存在激烈的竞争。市场上最大的寡头，会通过掠夺性的定价，从而打击市场上的其他寡头以及潜在进入者，进而形成完全垄断。然而，在寡头竞争市场上，寡头之间的合作动机要大于竞争动机。

四、完全垄断市场

完全垄断市场又叫作纯粹垄断市场。它是与完全竞争市场相对立的市场类型。完全垄断市场上只存在一个厂商。完全垄断市场上，厂商生产的产品没有替代品，而且进入市场的壁垒一般都很高，使得其他潜在的进入者不可能进入市场。

6.1.2 市场竞争者分析

企业参与市场竞争，不仅要了解谁是自己的顾客，而且还要弄清谁是自己的竞争对手。从表面上看，识别竞争者是一项非常简单的工作，但是，由于需求的复杂性、层次性、易变性，技术的快速发展和演进以及产业的发展使得市场竞争中的企业面临复杂的竞争形势，一个企业可能会被新出现的竞争对手打败，或者由于新技术的出现和需求的变化而被淘汰。企业必须密切关注竞争环境的变化，了解自己的竞争地位及彼此的优劣势，只有知己知彼，方能百战不殆。

一、从行业的角度看

(1) 现有厂商。现有厂商指本行业内现有的与企业生产同样产品的其他厂家。这些厂家是企业的直接竞争者。

(2) 潜在加入者。当某一行业前景乐观、有利可图时，会引来新的竞争企业，使该行业增加新的生产能力，并要求重新瓜分市场份额和主要资源。另外，某些多元化经营的大型企业还经常利用其资源优势从一个行业侵入另一个行业。新企业的加入，将可能导致产品价格下降，利润减少。

(3) 替代品厂商。与某一产品具有相同功能、能满足同一需求的不同性质的其他产品，属于替代品。随着科学技术的发展，替代品将越来越多，某一行业的所有企业都将面临与生产替代品的其他行业的企业进行竞争。

二、从市场方面看

(1) 品牌竞争者。企业把同一行业中以相似的价格向相同的顾客提供类似产品或服务的其他企业称为品牌竞争者，如家用空调市场中，生产格力空调、海尔空调、三菱空调等厂家之间的关系。品牌竞争者之间的产品相互替代性较高，因而竞争非常激烈，各企业均以培养顾客品牌忠诚度作为争夺顾客的重要手段。

(2) 行业竞争者。企业把提供同种或同类产品，但规格、型号、款式不同的企业称为行业竞争者。所有同行业的企业之间存在彼此争夺市场的竞争关系，如家用空调与中央空调的厂家、生产高档汽车与生产中档汽车的厂家之间的关系。

(3) 需要竞争者。企业把提供不同种类的产品，但满足消费者同种需要的企业称为需要竞争者。例如，航空公司、铁路客运、长途客运汽车公司都可以满足消费者外出旅行的需要，当火车票价上涨时，乘飞机、坐汽车的旅客就可能增加，相互之间争夺满足消费者的同一需要。

【拓展阅读】

如何做好市场竞争分析

6.2 SWOT 分析与营销战略设计

SWOT 分析是一种营销战略规划工具，用于评估主体的内部优势(Strengths)、劣势(Weaknesses)及外部机会(Opportunities)和威胁(Threats)。通过这种综合评估，企业能识别内部资源和能力的优势与不足，同时考量外部环境中的机遇与挑战。优势指企业擅长的领域，如专利技术或品牌影响力；劣势则是企业需改进的地方，如资源缺乏或效率低下。机会可能来自市场需求变化或新技术的出现，而威胁可能包括竞争对手的行动或不利的政策变动。基于这些分析，企业可以制订出强化优势、改善劣势、抓住机会和应对威胁的战略。

6.2.1 SWOT 分析的具体内容

一、优势

优势(Strengths)指能使主体获得战略领先并进行有效竞争，从而实现自己目标的某些强大的内部因素或特征。对于企业来说，优势可能包括先进的生产技术等。高效的管理团队同样是重要优势。如果一个企业的管理团队具有丰富的行业经验、敏锐的市场洞察力和出色的决策能力，能够有效地组织企业的生产、销售等活动，就能使企业运营更加顺畅。

二、劣势

劣势(Weaknesses)指那些限制主体发展或者使主体在竞争中处于不利地位的内部因素。资金不足是常见的劣势。例如，一家小型科技创业公司，由于缺乏足够的资金，无法进行大规模的市场推广，也难以购买先进的研发设备，这就限制了它的产品开发和市场拓展速度。落后的生产设备同样也会成为劣势。

三、机会

机会(Opportunities)指那些不断地帮助主体提升或者获得竞争优势的外部因素。市场增长是一个重要机会。以智能手机行业为例，随着全球智能手机市场的持续增长，手机制造商有机会扩大市场份额，推出新的产品系列以满足不同消费者的需求。政策支持也是很好的机会。

四、威胁

威胁(Threats)指那些对主体的地位构成威胁或者可能使主体失去竞争优势的外部因素。激烈的市场竞争是明显的威胁。在智能手机市场，众多品牌之间的竞争非常激烈，新的品牌不断涌入，产品同质化现象严重，这使得每个品牌都面临着市场份额被蚕食的风险。

6.2.2　SWOT 分析的步骤

SWOT 分析可以包括以下三个步骤：S，W，O，T 的分析与识别；构建 SWOT 矩阵；S，W，O，T 匹配的战略设计。

一、S，W，O，T 的分析与识别

SWOT 分析的第一步是企业对内部环境进行剖析，识别出企业(或其他主体)的优势和劣势。这可能涉及对企业的财务状况、人力资源、技术水平、管理能力等方面的详细审查。同时，企业对外部环境进行调研，包括市场趋势、竞争对手、政策法规、技术发展等，找出机会和威胁。

二、构建 SWOT 矩阵

将优势、劣势、机会和威胁分别列在矩阵的四个象限中，形成一个清晰的 SWOT 分析框架。SWOT 矩阵如图 6-1 所示。

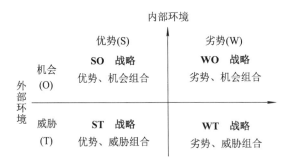

图 6-1　SWOT 矩阵

三、S，W，O，T 匹配的战略设计

在 SWOT 矩阵中，S 可以与 O 组合，即创业企业可以发挥某些优势要素抓住某些机会，形成增长型战略；S 也可以与 T 组合，即创业企业可以利用某些优势要素规避和化解某些威胁，形成多种经营战略。同样地，W 可以与 O 组合，即创业企业可以克服某些劣势利用某些机会，形成扭转型战略；W 与 T 组合，即创业企业在既有劣势又有威胁之处应该

选择退出或者放弃，形成防御型战略。

以 SO 为主导的是增长型战略，主要看重优势和机会的匹配与组合，强调发挥优势抓住机会，是一种积极进取的战略思路，一般在创业企业内部优势明显，外部机会较多的时候采纳和使用。以 ST 为主导的是多种经营型战略，主要看重优势和威胁的匹配与组合，强调利用优势应对威胁，是一种积极防御的战略思路，一般在创业企业内部优势明显，外部威胁较大的时候采纳和使用。以 WO 为主导的是扭转型战略，主要看重劣势和机会的匹配与组合，强调如何利用机会克服劣势，是一种改革防御的战略思路，一般在创业企业存在劣势，但是外部机会较大的时候采纳和使用。以 WT 为主导的是防御型战略，主要看重劣势和威胁的匹配与组合，强调通过退出或放弃应对劣势与威胁，是一种防御型战略，一般在企业存在较大劣势以及外部威胁也较大的时候采纳和使用。

6.2.3　企业战略的规划过程

企业战略是 20 世纪 60 年代中期出现的新概念，到 70 年代，特别是进入 80 年代以后得到广泛应用。许多企业越来越重视预测市场未来，以企业之变适应外界环境之变，并越来越关注对企业的未来方向制订决策和实施这些决策的战略管理。随着企业战略管理的影响日益扩大和市场营销活动的要求，近些年来，市场营销理论提出了企业战略性市场营销的概念，并明确它是制订成熟的市场营销组合的基础和先决条件。

规定企业任务(使命)是企业战略的基本内容之一。企业任务一般包括两个方面的内容：企业观念和企业宗旨。企业观念提出了企业为其经营活动方式所确定的价值观、信念和行为准则；企业宗旨则指明了企业的类型以及企业现在和将来的活动方向和范围。制订企业任务时，企业必须不断回答这样几个问题：本企业是干什么的？谁是本企业的现实顾客？顾客需要的是什么？顾客期望得到什么？本企业的潜在顾客的主要特征是什么？为了指引全体工作人员都朝着同一方向前进，企业的最高管理层要写出一份正式的企业任务报告书来具体阐述企业任务。

6.2.4　业务组合的安排

确定了企业任务和目标后，企业就需要安排业务组合。大企业一般都有各种品牌、产品大类、产品等，也有许多业务部门。由于企业的资金总是有限的，所以企业必须对现有的业务加以分析、评价，合理安排业务组合，把企业有限的资金用于经营效益最好的业务。

一个战略业务单元可能包括一个或几个部门，或者是某部门的某类产品，或者是某种产品或品牌。最著名的对战略业务单元的分类和评价方法是美国波士顿矩阵法和 GE 矩阵法。

一、波士顿矩阵法

波士顿矩阵(BCG Matrix)是由美国波士顿咨询公司(Boston Consulting Group)发明的一

种规划企业产品组合的方法。它主要是通过分析企业的各种产品或业务组合在市场中的相对市场占有率和市场增长率这两个维度，将产品分为四种不同的类型，帮助企业进行资源分配和战略规划。波士顿矩阵如图 6-2 所示。

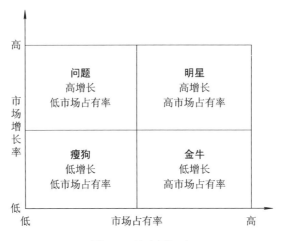

图 6-2　波士顿矩阵

市场增长率是指产品所在市场的年销售增长率。这一指标可以通过计算一定时期内(如一年)市场销售额的增长幅度来得到。例如，某电子产品市场去年销售额为 100 亿元，今年达到 120 亿元，那么市场增长率为 20%。市场增长率反映了市场的吸引力和发展潜力。高市场增长率意味着市场有较大的发展空间，有更多的机会吸引新的消费者和企业。

该图表明有四种产品类型：

1. 明星产品

明星产品(Stars)是指在高市场增长率的市场中，相对市场占有率也高的产品。这类产品通常处于产品生命周期的成长阶段，有很大的发展潜力，同时需要企业投入大量的资源来维持其高增长。例如，智能手机刚出现时，苹果 iPhone 系列产品在智能手机市场增长迅速的时期，凭借其新颖的设计、强大的功能和品牌优势，市场占有率很高，属于明星产品。

2. 金牛产品

金牛产品(Cash Cows)是指在低市场增长率的市场中，相对市场占有率高的产品。这类产品通常处于产品生命周期的成熟阶段，由于市场增长缓慢，竞争格局相对稳定，产品能够为企业带来稳定的现金流。例如，可口可乐公司的经典可乐产品，在碳酸饮料市场增长缓慢的情况下，凭借其高品牌知名度和庞大的消费群体，市场占有率很高，是典型的金牛产品。

3. 问题产品

问题产品(Question Marks)是指在高市场增长率的市场中，相对市场占有率低的产品。这类产品有发展的潜力，但是面临着激烈的竞争，需要企业仔细评估其发展前景。例如，一些新兴的电动汽车品牌，在电动汽车市场快速增长的情况下，由于品牌知名度较低、技术不够成熟等原因，市场占有率较低，属于问题产品。

4. 瘦狗产品

瘦狗产品(Dogs)是指在低市场增长率的市场中，相对市场占有率也低的产品。这类产品通常处于产品生命周期的衰退阶段，市场需求萎缩，竞争激烈，盈利能力差。例如，一些老式的胶卷相机产品，在数码摄影技术兴起后，胶卷相机市场迅速萎缩，老式胶卷相机的市场占有率极低，属于瘦狗产品。

二、GE 矩阵法

通用电气(GE)公司认为，企业在对其战略业务单元加以分类和评价时，除了要考虑市场增长率和相对市场占有率以外，还要考虑许多其他因素，这些因素包含在以下两个主要变量中：

第一，行业吸引力。战略业务单元在本行业中的吸引包括市场容量、市场年增长率、历史利润率、竞争强度、技术要求、通货膨胀引起的脆弱性、能源要求、环境影响，以及社会、政治、法律等因素。

第二，竞争能力。战略业务单元在本行业中的竞争能力包括市场占有率、市场增长率、产品质量、品牌信誉、商业网、促销力、生产能力、单位成本、研发能力等。通用电气公司的方法较波士顿咨询公司的方法有所发展，用"多因素投资组合矩阵"来对企业的战略业务单元加以分类和评价。GE 矩阵如图 6-3 所示，矩阵中的纵轴表示行业吸引力，横轴表示竞争能力。

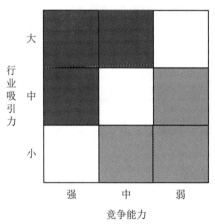

图 6-3　GE 矩阵

根据企业不同战略业务单元在 GE 矩阵图中的不同位置，可以为企业的不同战略业务单元制订不同的投资对策。

第一，左上角地带，又叫"绿色地带"，该地带的 3 个小格是"大强""中强""大中"，在图 6-3 中为深灰色区域。企业对这个地带的战略业务单元要"开绿灯"，采取"发展"的战略。

第二，从左下角到右上角的对角线地带，又叫"黄色地带"，该地带的 3 个小格是"小强""中中""大弱"，在图 6-3 中为白色区域。这个地带的行业吸引力和战略业务单元的竞争能力总的说来是"中中"。因此，企业对这个地带的战略业务单元要"亮黄灯"，采取"维持"原来的投资水平的市场占有率的战略。

第三，右下角地带，又叫"红色地带"，这个地带的 3 个小格是"小弱""小中""中弱"，在图 6-3 中为浅灰色区域。总的说来这个地带的行业吸引力偏小，战略业务单元的竞争能力偏弱。因此，企业对这个地带的战略业务单元要"亮红灯"，采取"收割"或"放弃"的战略。

6.3　市场地位策略分析

在进行市场分析的基础上，创业企业必须明确自己在同行业竞争中所处的地位，结合本企业的策略目标、资源和环境，以及本企业在目标市场的预期地位，制订正确的市场竞争策略。根据创业企业在市场上的竞争地位的不同，创业企业的市场竞争定位可以分为以下类型：市场领先者、市场挑战者、市场追随者和市场补缺者。

6.3.1　市场领先者竞争策略

市场领先者是某一品牌产品在某行业市场占有最大份额，并且经常在价格变动、新产品导入、分销的覆盖面及促销的力度上领先于其他企业的企业。同时，市场领先者是竞争对手的众矢之的，竞争者或者向其挑战，或者模仿，或者避免与之竞争。市场领先者品牌要继续保持其第一名的位置，必须采取有效的行动。

(1) 寻找新用户：每类产品总有其潜在购买者，这些潜在购买者或者根本不知道有这类产品，或者因为价格不合理或缺少某些性能而拒绝购买。作为市场领先者应千方百计寻找新用户。

(2) 开辟新用途：不少产品的用途不仅仅是一种，当新的用途被发现而又被顾客认同时，这一市场会因此而扩大。

(3) 增加使用频率：说服消费者更多地使用该产品。

6.3.2　市场挑战者竞争策略

市场挑战者是指那些在市场上处于第二、三位甚至更低地位的企业。市场挑战者不仅攻击市场领先者，也攻击其他竞争者，以获取更多的市场占有率或者搞垮小企业。市场挑战者的竞争策略有以下几种：

(1) 正面进攻：集中全力向对手的长处发动进攻。这一策略打击的不是竞争者的弱点，而是其最强的地方，胜负则取决于双方的优势大小及耐力强弱。但如果市场挑战者的资源比竞争对手少，则正面攻击无异于自杀。

(2) 侧翼攻击：集中优势力量攻击对手的弱点。一般来说，市场领先者往往是最强大的，但最强大的也难免有不安全的地带，因此，它的弱点往往是敌方进攻的目标。

(3) 包围进攻：针对几个方面同时进攻，使竞争者必须同时保卫自己的前方、边线和后方。当市场挑战者具有较优越的资源且相信包围进攻策略能迅速和完全突破竞争者所占有的市场时，该策略就更有用了。

6.3.3 市场追随者竞争策略

大多数公司喜欢追随而不是向市场领先者挑战，这是因为市场领先者对市场挑战者的挑战行为往往不会善罢甘休。在市场领先者的反击下，市场挑战者往往损失惨重。市场追随者一般不需要投入大量人、财、物，不冒很大风险也可获得一定的利润。例如，索尼承担开发新产品任务，并在市场开发上花费巨大的开支，赢得了市场领先者的地位；而松下公司则很少创新，它仿制索尼产品，然后用低价销售，也获得了相当多的利润。市场追随者有以下策略可供选择：

(1) 紧密追随策略：在各个细分市场和市场营销组合方面，尽可能仿效市场领先者。这种市场追随者有时好像是市场挑战者，但它不从根本上侵犯市场领先者的地位，因此不会发生直接冲突，有时甚至被看成寄生者。

(2) 距离追随策略：在主要方面，如目标市场、产品创新、价格水平和分销渠道等方面追随市场领先者，但仍与市场领先者保持若干差异。这种市场追随者可通过兼并小企业而使自己发展壮大。

(3) 选择追随策略：在某些方面紧跟市场领先者，而在另一些方面又自行其是。也就是说，它不是盲目追随，而是择优追随，在追随的同时要发挥自己的独创性，但不直接竞争。在这些追随者中，有些可能成为市场挑战者。

6.3.4 市场补缺者竞争策略

市场补缺者是指精心服务于市场某些细小部分，而不与主要的企业竞争，只是通过专业化经营来占据有利的市场位置的企业。这些企业往往是行业中的小企业，其不追求整个市场或较大的细分市场，而以细分市场里的空缺位置为目标。

一个理想的市场空缺位置具有下列特征：有足够的市场潜量；利润有增长的潜力；对主要竞争者不具有吸引力；能有效地服务于市场；企业既有的信誉足以对抗竞争者。

市场补缺者有以下几种方案可供选择：

(1) 最终用户专业化：专门致力于为某类最终用户服务，因为此类用户往往被大企业忽略。

(2) 垂直层面专业化：专门致力于分销渠道中的某些层面。

(3) 地理区域专业化：专为某特定区域顾客服务。

(4) 产品或产品线专业化：只生产一大类产品或一条产品线，如美国绿箭公司专门生产口香糖这一种产品。

(5) 质量和价格专业化：专门提供某种质量和价格的产品。

【拓展阅读】

商业模式、商业战略和战略三者的区别

6.4 创业市场细分

6.4.1 创业市场细分的概念

创业市场细分是指创业企业在市场研究的基础上，根据消费者的需求、偏好、购买行为、地理位置、人口统计特征等因素，将广泛的市场划分为具有相似特征的较小群体的过程。这一概念在创业领域尤为重要，因为它帮助初创企业更有效地定位目标客户群体，制订有针对性的营销策略，优化资源分配，并提高市场竞争力。

6.4.2 创业市场细分的关键点

(1) 需求识别：识别不同顾客群体的特定需求和欲望，这可能包括产品特性、价格敏感度、品牌偏好等。

(2) 特征分析：分析顾客的地理、人口统计、心理和行为特征，以便更好地理解他们的行为模式和购买动机。

(3) 行为研究：研究顾客的购买行为，包括他们的购买频率、购买渠道偏好、品牌忠诚度等。

(4) 细分标准：选择适当的标准来划分市场，这些标准可以是地理、人口统计、心理或行为等。

(5) 目标市场选择：在细分后的市场中选择一个或多个最具潜力和最符合创业公司资源和能力的市场作为目标市场。

(6) 定位策略：为每个选定的细分市场开发独特的产品、服务和营销信息，以满足这些市场的具体需求。

(7) 资源优化：通过市场细分，创业公司可以将有限的资源集中投入最有可能产生回报的市场中。

(8) 竞争优势：细分市场可以帮助创业公司发现市场中的空白点或竞争对手忽视的领域，从而获得竞争优势。

(9) 动态调整：市场细分是一个动态过程，随着市场环境和消费者行为的变化，创业公司需要不断重新评估和调整其市场细分策略。

6.4.3 创业市场细分的基础及作用

一、创业市场细分的基础

1. 消费者需求的差异性

每个消费者的欲望和需求不同，每个消费者都希望可以买到满足自己独特需求的产品。由于每个消费者所处的生活环境、消费水平、购买动机、年龄差异等诸多因素的不同，导致了需求差异，所以市场的细分是十分必要的。

2. 消费者的相对同质性

由于许多人在同一个社会环境下生活，消费者也存在着类似相近的文化价值，他们的需求和消费习惯也有相同之处，在商品和服务的选择与购买方面，也存在着同样的选择，也正是这种消费需求的相对同质性才使市场细分变得可能。

3. 企业资源的有限性

资源是公司成长的基础，也是企业在市场竞争中的一个重要因素，每个企业的运营及发展，都需要资源的投入，由于企业自身条件的局限性，没有足够的资源去满足每一位顾客的欲望和需求。所以，企业需要进行市场细分，对资源进行优化配置，有效利用企业资源，生产适销对路的商品，提高企业的资源利用率，以利于企业的长远发展。

二、创业市场细分的作用

1. 有利于发现市场机会和营销机会

企业运用市场细分理论来分析研究市场，不仅可以了解市场的总体情况，而且还可能发现整体市场中未被满足的需求和潜在的需求。

> **【案例6-1】**
>
> **斯沃琪集团市场细分战略**
>
> 斯沃琪集团的产品覆盖了高中低档市场，从高端的欧米茄、雷达、劳力士到中低档的梅花、英格，满足了不同消费者群体的需求。斯沃琪手表以其轻型、抗震、卓越功能(如潜水200米防水)和时尚设计著称，每年分四次推出新产品，电池寿命长达3年，价格亲民(30~50美元)，成功吸引了12~24岁的年轻消费者。

2. 有利于制订市场营销组合策略

细分市场、选定目标市场是制订最佳市场营销组合策略的基础。

3. 有利于提高企业的竞争能力

市场细分后，可显示每一个细分市场竞争者的优势和劣势，企业可针对对手的弱点推出产品，提高竞争能力。

6.4.4　创业市场细分的标准

创业市场不同的细分标准及细分因素如表6-2所示。

表6-2　创业市场不同的细分标准及细分因素

细分标准	细分因素
地理细分	区域、国家、地形、气候、交通、城乡、行政区、人口密度等
人口细分	年龄、性别、家庭规模、收入、职业、受教育程度、社会阶层、宗教信仰、种族、国籍等
心理细分	生活方式、价值观、生活格调、个性特点、偏好等
行为细分	购买时机、购买动机、购买状况、使用习惯等

一、按地理变量细分市场

按地理变量细分市场指根据区域、国家、地形、气候、交通、城乡、行政区、人口密度等方面的差异将整体市场分为不同的小市场。

二、按人口变量细分市场

按人口变量细分市场指根据人口统计变量，如年龄、性别、家庭规模、收入、职业、受教育程度、社会阶层、宗教信仰、种族、国籍等为基础细分市场。

三、按心理变量细分市场

按心理变量细分市场指根据购买者的生活方式、价值观、生活格调、个性特点、偏好等心理因素为基础细分市场。

四、按行为变量细分市场

按行为变量细分市场指以购买者的购买时机、动机、状况以及使用习惯等为基础细分市场。

【案例6-2】

麦当劳市场细分

麦当劳根据人们的生活方式，将快餐业划分为两个潜在细分市场：方便型和休息型。

针对方便型市场，麦当劳提出"59秒快速服务"，即从顾客开始点餐到拿着食品离开柜台标准时间为59秒，不得超过一分钟。

针对休闲型市场，麦当劳对餐厅店堂布置非常讲究，尽量做到让顾客觉得舒适自由。麦当劳努力使顾客把麦当劳作为一个具有独特文化的休闲好去处，以吸引休闲型市场的消费群体。同时，针对健康型消费者，麦当劳改变固守已有的原料和配方，开发新的健康绿色产品。

6.4.5 市场细分的原则与理论依据

细分市场就是"求同存异，异中求同"地划分顾客群体的过程，具体是根据消费者具有"同质偏好、分散偏好、集群偏好"的特征区分不同的消费群体。

一、同质偏好

同质偏好指所有消费者具备大致相同的偏好。这种市场不存在自然形成的细分市场，顾客对产品不同属性的重视程度大致相同，现有产品品牌基本相似，且集中在偏好的中央，如食盐、白糖、煤炭、水泥等的需求。

二、分散偏好

分散偏好指所有消费者的偏好极大，各不相同。如果市场上同时存在几个品牌，则这些品牌可能定位于市场上各个空间，分别突出自己的差异性，来满足消费者的不同偏好，企业市场细分的空间较大，如服装、家电等。

三、集群偏好

集群偏好指不同的消费者群体有不同的消费偏好，但同一群体的消费偏好大体相同。这种市场也称为自然细分市场。进入该市场的第一家企业可以有三种选择：一是定位于偏好中心，来迎合所有的消费者，即无差异营销；二是定位于最大的细分市场，即集中性营销；三是同时开发几种品牌，分别定位于不同的细分市场，即差异性营销。市场需求的演变如图 6-4 所示。

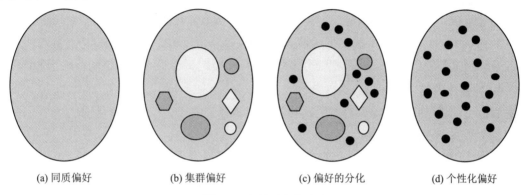

(a) 同质偏好　　　(b) 集群偏好　　　(c) 偏好的分化　　　(d) 个性化偏好

图 6-4　市场需求的演变

6.4.6　市场细分战略的发展及层次

一、市场细分战略的发展

市场细分战略的发展包括大量营销、产品差异化营销和目标市场营销，如图 6-5 所示。

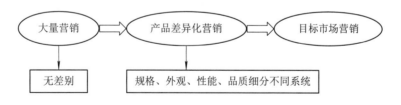

图 6-5　市场细分战略的发展

二、市场细分的层次

市场细分包括大众化营销、细分营销、补缺营销、本地化营销和大规模定制，如图 6-6 所示。

图 6-6　市场细分的层次

1. 大众化营销

在大众化营销中，企业大量生产、大量分销和大量促销单一产品。传统大众化营销的观点认为，它能创造最大的潜在市场，因为它的成本最低，这又转化为较低的售价和较高的毛利。

2. 细分营销

细分市场由在市场上大量可识别的消费者群体构成，每个群体的消费者有相似的欲望、购买力、地理分布、购买态度、购买习惯等。细分营销是一种精准的营销策略，通过将市场划分为多个细分市场，针对每个细分市场设计独特的营销方案，以满足其特定需求。

3. 补缺营销

细分营销一般针对较大的群体且竞争对手较多，而补缺营销是更窄地确定某些消费者群体，营销的竞争对手很少。一般来说，补缺市场是一个小市场并且它的需要还没有被满足。营销者通常确定补缺市场的方法是把细分市场再细分，或定义一组寻求特定利益组合的群体。

4. 本地化营销

本地化营销是指按当地顾客群的需要和欲望制订营销计划，即按贸易地区、邻近区域甚至单个商店制订营销计划。

5. 大规模定制

市场细分的最后一个层次是细分到个人的"定制营销"或"一对一营销"。大众化营销的盛行使一个多世纪以来为个人定制服务的工作黯然失色，但今天企业对企业(B2B)的营销是定制化的，制造商为每个大客户定制供应品，送货和开账单。大规模定制已经逐渐应用到消费者市场。

【拓展阅读】

茶香四溢：普洱的市场细分茗战

6.5 创业目标市场策略

6.5.1 创业目标市场的定义

消费者的需求具有多样性，这就意味着可以把这些不同的需求根据共性划分为不同的细分市场，在进行细分后，创业企业找出了具有消费者需求共性的若干个子市场，而目标市场，则是在细分市场划分的基础上，通过选择，找出有价值的、适合创业企业自身目标和发展能力的一个或几个细分市场。

创业目标市场就是创业企业期望并有能力占领、开拓，能为创业企业带来最佳营销机会与最大经济效益的具有大体相近需求，创业企业决定以相应商品和服务去满足其需求并为其服务的消费者群体。

6.5.2 创业目标市场的选择

创业目标市场的选择是指估计每个细分市场的吸引力程度，并选择进入一个或多个细分市场。创业企业选择的目标市场是能给创业企业带来收益，创造最大顾客价值，并能在市场中持续一段时间的细分市场。

创业目标市场的选择需考虑三个标准：规模与潜力、市场吸引力、符合创业企业目标和能力。首先，市场须具备一定规模和成长性，以确保创业企业能够获得稳定发展和利益。其次，市场吸引力不仅取决于规模，还需考虑波特五力模型中的竞争程度、新进入者威胁、替代品威胁、买家和供应商议价能力。最后，所选市场必须与创业企业目标相符，且创业企业须具备开发该市场的能力和资源。选择过程包括市场细分、确定目标市场和市场定位。细分是将顾客按需求差异分组；确定目标市场是基于创业企业优势选择子市场；而市场定位则是在目标顾客心中塑造产品独特形象，以形成竞争优势。

6.5.3 创业目标市场的策略

创业目标市场的策略是指创业企业将目标市场确定下来后，采用一系列的营销策略去开拓市场，最大限度地满足消费者的需求。创业目标市场策略主要分为无差异性市场策略、差异性市场策略和集中化市场策略。

一、无差异市场策略

无差异性市场策略指创业企业以整体市场为对象，不考虑各个细分市场需求的差异性，以单一的产品和营销组合，针对大多数顾客的共同需求而开展的市场营销活动。这类策略对需求广泛、市场同质性程度高、大量销售的产品比较合适。生产单一的产品，节约了生产和储运成本，节约了广告和其他促销费用，但忽略了消费者需求的差异性，不能很好地满足消费者的需求。

二、差异性市场策略

创业企业经过市场细分后，把全部细分市场或多数细分市场作为目标市场，针对这些细分市场分别采用不同的营销组合和推出不同的产品以满足消费者的不同需求。该策略由于小批量、多品种经营，因此具有很强的适应性；可以更好地满足消费者的需求；由于选择的市场面较大，可以提高创业企业的销售总额；可以分散和降低经营风险；因采用差异化竞争，因此具有较强的竞争力；但因为生产的产品多样化，生产、销售、管理等费用大大提高，造成生产成本增加，利润减少。

【案例6-3】

快手的反其道而行

早前快手的首页内容是随机分发给客户的，当时快手用户看到的内容基本只有三类：

女生自拍、父母晒娃和网友晒宠物。快手的联合创始人宿华通过改变推荐算法，对用户兴趣爱好、所在地理位置、个人属性进行分析，并结合当下社会热点进行个性化推送。改变算法后的第一年，快手日活用户数从几万上涨到上百万。但公司最重要的变化在于，确定了要成为普通人而非网红、明星记录和分享生活的平台，明星和网红已经吸引了太多注意力资源，而普通人尤其是三、四、五线城镇人民却没有地方去记录和分享。当时和快手同期的视频平台都有各种切入点，比如明星、网红、美女和高颜值，快手反其道而行。

三、集中化市场策略

集中化市场策略又叫选择性市场策略。该策略是选择一个或几个细分化的专门市场作为营销目标，集中创业企业的优势力量，对某细分市场采取攻势营销战略，以取得市场上的优势地位。一般来说，实力有限的中小创业企业或刚进入新市场的创业企业多采用集中化市场策略。采用集中化市场策略，会使目标市场相对集中，更有利于创业企业深入了解市场，在局部市场提高市场占有率，节省成本和营销费用，提高利润；但目标市场过于集中，企业在面对市场变化或竞争压力时，调整策略的空间有限，风险较大。

创　新　发　展

沙家浜景区依托丰富的革命历史资源与自然生态资源，利用创新的品牌营销战略，实现了红色教育与旅游产业的深度融合，成为红色旅游的典范。一是创新活动，深化教育。沙家浜景区在常态化举办清明祭扫、升旗仪式等各类纪念活动的同时推出了内容多样的爱国主义教育培训精品线路，这一举措拓宽了目标市场并提升了景区对更多年龄段市场群体的吸引力。二是红绿结合，创新发展。景区整合了丰富的革命历史资源和自然生态资源，形成了以红色教育为基础，以绿色生态游为重点的旅游产品，逐步实现向"观光＋体验"型旅游的转变，形成了独特的品牌优势。三是丰富业态，打造典范。沙家浜景区致力于打造红色经典品牌，通过推出大型实景演出，积极布局夜经济以丰富景区业态，努力提升游客旅游的参与度和体验感，不断创新与优化自身文旅产品质量，以树立广受游客认可的品牌形象。

凭借适合各年龄段的优质的文旅体验与不断积累的优秀口碑所形成的营销优势，沙家浜景区成功打响自身的红色文旅品牌，成为红色旅游的典范，为红色旅游的发展提供了新的思路和模式。

6.6　市场营销组合战略

6.6.1　4P 理论

4P 理论是营销管理的经典理论之一，由美国营销学者杰罗姆·麦卡锡于 1960 年提出，主要用于帮助创业企业制订营销策略和管理产品在市场中的推广。4P 理论从产品、价格、渠道和促销四个方面构建了营销管理的核心框架，强调了创业企业在市场营销过程中需要综合考虑的四个关键要素。4P 营销理论如图 6-7 所示。

产品
产品或服务，包括其功能、品质、设计、品牌、包装等方面

价格
消费者为购买产品或服务所支付的金额

渠道
销售渠道、分销网络的管理、物流系统等

促销
广告宣传、促销活动、品牌传播等

图 6-7　4P 营销理论

(1) 产品：企业为满足消费者需求而设计和提供的产品或服务，包括其功能、品质、设计、品牌、包装等方面。产品策略的关键在于确定产品的特点和优势，以满足目标市场的需求。

(2) 价格：消费者为购买产品或服务所支付的金额。价格策略涉及定价方法(如渗透定价、撇脂定价等)和定价水平的设定，目的是在不同的市场环境中找到最佳的价格点，以确保产品的竞争力和营利性。

(3) 渠道：产品从生产者到消费者之间的分销路径或渠道。渠道策略包括选择合适的销售渠道(如线上和线下渠道)、管理分销网络、管理物流系统等。渠道策略的目的是确保产品能够方便快捷地到达目标市场，并提高市场覆盖率。

(4) 促销：通过广告、公关活动、个人销售等手段向消费者传递产品信息，推动产品的销售。促销策略包括广告宣传、促销活动、品牌传播等，旨在提高品牌的知名度和销量。

6.6.2　4C 理论

4C 理论是由罗伯特·劳特朋于 1990 年提出的，它对 4P 理论进行了补充和改进，更加关注顾客需求和市场互动。4C 理论将营销重点从创业企业主导的视角转向了顾客导向，帮助创业企业制订以顾客为中心的营销战略。4C 营销理论如图 6-8 所示。

顾客
从顾客需求出发，关注顾客的价值感知和购买动机

成本
关注顾客购买产品所付出的时间、精力、机会成本

便利
为顾客提供更便捷的购买渠道，提高顾客的购买体验

沟通
与顾客建立良好的沟通渠道，听取顾客的反馈

图 6-8　4C 营销理论

(1) 顾客：4C 理论强调，企业应从顾客需求出发，设计产品和服务，关注顾客的价值

感知和购买动机，而不仅仅是生产商的产品特性。企业需要通过市场调研了解顾客的真实需求，创造出顾客真正渴望的产品。

(2) 成本：与4P中的价格不同，4C中的"成本"不仅指顾客为产品支付的金额，还包括顾客购买产品所付出的时间、精力、机会成本等。企业应关注顾客的购买成本，并通过优化产品和服务提高性价比，降低顾客的实际购买成本。

(3) 便利：顾客购买产品的便利程度。4C理论强调，要为顾客提供更便捷的购买渠道，如线上电商平台、线下门店、快速支付方式等。企业应通过便利性策略提高顾客的购买体验，降低顾客的购买难度。

(4) 沟通：与4P中的促销相对应，4C中的沟通不仅是单向的促销活动，而是双向的沟通与互动。企业需要与顾客建立良好的沟通渠道，听取顾客的反馈，了解顾客的需求和期望，从而建立长久的顾客关系和品牌忠诚度。

6.6.3   4R理论

21世纪伊始，《4R营销》的作者艾略特·艾登伯格提出4R营销理论。4R理论以关系营销为核心，重在建立顾客忠诚度。它阐述了四个全新的营销组合要素：关联(Relativity)、反应(Reaction)、关系(Relation)和回报(Retribution)。4R营销理论如图6-9所示。

图 6-9   4R营销理论

(1) 关联：企业与顾客是一个命运共同体，建立并发展与顾客之间的长期关系是企业经营的核心理念和最重要的内容。

(2) 反应：在相互影响的市场中，对经营者来说最难实现的问题不在于如何控制、制订和实施计划，而在于如何站在顾客的角度，及时地倾听和将商业模式转移成为高度回应需求的商业模式。

(3) 关系：在企业与客户的关系发生了本质性变化的市场环境中，抢占市场的关键已转变为与顾客建立长期而稳固的关系。与此相适应产生了五个转向：从一次性交易转向强调建立长期友好合作关系；从着眼于短期利益转向重视长期利益；从顾客被动适应企业单一销售转向顾客主动参与到生产过程中来；从相互的利益冲突转向共同的和谐发展；从管理营销组合转向管理企业与顾客的互动关系。

(4) 回报：任何交易与合作关系的巩固和发展，都是经济利益问题。因此，一定的合理回报既是正确处理营销活动中各种矛盾的出发点，也是营销的落脚点。

6.7 创业市场定位战略

6.7.1 创业市场定位的概念

创业市场定位是创业公司在目标市场中，通过创造和传递独特的价值主张，使其产品或服务在消费者心中占据明确、独特位置的过程。市场定位的目的是区分自己的产品与竞争对手的产品，建立品牌认知，并吸引和保留目标顾客。

市场定位对于创业公司来说至关重要，因为它不仅帮助公司在激烈的市场竞争中脱颖而出，还能够提高营销效率，吸引投资，并为公司长期发展奠定基础。通过精准的市场定位，创业公司能够更好地理解目标顾客的需求，提供更符合这些需求的解决方案，从而在竞争激烈的市场中获得成功。

6.7.2 创业市场定位战略

差异化是市场定位的根本战略，创业市场定位战略如图 6-10 所示。

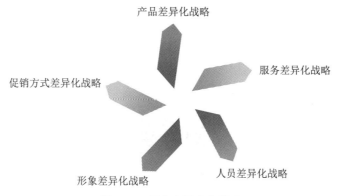

图 6-10 创业市场定位战略

一、产品差异化战略

产品差异化战略主要是从产品质量、产品特征等维度实现差别。寻求产品特征是产品差异化战略经常使用的手段，在产品的功能、质量、耐用性、可维修性、设计风格等要素中挖掘其自身的独特性。在全球通信产品市场上，苹果、三星、华为等全球化竞争对手，通过采用强有力的技术领先战略，在手机、IP 电话等领域不断为自己的产品注入新的特性，以产品功能、产品质量、产品款式等为基础，通过产品设计实现差异化，引领市场，吸引顾客，赢得竞争优势。产品创新是创业企业竞争力的体现。

二、服务差异化战略

服务差异化战略是向目标市场提供区别于竞争者的优质服务。服务差异化主要体现在订货、送货、安装、客户培训、实时咨询、维修保养等方面。实现市场差异化的难易程度取决于顾客服务水平对创业企业竞争力影响的大小，即创业企业竞争力越依赖于顾客服务水平，市场差异化就越容易实现。如果创业企业把服务要素融入产品的支撑体系，那就可以在许多领域建立起行业壁垒，减小其他创业企业进入的可能性，提高顾客购买总价值，保持稳定的顾客关系，从而战胜对手。

三、人员差异化战略

人员差异化战略是通过聘用和培训比竞争者更为优秀的人员以获取差异优势。人员差异化主要取决于工作人员的能力、礼貌、忠诚度、可靠性、敏感性、可交流性等要素。市场竞争归根到底是人才的竞争。日本航空公司凭借整合的优良服务，贯穿入关、空中、出关的全过程，赢得各国旅客的赞美，从而在与美国最大的航空公司和韩国的韩航关于"北京——东京——夏威夷"这条航线展开的激烈竞争中获胜。日航的优良服务归因于有一支从机长到乘务员都训练有素的航空员工队伍。

四、形象差异化战略

形象差异化战略是在产品的核心部分与竞争者类同的情况下塑造不同的产品形象以获取差别优势。为成功地塑造产品形象，创业企业需要持续不断地运用创造性思维，从品牌个性、徽章标志、视觉媒体、环境、活动项目等方面充分利用所能掌握的传播渠道树立与众不同、令人印象深刻的形象，促使消费者对创业企业产品产生偏好而乐意购买。

【拓展阅读】

光影织梦：INITIAL 的时尚艺术交响曲

五、促销方式差异化战略

促销方式差异化战略是试图采取不同的广告宣传方式，以求占领不同的细分市场。创业企业要保持促销方式的差异化，就需要合理使用先进技术，及时洞悉客户需求。例如，对于超市而言，中午的人流量和销售量总是很低，韩国 Xmart 超市利用扫描二维码的方式，在户外设置了一个非常有趣的创意 QR 二维码装置，只有在中午阳光照射到产品包装上产生相应投影之后，此二维码才会出现。此时扫描这个二维码，就可以获得超市的优惠券，在线购买商品还可以享受优质的送货上门服务。通过这种结合电子商务技术的别致促销方式，Xmart 中午时段的销量得以提高。

【课后案例】

优衣库大变身

你心目中的优衣库是什么？是经典耐穿的摇粒绒外套，是清爽舒适的 AIRism 内衣，还是百搭的格子衬衫抑或牛仔布衬衫……这些都是优衣库以往的"爆品"。"让每一款产品都大卖，统统卖光"的，擅做爆品的优衣库，一直是大众的心头好，但也一直无法征服挑剔而讲究"风格"的时尚圈人士的心。然而，在东京召开的 2016 春夏新品预展会上，在场来自全球的时尚媒体惊呼：优衣库变了！

在时尚媒体看来，变化的是优衣库产品及所代表的风格本身；但从商业角度看，优衣库的变化如下：

第一，提升了 SKU。从其发布的 13 个系列、每个系列至少几百件单品的数量而言，与以往相比，SKU 有着直观的大幅提升。这是一种企业策略的大转型，毕竟优衣库以前是以成功运作"少品种、大库存"这一个高风险产品销售策略而闻名的。

第二，首次提出以生活场景呈现 Life Wear 新品。优衣库改变了以往按产品系列展示的传统，在现场呈现了现代生活中的多个经典场景，Life Wear 新品从风格、功能、面料等维度与这些场景相匹配。此次五大场景主题包括当代生活、都市时尚、健康生活、品质家庭和安心童趣。从体现当代精神的时装、适合工作场合穿着的干练造型，到时下最热的轻运动概念、更具设计感和舒适度的居家和童装系列，优衣库尝试以服装诠释当代社会中简约舒适、别具一格的生活方式。

除了目前已经展现的，更为"可怕"的是，在借用互联网改革企业这个部分，优衣库早已深入促销、O2O、新品传播、大数据、渠道拓展、企业结构调整等一系列自战术到战略的领域。2023 年 2 月 28 日至 3 月 2 日，优衣库在上海张园举办的春夏新品沉浸式展会，主题围绕"Life Wear 服适人生"展开，现场以哥本哈根和雅典的自然风光为灵感，打造了生机盎然的互动体验。这一活动体现了优衣库通过沉浸式体验和全球设计灵感的融合，传递其品牌理念，吸引消费者，提升品牌影响力。

本 章 小 结

◆　创业市场结构是指创业机会所在行业内部买方和卖方的数量及其规模、产品差异程度和新企业进入该行业的难易程度的综合状态。

◆　SWOT 分析是一种营销战略规划工具，用于评估主体的内部优势(Strengths)、劣势(Weaknesses)及外部机会(Opportunities)和威胁(Threats)。通过这种综合评估，企业能识别内部资源和能力的优势与不足，同时考量外部环境中的机遇与挑战。

◆　在市场地位策略分析中，创业企业必须明确自己在同行业竞争中所处的地位，结合本企业的策略目标、资源和环境，以及本企业在目标市场的预期地位，制订正确的市场竞争策略。根据创业企业在市场上的竞争地位的不同，创业企业的市场竞争定位可以分为以下类型：市场领先者、市场挑战者、市场追随者和市场补缺者。

◆　创业市场定位是创业公司在目标市场中，通过创造和传递独特的价值主张，使其产品或服务在消费者心中占据明确、独特位置的过程。市场定位的目的是区分自己的产品与竞争对手的产品，建立品牌认知，并吸引和保留目标顾客。

复习思考题

1. 描述创业市场的结构及主要的竞争者。
2. 什么是 SWOT 分析？如何应用该方法进行营销战略设计？
3. 创业市场地位策略分析的方法有哪些？
4. 创业市场细分的概念及标准有哪些？
5. 创业目标市场的选择及策略有哪些？
6. 简述市场营销组合战略的相关理论。

【习题】

即 学 即 测

第七章　定价与价格管理

 本章学习目标

(1) 了解影响定价的主要因素。

(2) 理解并掌握各种定价方法和定价决策，以及各自的应用场景。

(3) 了解什么是个性化定价，以及动态定价的方式和步骤。

(4) 熟悉制订价格的程序。

引导案例 >>>

蓝瓶咖啡的定价策略革新

蓝瓶咖啡，一个起源于加州奥克兰的小众精品咖啡连锁品牌，以其对咖啡品质的极致追求和独特的店铺设计而闻名。在面对竞争激烈的咖啡市场时，蓝瓶咖啡采取了一种非传统的定价策略，以此与星巴克等大型连锁品牌形成差异化。蓝瓶咖啡的定价与价格管理策略基于对目标消费群体的深刻理解，以及对咖啡文化价值的传递。

蓝瓶咖啡定位于高端市场，其定价策略反映了对原料来源、烘焙工艺和冲泡技术的重视。品牌选择与小型咖啡农场合作，直接采购高品质的咖啡豆，并通过精心的手工烘焙和独特的冲泡方法，确保每一杯咖啡都能呈现出最佳的风味。这种对品质的坚持使得蓝瓶咖啡的产品成本相对较高，因此其定价也相应地高于市场上的普通咖啡。

然而，蓝瓶咖啡并未简单地将高成本转嫁给消费者，而是通过教育和体验来证明其价格的合理性。在每家店铺中，蓝瓶咖啡都设有开放式的吧台，让顾客可以近距离观察咖啡师的冲泡过程，了解每一杯咖啡背后的工艺和故事。此外，蓝瓶咖啡还定期举办咖啡品鉴活动和工作坊，邀请顾客深入了解咖啡文化，从而提升品牌的价值感知。

蓝瓶咖啡的定价策略还包括灵活的价格管理，以应对不同市场和季节的变化。例如，在新店开业或特定节日，蓝瓶咖啡会推出限量的特别版咖啡和优惠活动，以吸引新顾客和回馈忠实客户。同时，品牌也会根据原材料成本的变化和市场需求，适时调整价格，以保持竞争力和营利性。

通过这种结合高品质产品、教育性体验和灵活价格管理的定价策略，蓝瓶咖啡成功地在小众市场中建立了自己的品牌地位，并吸引了一群忠实的消费者。蓝瓶咖啡的案例展示了如何在保持品牌核心价值的同时，通过创新的定价与价格管理策略，实现市场差异化和可持续发展。

7.1　定价方法

7.1.1　定价的影响因素

在企业的商业运作中，定价并非一个简单孤立的决策，而受到诸多因素的综合作用和影响，其中影响定价的主要因素有以下几类：

一、成本因素

在企业定价决策中，成本因素极为关键。固定成本高低与产量预期会影响定价底线，高固定成本、低产量时，定价需相应提高以保持盈利。变动成本随业务量正比例变动，定价必须高于它，在竞争激烈时可以贴近变动成本。定价靠量取利，产品有优势则可以大幅加价。总成本为固定成本与变动成本之和，它确定了价格下限，低于此限则会亏本。总成本结构也影响定价策略：固定成本占比高，则需要提升产量，分摊成本，以利于竞争；变动成本占比高，则需要关注原料价格和生产效率来控制成本与定价。

二、市场需求因素

需求的价格弹性反映了需求量对价格变动的敏感程度，它是需求量变动百分比与价格变动百分比的比率。需求弹性分为三种曲线，分别是需求富有弹性曲线、需求缺乏弹性曲线、需求单一弹性曲线，具体如图 7-1 所示(横坐标 Q 为需求量，纵坐标 P 为价格)。

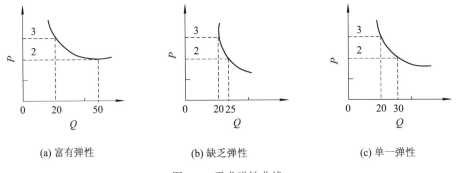

(a) 富有弹性　　　　　　(b) 缺乏弹性　　　　　　(c) 单一弹性

图 7-1　需求弹性曲线

(1) 需求富有弹性：需求价格弹性系数 $E_d > 1$，表示需求富有弹性或高弹性，即需求量的变动率大于价格的变动率，此时价格下跌一点点会引起需求量的很大变动，从而使销售数量增加。反之，如果某畅销品牌碳酸饮料价格上涨 10%，可能会导致其销售量下降 20%，那么企业在定价时需要谨慎考虑价格上涨对销量的影响。

(2) 需求缺乏弹性：需求价格弹性系数 $E_d < 1$，表示需求缺乏弹性或低弹性，即需求量的变动率小于价格的变动率，价格的较大变动只能引起需求量的较小变动，此时企业可以视情况采取提价策略。

(3) 需求单一弹性：需求价格弹性系数 $E_d = 1$，表示需求量的变动率等于价格的变动率，此时无论是价格上升还是价格下降，销售收入都保持不变。这时企业可以通过分析产品成本寻找最大利润点。

三、市场需求水平

市场需求水平是指在一定时期和特定市场范围内，消费者对某种产品有支付能力的购买总量。它受到多种因素的综合影响，如消费者的偏好、收入水平、人口数量、替代品和互补品的情况等。

在高市场需求水平下，提价策略具有可行性。因为当市场需求水平高时，消费者对产品的购买意愿强烈，产品处于供不应求的状态，此时企业有较大的提价空间。例如，苹果公司推出新款 iPhone 时，初期价格往往较高，但由于市场需求高，消费者依然会购买。在高需求水平下，企业对价格调整有一定的灵活性。企业可以根据不同的细分市场、销售渠道或销售时间来灵活定价。例如，对于热门的演唱会门票，主办方可以根据座位位置、演出嘉宾热度等因素制订不同的价格层次。同时，临近演出日期，如果门票销售火爆，主办方还可以适当提高价格。

在低市场需求水平下，降价策略具有必要性。此时产品供大于求，企业为了刺激销售，通常需要采取降价策略。例如，在服装换季时，市场对过季服装的需求降低，商家会通过打折促销，如"全场 3～5 折"或"买一送一"等活动来吸引消费者，以清理库存并回笼资金。然而，在低需求水平的市场中，为了争夺市场份额，企业之间的价格竞争往往更加激烈。

四、竞争因素

市场类型决定定价，在完全竞争、垄断竞争、寡头竞争的市场类型下，定价有所不同。

在完全竞争市场中，市场上有众多卖家和买家，产品同质化程度高，单个企业无法影响市场价格，只能被动接受市场均衡价格。此时需求曲线是一条完全水平的直线，产品需求完全由市场整体的供求关系决定，因此企业没有定价权，只能按照市场既定的价格出售产品，如果企业试图提高价格，将失去所有客户。

垄断竞争市场上有较多卖家，产品存在一定的差异，因此企业面对的需求曲线向右下方倾斜，相对富有弹性。消费者对不同企业的产品有一定的偏好，但这种偏好并不绝对。这时的企业有一定的定价自主权，可以通过产品差异化、品牌建设和营销手段来影响消费者的需求和价格敏感度。如果企业的产品具有独特的优势，能够吸引更多消费者，就可以适当提高价格；但如果价格过高，消费者可能会转向其他类似的替代品。

寡头竞争市场中，市场由少数几家大型企业控制，产品可能同质，也可能有差异，企业之间相互依存，一家企业的决策会影响其他企业的市场份额和利润，这时需求曲线的形状不太稳定，但是受竞争对手反应的影响较大，因此企业的定价决策较为复杂。寡头企业之间可能存在默契的合谋，共同维持较高的价格以获取高额利润，也可能通过价格战来争夺市场份额。如果一家企业单方面降价，则可能引发价格战，损害整个行业的利润；如果单方面提价，则可能会失去市场份额。

五、消费者情感心理

1. 价格敏感度

价格敏感度对顾客选择行为有着重要影响。一些消费者对价格变化非常敏感，微小的价格波动就能影响他们的购买决策；而另一些消费者则更关注产品的质量、品牌和服务，对价格的敏感度相对较低，愿意为高价的商品买单。

2. 感知价值

感知价值是指顾客认为产品应有的价值，产品本身及附带的体验服务能否符合顾客的预期要求，是影响顾客选择行为的重要因素。一般来说，企业提供的服务符合顾客的预期要求，顾客的购买意愿就会随之提高；反之，则会降低。例如，某些品牌采用喋喋不休的"碎嘴式"营销模式，这样会使顾客在购买过程中耗费大量时间，降低顾客的购买意愿。

3. 损失厌恶

损失厌恶是行为经济学中的一个重要概念。它指的是人们面对同样数量的收益和损失时认为损失更加难以忍受。简单来说，丢失 100 元所带来的负面情绪，要比捡到 100 元所带来的正面情绪强烈得多。

(1) 价格上涨与下降的不对称反应：当产品价格上涨时，消费者的反应往往比价格下降时更为强烈。例如，消费者对汽油价格上涨会感到非常不满，而当汽油价格下降时，虽然消费者会感到高兴，但这种喜悦程度远不及价格上涨时的愤怒程度。这种不对称反应使得企业在考虑提价时需要格外谨慎。

(2) 对促销和折扣的偏好：消费者对促销和折扣有着强烈的偏好，这也与损失厌恶有关。因为消费者将购买原价产品视为一种潜在的损失，而促销和折扣则被看作避免这种损失的方式。例如，当消费者看到"满 300 减 100"的促销活动时，会觉得如果不参与就会损失 100 元的优惠。这种心理促使消费者更积极地参与促销活动，以避免"损失"。

(3) 品牌转换中的损失厌恶：当消费者已经习惯使用某个品牌的产品并对其产生一定的忠诚度时，他们会将更换品牌视为一种损失。这是因为他们可能会失去对原有品牌的熟悉感、信任以及品牌所带来的其他附加价值(如售后服务等)。例如，一位长期使用苹果手机的用户，会因为担心失去苹果生态系统带来的便利性而不愿意轻易更换为其他品牌的手机，即使其他品牌的手机在价格或者某些功能上更具优势。

7.1.2　成本导向定价法

成本导向定价法是一种以产品成本为基础来确定价格的定价方法，这种方法的核心是确保产品价格能够覆盖成本并实现一定的利润目标。成本导向定价法有三种，分别是成本加成定价法、目标利润定价法和盈亏平衡定价法。

一、成本加成定价法

成本加成定价法是一种最基本的定价方法。企业在计算产品成本(直接成本和间接成本)的基础上，加上预期的利润来确定价格。其计算公式为

$$加成率 = \frac{产品售价 - 单位产品成本}{单位产品成本} \times 100\%$$

$$产品价格 = 单位产品成本 \times (1 + 加成率)$$

1. 加成率的确定因素

(1) 目标利润率。企业希望通过销售产品实现的利润水平是确定加成率的重要因素。如果企业的目标利润率较高，则加成率也会相应提高。例如，对于高附加值的产品，企业可能期望有较高的利润，加成率可能达到50%甚至更高。

(2) 市场竞争状况。在竞争激烈的市场中，加成率可能会受到限制。如果竞争对手的产品价格较低，则企业为了保持竞争力，可能需要降低加成率。相反，在竞争较小的市场，企业有更多的空间提高加成率。

(3) 产品生命周期阶段。在产品的导入期，企业会采用较低的加成率来吸引消费者，提高市场份额。在产品的成熟期，由于成本降低和市场份额稳定，企业会适当地提高加成率。

2. 优点与缺点

1) 优点

(1) 计算简单。企业只需准确核算成本，并确定加成率，就可以很容易地计算出产品价格。对于中小企业或产品种类繁多的企业来说，这是一种简单易行的定价方法。

(2) 利润保障。只要产品能够按照定价销售出去，企业就能保证获得一定的利润，因为价格是在成本的基础上加上利润确定的。

2) 缺点

(1) 忽视需求弹性。这种方法没有考虑市场需求对价格的弹性。如果加成率过高，可能导致产品价格超出消费者的接受范围，从而影响产品的销售量。

(2) 缺乏市场导向。它主要关注企业内部的成本，对市场竞争和消费者的需求变化反应不够灵敏。例如，即使市场上出现了更具性价比的替代品，企业仍然按照成本加成定价，则可能会使产品失去竞争力。

二、目标利润定价法

目标利润定价法是一种以企业预期达到的利润目标为核心来确定产品价格的方法。企业首先要明确自己的总成本，然后根据市场调研和销售预测确定预期销售量，再结合企业目标利润来计算实现该利润目标的产品价格。其计算公式为

$$单位产品价格 = \frac{总成本 + 目标利润}{预期销售量}$$

1. 目标利润的设定因素

(1) 企业战略目标。如果企业处于扩张阶段，则可能会设定较高的目标利润，以支持

新产品研发、市场拓展等战略举措。例如，一家科技企业为了投入更多资金进行新技术研发，会在定价时设定较高的目标利润。

(2) 股东期望。企业需要考虑股东对投资回报率的期望。如果股东要求较高的利润分红，则企业在定价时会相应地提高目标利润。

(3) 市场潜力评估。企业对产品市场潜力的评估也会影响目标利润的设定。如果市场对产品的需求潜力大，则企业可以设定较高的目标利润；反之，如果市场需求有限，则目标利润可能会降低。

2. 优点与缺点

1) 优点

(1) 目标明确。这种方法能够帮助企业明确利润目标，使定价决策与企业的财务目标紧密结合。企业可以根据预期的利润目标来规划生产和销售策略。

(2) 综合考虑成本和销量。与成本加成定价法相比，目标利润定价法不仅考虑了成本，还考虑了预期销售量，使价格决策更加全面。

2) 缺点

(1) 销量预测难度大。该方法对预期销售量的准确性要求较高。如果实际销售量与预期销售量相差较大，则可能导致目标利润无法实现。例如，市场需求受到经济环境、竞争对手等因素的影响，很难准确预测销量，从而影响定价的合理性。

(2) 不够灵活。和成本加成定价法类似，目标利润定价法对市场变化的适应性相对较弱。一旦市场情况发生变化，如竞争对手降价或消费者需求转变，企业按照既定目标利润计算出的价格就可能不再合适。

三、盈亏平衡定价法

盈亏平衡定价法是一种基于损益平衡原理的保本定价法。它的核心是找到盈亏平衡点，即企业在这个销售量或销售额下，总成本等于总收入，既不盈利，也不亏损。通过计算盈亏平衡点，企业可以确定产品的最低售价，以确保在这个价格下至少能够保本经营。其计算公式为

$$盈亏平衡点销售量 = \frac{固定成本}{单位售价 - 单位变动成本}$$

$$盈亏平衡点销售额 = \frac{固定成本}{1 - 单位变动成本率}$$

1. 在企业决策中的应用

1) 价格底线确定

盈亏平衡定价法可以为企业提供一个价格底线。在制订价格策略时，企业可以参考这个底线，确保价格不低于保本点。例如，在新产品推出初期，企业可以根据盈亏平衡点来初步确定价格范围，避免因价格过低而导致亏损。

2) 生产决策支持

盈亏平衡定价法还可以用于生产决策。企业可以根据盈亏平衡点销售量和市场需求预

测来决定是否扩大或缩小生产规模。如果市场需求预测高于盈亏平衡点销售量，则企业可以考虑增加产量；反之，则可能需要调整生产计划。

2. 优点与缺点

1) 优点

(1) 控制经营风险。它为企业提供了一种控制经营风险的方法，通过明确盈亏平衡点，企业可以清楚地知道在什么情况下会亏损，从而在定价和生产决策中加以防范。

(2) 强化成本意识。它促使企业更加关注成本结构，尤其是固定成本和变动成本的管理。企业通过降低成本，可以降低盈亏平衡点，提高盈利能力。

2) 缺点

(1) 仅为保本考虑。盈亏平衡定价法只是确定了一个保本的价格，没有考虑企业的盈利目标。企业要实现盈利，还需要进一步结合市场需求和竞争情况来调整价格。

(2) 忽略市场因素。和前两种成本导向定价法一样，它对市场需求的弹性和竞争状况考虑不足。如果仅仅以盈亏平衡为目标定价，则可能会使企业错失获取更高利润的机会。

7.1.3 需求导向定价法

需求导向定价法是一种根据市场需求状况和消费者对产品价值的感知来确定价格的方法。其核心思想在于：价格的确定不是基于产品的成本，而是以消费者为中心，重点考虑消费者的需求强度、对产品价值的认知以及价格敏感度等因素。需求导向定价法的主要类型及其应用如下：

一、认知价值定价法

认知价值定价法是基于消费者对产品价值的主观认知来确定价格的。企业需要深入了解消费者对产品的各个方面的评价，包括功能、质量、品牌形象、售后服务等。例如，对于一款高端笔记本电脑，消费者可能会考虑其处理器性能、显示屏质量以及品牌的声誉等因素，形成对该产品价值的认知。如果消费者认为这些方面的综合价值较高，他们就愿意支付较高的价格。

二、需求差异定价法

(1) 基于细分市场定价。企业根据不同的消费者群体、不同的销售地点、不同的时间等因素来划分市场，对不同的细分市场制订不同的价格。例如，电影院根据观众的年龄(如学生、成人、老年人)、观影时间(如工作日白天、周末晚上)等因素来定价。对于学生和老年人，由于他们的消费能力或者意愿可能相对较低，电影院会提供较低的票价；而在工作日白天，观影人数相对较少，为了吸引观众，电影院也会提供较低的票价。

(2) 基于产品版本定价。企业针对同一产品推出不同版本，每个版本具有不同的功能或服务，然后根据这些差异来定价。例如，软件公司的产品可能有基础版、专业版和企业版。基础版的功能较为简单，价格较低；专业版增加了一些高级功能，价格适中；企业版则提供了更全面的功能和服务，如定制化、技术支持等，价格较高，面向企业用户。

(3) 基于需求弹性定价。需求弹性是指产品需求量对价格变动的敏感程度。对于需求弹性小的产品(如生活必需品、药品等)，消费者对价格变化不太敏感，企业可以制订相对较高的价格。而对于需求弹性大的产品(如非必需的休闲食品、普通电子产品等)，企业则需要考虑降低价格或采用促销策略来刺激需求。

三、逆向定价法

逆向定价法是指从消费者能够接受的最终销售价格开始，逆向推算出产品在各个销售环节的价格。这种定价方法适用于市场竞争激烈、消费者对价格较为敏感的产品。它能够确保产品的最终价格符合消费者的期望，从而提高产品的市场接受度。该方法首先确定市场零售价，然后考虑中间商的成本和利润，逐步倒推出批发商的价格和生产商的出厂价格。例如，一款时尚服装，经过市场调研发现消费者普遍能接受的价格为 500 元。假设零售商的利润率为 40%，批发商的利润率为 20%，那么零售商的进货价(即批发商的出货价)为 $500 \times (1 - 40\%) = 300$ 元，批发商的进货价(即生产商的出厂价)为 $300 \times (1 - 20\%) = 240$ 元。

四、习惯定价法

习惯定价法是指按照市场长期形成的价格习惯来定价。对于一些购买频率高、消费者熟悉的产品，如矿泉水、口香糖、报纸等，消费者已经习惯了特定的价格范围，如果企业改变价格，则可能会引起消费者的反感。对于这些产品，当企业需要调整价格时，往往会采用比较巧妙的方式，如通过改变产品的包装大小、成分、款式等方式来间接调整价格。例如，将口香糖的包装从 10 片装改为 8 片装，价格不变，实际上就是提高了单位价格，但这种变化相对比较隐蔽，消费者可能更容易接受。

【案例 7-1】

好想来的零食真的那么便宜吗？

好想来是近年来爆火各地的零食店。放眼一看，店里的品牌零食中，330 毫升的百事可乐 1.8 元，一包 35 克的乐事薯片 2.8 元……大部分商品比在连锁超市里的同款商品便宜了 1 至 2 元不等。再仔细去看，其实大有玄机。连锁超市里同款薯片 40 克的价格为 3.5 元，超市里 40 克的薯片与零食店 35 克的薯片从包装来看，即便是肉眼还是用手感受都差距不大，顾客很容易将零食店里的 35 克薯片误认为超市的"同款"薯片，零食店的看似便宜，实则二者价格并无差异。

7.1.4 竞争导向定价法

竞争导向定价法是一种以竞争对手的价格和竞争态势为主要依据来确定自身产品价格的定价方法。企业重点关注的是市场竞争环境，通过与竞争对手的产品价格、质量、服务等进行比较来制订能够在竞争中获取优势或者保持竞争力的价格策略。

一、随行就市定价法

随行就市定价法指企业将自己产品的价格设定为与市场平均价格水平保持一致。这适用于市场竞争激烈且产品同质化程度较高的情况。例如，在大宗商品市场，如小麦、石油等，产品的标准化程度高，不同供应商的产品差异较小，企业会密切关注市场的价格动态，将自己的价格调整到与市场主流价格相近的水平。这样做可以避免因价格过高或过低而在竞争中处于不利地位，能够在市场中获得相对稳定的份额和利润。

二、产品差别定价法

产品差别定价法指企业通过各种方式使自己的产品与竞争对手的产品形成差异，然后根据这些差异来制订价格。这种差异可以体现在产品的质量、功能、包装、服务、品牌形象等多个方面。例如，智能手机市场竞争激烈，苹果手机以其简洁易用的操作系统和高端的品牌形象，与其他安卓手机形成了差别。尽管市场上有很多价格较低的安卓手机，但苹果手机凭借其独特的优势，可以制订较高的价格。而一些安卓手机厂商则通过在拍照功能、电池续航等方面的特色，与其他品牌区分开来，从而在价格上也有一定的调整空间。

三、密封投标定价法

密封投标定价法主要用于工程项目、大型设备采购、矿产资源开发权拍卖等领域。企业在参与投标竞争时，将自己的报价密封后提交，这个报价主要根据对竞争者报价的估计和自身成本、利润目标来确定。企业要尽可能猜准竞争对手的报价，让自己的报价既能在竞争中胜出，又能保证一定的利润。例如，某建筑公司参与一个工程项目投标，它会预估其他建筑公司的报价，同时考虑自己的成本和期望利润，然后把自己的价格密封好后递交给招标方。

【拓展阅读】

产品定价的"指南针"：心理账户

7.2　定 价 策 略

7.2.1　产品组合定价策略

假设你经营着一家咖啡馆，里面不仅有各种口味的咖啡，还有甜点、三明治等小食。那么，你怎么给这些产品定价呢？这就是产品组合定价策略要解决的问题。

一、产品组合定价策略的概念

产品组合定价策略，简单来说，就是企业销售多种产品时，根据产品之间的关联性和市场需求来制订不同价格的策略。企业的目标是让整个产品组合的利润最大化，而不是单个产品的利润最大化。企业通过不同产品的价格组合，可以吸引不同类型的顾客，满足他们的不同需求，从而提高整体销售额和利润。

二、常见的产品组合定价策略

(1) 产品线定价：使同一类产品线内的产品存在价格阶梯，有便宜的，有中等的，也有贵的。例如，咖啡馆里的咖啡，可能有基础款的美式咖啡(低价)，有独具特色的拿铁、卡布奇诺(中价)，还有高端的手冲咖啡(高价)。

(2) 选购配件定价：对同主要产品一起出售的选择性产品或者附加产品定价。顾客在买主要产品时，可能会想另外捎带一些东西，如买电脑时，会顺手再买鼠标、键盘等。这些配件就可以额外收费，这就是选购配件定价。在咖啡馆里，顾客买咖啡时想加奶油或糖浆，那就得另外付钱。

(3) 附属品定价：对必须与主要产品一起使用的产品定价。有些产品得靠附属品来"获利"。例如，打印机得靠墨盒赚钱；手机得靠卖手机壳、贴膜等赚钱；在咖啡馆，咖啡价格可以稍微低点，但甜点价格得稍微高点，这样整体利润才会上去。

(4) 二部定价：要求消费者为使用某种产品或服务支付两部分费用——一部分是固定费用，类似于入场费或订阅费，用于覆盖部分固定成本，如设备投资、基础设施建设等；另一部分是从量费用，根据使用量的多少来计算，用于反映变动成本，如原材料、人工等与使用量直接相关的成本。例如，去游乐园，门票是固定的，但玩里面的项目就得另外掏钱，项目玩得越多，掏的钱也就越多；在咖啡馆，也可以理解为会员费(固定费用)+超额消费(从量费用)。

(5) 副产品定价：为低价值的副产品定价，用来弥补处理这些产品的费用。有些产品在生产过程中会产生副产品，这些副产品也能卖钱，如炼油时产生的石蜡也可以定个价格。

(6) 产品捆绑定价：将两种或两种以上的相关产品组合在一起，并以一个综合价格出售，而不是单独销售每种产品并分别定价，价格比单独买要便宜。例如，咖啡馆可以推出早餐套餐——咖啡+甜点+三明治，套餐价格会优惠一些。

【案例7-2】

Eileen Fisher 的可持续时尚定价策略

Eileen Fisher 是一家可持续时尚品牌，专注于使用环保材料和公平贸易的生产方式来制造服装。面对市场上快时尚的低价竞争，Eileen Fisher 采取了一种独特的产品组合定价策略。品牌将产品线分为三个层次：基础款、特色款和限量款。基础款采用有机棉等可持续材料，其定价略高于快时尚品牌，但仍然亲民；特色款则融入更多创新设计和手工艺元素，其价格稍高，以满足追求独特性的消费者；限量款则是与艺术家合作的独家设计，采用更高端的可持续材料，其定价最高，旨在塑造品牌形象并吸引高端市场。通过这种分层定价，Eileen Fisher 成功地覆盖了不同消费者群体，同时保持了品牌的可持续理念和市场竞争力。

7.2.2　新产品定价策略

新产品定价策略通常包括撇脂定价、渗透定价和满意定价三种主要类型，每种策略都有其独特的适用场景和预期目标。

一、撇脂定价

撇脂定价是一种在新产品刚进入市场时采用的高价定价策略。你可以想象一下，当牛奶煮熟后，表面会形成一层奶油，而"撇脂"这个动作，就是撇去这层奶油，捞取其中的精华。撇脂定价也是类似的道理，它指的是企业在新产品推向市场之初，就将价格定得很高，以求迅速赚取高额利润，尽快收回投资，就像从市场中撇取奶油一样。这种定价策略通常适用于全新或受专利保护的产品、需求价格弹性小的产品以及品牌形象高端的产品。

二、渗透定价

渗透定价与撇脂定价相反，就是企业把新产品或者服务以一个相对较低的价格推向市场，就像细雨慢慢渗透进消费者的心里，让他们觉得物超所值，从而迅速打开市场，扩大销量。对于对价格高度敏感的消费者，企业通常会采用低价渗透策略，具体方法如下：

(1) 低价吸引。企业一开始就把价格定得很低，这样就能迅速吸引大量的消费者来尝试和购买。

(2) 快速占领市场。通过低价策略，企业可以在短时间内迅速占领市场份额。因为价格低，消费者更愿意尝试和接受，这样一来，企业的品牌和产品就能在市场上站稳脚跟。

(3) 形成规模经济。随着销量的增加，企业的生产成本会逐渐降低，形成规模经济效应。这样一来，企业就能在保持低价的同时，获得更高的利润。

(4) 建立品牌忠诚度。消费者一旦尝试了企业的产品并且觉得不错，那他们就很可能会成为回头客，甚至还会向亲朋好友推荐。这样一来，企业的品牌忠诚度就逐渐建立起来了。

不过渗透定价也有风险，如被竞争对手模仿，影响价格质量，需要长期投入等，若企业没有足够的实力与耐力，则很有可能会导致策略半途而废。

国 货 品 牌

蜂花一直以来都将产品价格定位在大众消费的下沉市场，主打高性价比，如经典护发素产品大容量包装且价格亲民，为渗透定价筑牢了根基。在"79元商战"事件中，蜂花敏锐地抓住了热点，在抖音发布强调自身价格优势的视频，连续上架 79 元洗护套餐，在鲜明对比下放大自身低价优势，成功吸引了大量消费者的目光，实现了市场份额的快速拓展。同时，蜂花还与其他国货品牌积极互动，掀起了"捡粉"热潮，进一步提升了品牌形象和影响力，扩大了国货品牌的市场覆盖面。更值得一提的是，在 2024 年 5 至 7 月上海红色文化季期间，作为上海制皂(集团)有限公司旗下品牌，蜂花与中共一大会址纪念馆的"一大文创"合作，推出逸品檀香皂联名产品，巧妙地将红色文化融入其中。

三、满意定价

满意定价是一种介于撇脂定价(高价策略)和渗透定价(低价策略)之间的定价策略。满意定价的目标是在考虑产品成本、消费者需求和市场竞争的基础上，制订一个让企业和消费者都相对满意的价格。对于企业来说，这个价格能够保证一定的利润水平，有助于回收成本、实现盈利，并为企业的进一步发展提供资金支持。对于消费者而言，价格不会过高，他们会觉得物有所值，愿意购买该产品，同时价格也不会低到让消费者对产品的质量产生怀疑。该策略通常适用于市场竞争较为激烈，消费者对价格有一定敏感度但又注重产品质量和性能的情况。它旨在平衡企业的利润目标和消费者的购买意愿，以实现企业和消费者之间的相对满意和平衡。

7.2.3　心理定价策略

心理定价策略是一种根据消费者心理特点来制订商品价格的策略，它充分考虑了消费者在购买过程中的心理感受和认知。以下是几种常见的心理定价策略。

一、尾数定价策略

尾数定价策略是指在确定零售价格时，以零头数结尾，而不是整数。产品定价图如图7-2所示，某快餐店经常将商品价格定为9.9元而不是10元，超市标签上的价格经常以9或大于5的数字结尾。这种定价策略利用了消费者的心理错觉，让消费者感觉价格较低。因为消费者在心理上会将9.9元归类为9元多的范畴，而不是10元的范畴，从而产生价格便宜的感觉。尾数定价在一定程度上增加了消费者的购买意愿。

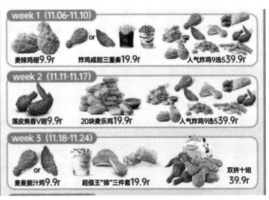

图 7-2　产品定价图

二、整数定价策略

整数定价策略是将商品价格定为整数，不带尾数，这种策略有助于塑造产品的高端形象，提高消费者对产品质量和品牌价值的认知。对于一些注重品牌形象和品质的消费者来说，整数价格更容易被接受。例如，将一款高档手表定价为5000元，而不是4999元，将高级礼品套装定价为1000元，这样会给消费者一种高品质、高档次的感觉，满足了消费者对于身份、地位象征的心理需求。该策略常用于奢侈品、高端电子产品等。

三、声望定价策略

声望定价策略是利用企业的品牌声望、产品的品牌形象或者消费者对产品的信任来制订较高价格的策略。这种定价策略基于消费者"一分钱一分货"的心理观念和对品牌的崇尚心理。声望定价策略可以提高品牌的档次和形象，同时也能为企业带来较高的利润。

四、习惯定价策略

某些商品在市场上已经形成了一个被消费者普遍接受的价格范围，企业在定价时需要考虑这个习惯价格。如果价格偏离习惯价格过多，可能会引起消费者的不满或者导致消费者怀疑产品质量，遵循习惯定价可以维持消费者对产品的忠诚度和购买习惯。同时，这种定价策略也有助于市场的稳定，避免价格战等不良竞争行为。这种策略常见于日常消费品，如牙膏、洗洁精等。

五、招徕定价策略

招徕定价策略是指企业将某几种商品的价格定得很低，以吸引消费者前来购买，同时带动其他商品的销售。这些低价商品被称为"牺牲品"，其目的是利用消费者求廉的心理，将顾客吸引到店铺中，增加店铺的客流量，提高消费者的进店率，然后通过顾客购买其他正常价格或高利润的商品来弥补低价商品的损失并获取利润。例如，超市可能会将鸡蛋的价格定得很低并放在显眼的位置，吸引消费者前来购买。消费者在购买鸡蛋的同时，可能会顺便购买其他蔬菜、肉类等商品。

【拓展阅读】

价格迷宫：家乐福的心理定价游戏

7.2.4 地理差异定价策略

一、定义

地理差异定价策略是指企业根据不同地区的市场需求、成本结构、竞争状况、消费者购买能力等因素，对同一产品制订不同价格的策略。这种策略充分考虑了地理因素对产品销售的影响，通过因地制宜的定价来实现利润的最大化和市场占有率的提升。

二、影响因素

(1) 经济发展水平。不同地区的经济发展水平不同，消费者的收入和购买力也不同。在经济发达地区，如欧美国家的大城市，消费者收入高，对价格的敏感度相对较低，更注重产品的品质、品牌和服务。企业在这里可以制订较高的价格，以获取更高的利润。例如，高端电子产品在纽约、伦敦等城市的售价可能会比经济欠发达地区的城市高出 10%～20%，因为当地消费者有足够的经济实力购买高价位的产品。

(2) 消费习惯。消费习惯因地域而异。例如，在一些亚洲国家，消费者对茶饮料的偏好程度较高，而在欧美国家，咖啡饮料更受欢迎。对于茶饮料企业来说，如果产品在亚洲市场销售，可能会因为较大的市场需求而保持价格稳定；而在欧美市场，可能需要降低价格或者采取促销活动来吸引消费者尝试购买。

(3) 市场竞争程度。不同地区的市场竞争环境不同。在竞争激烈的地区，企业可能会降低价格来争夺市场份额。例如，中国的智能手机市场竞争非常激烈，各大品牌为了在市场中脱颖而出，往往会根据不同地区的竞争情况制订价格。在一线城市，由于品牌众多，竞争白热化，因此各品牌可能会推出各种优惠活动，如降价、赠品等；而在一些三线、四线城市或者农村地区，竞争相对较小，品牌的定价可能会相对稳定，且可能会因为渠道成本等因素而略有差异。

(4) 成本结构。地理因素会导致成本差异，其中运输成本是一个关键因素。对于体积大、重量重的产品，如家具，运输距离越远，成本越高。此外，原材料成本也会因地区而异。如果某地区原材料丰富，则企业在当地采购成本较低，产品定价也可以更具竞争力。

【拓展阅读】

全球节拍：碧然德的定价交响乐

三、实施步骤

地理差异定价策略的实施步骤包括市场调研、细分市场、制订价格策略和动态调整，如图 7-3 所示。

市场调研	企业首先要进行详细的市场调研，了解不同地理区域的经济发展水平、消费习惯、竞争状况、成本结构和政策法规等因素
细分市场	企业根据市场调研的结果，将不同地理区域的市场进行细分，可以按照经济发达程度（如发达地区、发展中地区、欠发达地区）、消费习惯(如偏好某种类型产品的地区)、竞争程度(如激烈竞争地区、适度竞争地区、竞争较弱地区)等标准进行细分
制订价格策略	对于经济发达、竞争激烈的市场，企业可以采用高品质、高价格与促销活动相结合的策略；对于经济欠发达、消费习惯尚未完全形成的市场，企业可以采用低价渗透策略
动态调整	企业需要根据市场变化动态调整价格策略，如随着中国一些三四线城市的经济快速发展，许多国际品牌逐渐提高了在这些地区的产品价格，以适应市场变化

图 7-3　地理差异定价策略的实施步骤

7.3　智能定价

随着科技的进步，人工智能技术日益成熟，并在现实生活中得到广泛应用。智能定价就是一种利用人工智能技术和算法来确定产品或服务价格的定价策略，它借助机器学习、深度学习、数据挖掘等技术手段，对海量数据(市场需求、顾客行为、库存状况以及竞争状况等)进行分析和处理，从而实现更精准、高效且灵活的定价决策。一般认为，人工智能定价包括动态定价和个性化定价两种不同形式。

【拓展阅读】

旋律与数字：Boomplay 的个性化乐章

7.3.1　动态定价

一、定义

动态定价是指企业根据市场需求、供应状况、竞争态势等多种因素，实时或频繁调整产品或服务价格的策略，是基于需求导向定价的一种方法。与传统的固定定价模式形成鲜明对比，动态定价更加注重市场的实时变化，能够快速响应需求的波动、成本的变动以及竞争压力，但是在特定的时间内，不同消费者之间的价格是一致的。

二、实施步骤

动态定价的实施步骤包括数据收集与分析、需求预测、价格调整策略制订、实时监控与反馈等，如图 7-4 所示。

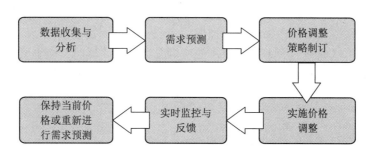

图 7-4　动态定价实施步骤

1. 数据收集与分析

企业内部的销售数据、库存数据、客户信息等是实施动态定价的基础。企业通过分析历史销售数据，可以了解产品或服务在不同时间段、不同地区、不同客户群体中的销售情况，从而发现需求的规律和趋势。企业库存水平则直接影响价格调整的决策，当库存积压时，需要降低价格以加快销售；当库存短缺时，可以提高价格以控制需求。

除了内部数据，企业还需要收集外部市场数据，包括宏观经济环境、行业发展趋势、消费者偏好变化、竞争对手的价格策略等。市场趋势分析可以帮助企业预测未来的需求走向，提前调整价格策略。了解竞争对手的价格有助于企业在市场竞争中保持优势，制订更具吸引力的价格方案。

2. 需求预测

需求预测是动态定价的关键环节，常用的方法包括时间序列分析、回归分析、机器学习算法等。时间序列分析通过对历史数据的观察，预测未来的需求趋势；回归分析可以考虑多个影响需求的因素，建立数学模型，进行预测；机器学习算法如神经网络、决策树等则能够处理复杂的数据模式，提高预测的准确性。

企业建立需求预测模型后，需要不断评估其准确性，并根据实际销售数据进行优化和调整；同时，结合市场的新变化和新信息，及时更新模型的参数和变量，确保预测结果能够真实反映市场需求的动态变化。

3. 价格调整策略制订

首先，在确保价格调整策略有效执行之前，要明确触发价格变动的条件。这些条件可以基于市场需求的阈值、库存水平的警戒线、竞争对手价格的重大变动、特定的时间节点(如节假日、促销活动期间)等。当达到预设的条件时，系统自动触发价格调整机制，实现快速响应市场变化。

其次，价格调整的频率和幅度需要根据产品或服务的特点、市场的敏感度以及企业的运营能力来确定。对于需求变化迅速、价格敏感度高的产品，如电商商品，价格调整可以较为频繁，幅度也可以相对较大；而对于一些品牌忠诚度高、价格敏感度低的产品，如高端奢侈品，价格调整的频率和幅度则应相对较小，以维护品牌形象和客户忠诚度。

4. 实时监控与反馈

要评估动态定价策略的效果，需要选择合适的监控指标，如销售额、利润、市场份额、客户满意度等。这些指标能够反映企业在价格调整后的经营状况和市场表现，帮助企业及时发现问题并进行调整。通过实时监控获得的数据和反馈信息，企业需要迅速分析并判断价格调整是否达到预期效果。如果未达到预期，企业应及时调整定价策略，如重新优化需求预测模型，改变价格调整的频率和幅度，改变触发条件等。同时，企业要建立灵活的决策机制，确保能够在最短的时间内作出有效的调整决策，以适应市场的快速变化。

三、类型

动态定价可以从多个维度划分，基于日常常见的动态定价，本文从动态定价的驱动因素将其划分为以下三种形式。

1. 需求驱动型动态定价

需求驱动型动态定价是指企业根据市场需求的实时变化来调整价格。当消费者购买意愿强烈、需求旺盛时，企业通过提高价格来获取更高收益；当需求低迷、购买量减少时，则降低价格以刺激消费。例如，电商平台在"双11"等促销活动期间，热门商品因抢购需求激增而适度涨价；旅游旺季时，景区周边酒店会因预订量大幅上升而上调房价。这些都是通过捕捉需求波动来动态定价的典型场景。

2. 竞争驱动型动态定价

竞争驱动型动态定价是指企业以竞争对手的价格为核心参照，通过实时追踪市场竞争态势来调整自身价格。为抢占市场份额，企业可能将价格定在竞品之下以吸引消费者；若依托品牌溢价或产品差异化优势，则会将价格定在竞品之上。例如，手机新品上市时，厂商会深度调研同档次机型的价格体系，以此作为定价基准；加油站也会实时关注周边同行油价波动，通过灵活调价在竞争中争夺客源或平衡利润。其本质是通过价格博弈在市场竞争中占据有利位置。

3. 成本驱动型动态定价

成本驱动型动态定价是指企业以成本变动作为价格调整的核心依据。当原材料采购成本、人力成本或运输成本等上升时，企业为保障利润空间而提高产品或服务价格；当成本因供应链优化、规模效应等因素下降时，则相应降低价格。例如，制造业中，若钢材、芯片等原材料价格大幅上涨，车企会随之调整新车售价；物流行业里，燃油价格下跌可能促使快递公司下调运费。这种定价模式直接将成本波动传导至终端价格，确保企业盈利水平与成本变化相匹配。

四、适用条件

1. 数据收集和分析能力

在当今数字化时代，企业需要从多个渠道收集海量的数据，包括在线销售平台、社交媒体、市场调研等。这些数据涵盖了消费者的购买历史、浏览行为、评价反馈，以及市场的宏观趋势、竞争对手的动态等。但仅仅收集数据是不够的，企业还需要运用先进的数据分析工具和技术，对这些数据进行清洗、整合和深入挖掘，以提取有价值的信息。

2. 灵活的价格调整机制

企业需要拥有能够与各种销售渠道(线上电商平台、线下门店、经销商网络等)无缝对接的价格管理系统。这一系统应具备实时更新价格的功能，能够迅速响应决策层制订的价格调整策略，确保在不同的销售终端同步展示最新价格。同时，价格调整机制还应具备一定的自动化能力，能够根据预设的规则和算法自动触发价格变动，提高定价的效率和及时性。

3. 清晰的成本结构认知

企业必须明确区分固定成本和变动成本，准确核算单位产品或服务的成本，包括直接成本和间接分摊的成本，以便在制订价格时能够确保覆盖所有成本，并在不同的产量水平下保持盈利。随着市场条件的变化，如原材料价格波动、生产效率提升或降低，企业能够及时更新成本核算，从而为动态定价提供准确的成本底线。

4. 了解消费者心理和行为

企业需深入研究消费者的购买决策过程，包括他们对价格的认知、对价值的判断以及对价格变动的反应模式。通过市场调研、消费者反馈和数据分析，企业可以建立消费者细分模型，针对不同类型的消费者制订相应的定价策略，在实现价格优化的同时保持良好的客户关系。

5. 市场影响力和品牌知名度

具有较高市场份额和良好品牌声誉的企业，在实施动态定价时具有更大的灵活性。消费者往往对知名品牌的价格调整一定的容忍度，因为他们相信品牌能够提供相应的品质和服务保障，而且强大的品牌可以使消费者认为较高的价格是品牌价值的体现。然而，对于品牌知名度较低的企业，过度频繁或大幅的价格变动可能会引起消费者的质疑和流失。

6. 快速响应能力

企业内部需要建立高效的决策流程，减少烦琐的层级审批，使定价决策能够在最短的时间内作出。跨部门团队(如市场营销、财务、数据分析等)之间应具备良好的协作和沟通机制，能够迅速整合各方信息，共同制订和执行定价策略。当市场出现突发情况或竞争对手的重大价格变动时，企业能够迅速作出反应，调整自身价格，保持竞争优势。

7. 应对竞争的能力

企业需密切关注竞争对手的价格策略、产品特点、市场推广活动等，分析其对自身市场份额和利润的潜在影响。当竞争对手降价时，企业需要评估自身的成本优势和市场定位，决定是跟随降价、保持价格不变但提供更多附加值，还是采取差异化策略突出自身产品或服务的独特优势。反之，当竞争对手提价时，企业可以趁机扩大市场份额或适度提高价格以增加利润。

8. 合规经营

动态定价策略必须符合反垄断法、消费者权益保护法等相关法律法规，避免出现价格欺诈、价格歧视等违法行为。在某些行业，企业可能还受到特定的价格监管政策的约束，企业需要确保其定价行为在法律允许的范围内。同时，企业还应考虑市场道德和公众舆论，避免因不当的定价策略引发社会负面评价，损害企业形象。

7.3.2 个性化定价

一、定义

个性化定价也被称为定制价格或目标定价，是指相同的产品以不同的价格销售给不同的客户(个人或团体)，表现为一级价格歧视。一级价格歧视，指对每个消费者收取等于其最大支付意愿的个人价格，最大程度地获取消费者剩余，是一种完全价格歧视。互联网平台可以利用新一代信息技术，收集海量的用户行为数据，以之为基础对用户的最大支付意愿进行预测，推出其能接受的价格，实现一人一价，获得最大化的消费者剩余。

二、实现基础

个性化定价的实现基础与 7.3.1 节中介绍的动态定价的适用条件一致，其中最主要的实现基础是数据分析和对消费者行为的了解，而对消费者行为的了解源于对消费者画像的构建。具体来讲，个性化定价就是运用先进的数据分析技术，如数据挖掘、机器学习算法(如聚类分析、决策树、神经网络等)，对收集到的数据进行深入处理和分析。通过聚类分析，企业可以将具有相似消费行为和特征的消费者划分为不同的群体，识别出不同群体的典型消费模式和需求特点。例如，企业将频繁购买母婴产品的消费者划分为新手妈妈群体等，在此基础上，构建详细的消费者画像，每个画像包含消费者的各类特征和行为标签，使企业能够清晰地了解每个消费者的全貌，为个性化定价提供精准依据。

三、面临的挑战

(1) 算法偏见与不公平性。定价算法可能存在偏见，导致某些消费者群体受到不公平待遇。例如，算法可能过度依赖历史数据，如果历史数据存在偏差(如某些地区或群体的消费数据不足)，则可能会使定价结果对这些地区或群体不利。如果消费者察觉到企业不合理的价格歧视或不公平定价，则可能会引起反感和抵制。

(2) 技术复杂性和成本。实施个性化定价需要投入大量的技术资源和成本，包括数据存储、计算能力、数据分析人才、算法研发和维护等方面。企业需要权衡个性化定价带来的收益与实施成本之间的关系，确保在经济上可行且可持续发展。对一些中小企业而言，可能面临技术和资金上的困难，难以独立实施复杂的个性化定价策略。

(3) 数据隐私与安全问题。收集和使用消费者数据涉及隐私问题，企业需要确保数据的合法获取、安全存储和合规使用，遵守相关法律法规。

【案例 7-3】

定制茶馆的个性化定价模式

在茶文化浓郁的城市一角，有一家名为"禅韵香"的小众定制茶馆，它以个性化定价策略在市场中独树一帜。禅韵香提供从传统茗茶到现代拼配茶的多种选择，其定价策略基于顾客的定制需求和体验感受。顾客可以根据自己的口味偏好、预算以及购买目的(如自饮、送礼等)，选择茶叶的种类、等级和包装方式。禅韵香根据每位顾客的独特需求，提供一对一的咨询服务，帮助他们挑选最适合的茶叶，并据此确定价格。此外，禅韵香还提供茶艺课程和品茶体验，将教育和文化体验融入定价中，为顾客提供超越产品的附加价值。这种个性化定价模式不仅让顾客感到被重视，也使禅韵香在竞争激烈的茶叶市场中保持了独特的品牌定位和客户忠诚度。

7.4　定价的程序与分析框架

定价会受到多种因素的影响，包括市场动态、竞争环境、成本变动、产品特点、企业战略等，因而企业通常没有完全固定不变的定价程序。然而，大多数企业在定价时会遵循一个大致相似的基本流程或程序。企业定价流程如图 7-5 所示。

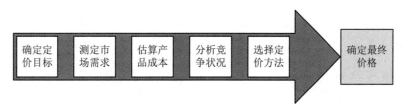

图 7-5　企业定价流程

一、确定定价目标

利润、竞争、投资收益等都是企业常见的定价目标。值得注意的是，每种目标都有其适用的状况，企业应该视自己所处的情况与条件来选择恰当的定价目标，以便于在定价的过程中能有所依据，且在整体环境有变化时能够机动地运用，而非静观其变、错失良机。如果企业的定价目标是市场占有率最大化，则企业可能会采取低价策略来吸引更多消费者。企业目标如表 7-1 所示。

表 7-1　企　业　目　标

企业目标	说　　明
生存目标	企业在受到生产能力过剩、激烈竞争和顾客需求变化困扰时，往往会把生存作为主要的追求目标
投资收益率目标	企业在估算费用和期望利润的基础上，计算出毛利(或纯利)标准，加在产品的成本上作为销售价格。企业通过定价，使其投资在一定时期里能够获得一定的市场占有率
市场占有率目标	企业把保持和提高市场占有率作为一定时期的定价目标。市场占有率的高低，比投资收益率更能说明企业的营销状况，企业希望用较长时间的低价策略来扩充目标市场，尽量提高企业的市场占有率
竞争防御目标	企业为了阻止新的竞争对手进入同一市场，往往可采取定低价的办法，使竞争对手意识到如果进入此市场，所得将非常微薄
塑造形象目标	新企业为塑造一定的市场形象或老企业欲改善自身的市场形象而确定的定价目标

二、测定市场需求

首先，企业可以进行市场需求曲线分析，判断需求价格弹性是否大于 1。其次，进行市场需求曲线分析，企业需要了解市场需求曲线的形状和位置。企业可以通过市场调研等方式估计在不同价格水平下的市场需求量。例如，通过问卷调查消费者在不同价格下是否愿意购买某种电子产品来绘制该产品的市场需求曲线。

三、估算产品成本

企业首先要明确直接材料成本、直接人工成本和制造费用等构成要素；其次需从历史成本法、标准成本法、作业成本法中选择恰当的估算方法；最后要考虑批量因素(批量生产可降低成本)、学习曲线效应(员工熟练度提升可降低成本)以及通货膨胀和价格波动等变动因素。

四、分析竞争状况

1. 分析竞争对手的定价策略

(1) 竞争对手采用成本加成定价法。企业如果能够获取竞争对手的成本信息或者对其成本有合理的估计，并且自身成本具有优势，则可以采用成本加成定价法，但加成率可以根据自身成本优势进行调整。例如，在同行业中，企业 A 的生产成本比竞争对手低 10%，企业 A 在定价时可以采用相同的加成率，使产品价格更具竞争力。

(2) 竞争对手采用渗透定价法或低价竞争策略。企业可以考虑采用差异化定价策略，如认知价值定价法，通过提升产品的附加价值(如更好的服务、产品功能升级等)来维持价格水平；或者采用跟随策略，在保证产品质量不降低的情况下，适当降低价格，采用成本导向定价法中的目标利润定价法来保持竞争力。

(3) 竞争对手采用认知价值定价法。企业需要加强市场调研，了解消费者对自身产品和竞争对手产品价值认知的差异。如果发现自身产品在某些方面具有价值优势，企业可以进一步挖掘和宣传这些优势，同时采用认知价值定价法合理定价。如果产品价值优势不明显，企业可以考虑通过降低成本，采用成本导向定价法来提高价格竞争力。

(4) 竞争对手采用随行就市定价法。企业可以根据自身产品的特点和目标市场情况，选择随行就市定价法来保持价格的一致性和竞争力；或者采用差异化定价策略，通过产品创新、服务升级等方式，使消费者对产品价值的认知发生变化，进而采用认知价值定价法脱离价格竞争。

2. 分析竞争对手的成本结构和优势

如果企业能够了解竞争对手的成本结构，并且自身在成本方面具有优势(如采购成本低，生产效率高)，则可以在定价上体现这种优势。例如，企业原材料采购成本比竞争对手低 20%，在定价时可以采用成本加成定价法，在保证利润的同时，使价格更具竞争力。如果竞争对手在成本方面具有优势，则企业可以通过差异化定价策略(如认知价值定价法)来弥补成本劣势。

五、选择定价方法

首先，确定企业使用的定价方法，如企业选择了成本导向的定价方法，那么企业使用的具体定价方法有成本加成定价法、目标利润定价法和盈亏平衡定价法。其次，确定每种方法的选择依据。例如，在新产品定价中，企业想要采用渗透定价法或者撇脂定价法，可以根据表 7-2 所示的选择依据来决定最终的定价方法。

表 7-2 新产品定价方法选择

选择依据	渗透定价条件	撇脂定价条件
需求价格弹性	高 (价格弹性系数 $E_d > 1$)	低 (价格弹性系数 $E_d < 1$)
市场规模	规模大，增长潜力大	早期市场需求迫切
产品特性	普及产品	独特优势
产品生命周期	成熟期后	导入期
市场竞争	激烈	平和
战略目标	扩大市场份额	短期利润最大化

六、确定最终价格

企业需要综合考虑定价目标、成本、市场需求、竞争对手价格策略和定价方法等因素来确定最终价格。例如，企业如果以市场占有率为定价目标，则在分析市场需求和竞争对手价格后，可能会选择一个相对较低的价格，即使这意味着暂时牺牲一定的利润。

【课后案例】

价格战略与市场扩张的电商奇迹

拼多多，作为中国电商行业的一匹黑马，其凭借独特的定价策略和价格管理，在短短数年间实现了从零到国内领先电商平台的飞跃。

拼多多的定价策略始终围绕"高性价比"这一核心理念展开，旨在吸引对价格敏感的广大消费者群体。自 2018 年起，拼多多推出了"百亿补贴"活动，这一活动，使得大量国际知名品牌和国内优质商品的售价远低于市场价，迅速吸引了大量追求性价比的消费者。

拼多多充分利用微信等社交平台的流量优势，通过"砍一刀""天天领现金"等裂变式营销活动，鼓励用户分享邀请码以获取更低的价格或现金奖励，这种病毒式传播的方式极大地降低了平台的获客成本，同时也增强了用户黏性。

在价格管理方面，拼多多通过建立高效的价格监控系统和严格的价格管理规则，确保平台上的商品价格合理、透明，有效维护了市场价格秩序。拼多多运用大数据和人工智能技术，建立了完善的价格监测系统，对平台上的数百万种商品进行实时监控，通过数据分析及时发现价格异常波动和低价倾销行为。

本 章 小 结

◆ 定价与价格管理在企业运营中至关重要。定价方法多样，受成本、市场需求、竞争和消费者情感心理等多种因素的影响，不同行业的定价其特点各异。

◆ 基本的定价方法有以成本为基础的成本导向定价法、关注消费者需求的需求导向定价法以及依据竞争态势的竞争导向定价法。

◆ 定价策略涵盖产品组合、新产品、心理、地理差异和动态定价等方面。各种策略的适用场景不同，有利有弊。

◆ 动态定价根据多种因素实时调整价格，须具备多方面条件和能力。

◆ 企业需遵循一定程序，综合考虑各因素来确定最终价格，以实现企业定价目标，适应市场变化并获取竞争优势。

复习思考题

1. 举例说明不同行业的定价特点是如何体现的，以及这些特点如何影响企业的定价决策。

2. 成本导向、需求导向和竞争导向定价法各自的优缺点是什么？在实际应用中，企业应如何选择合适的定价方法？

3. 分析新产品撇脂定价、渗透定价和满意定价策略的适用场景，并结合实际案例说明企业如何成功运用这些策略。

4. 心理定价策略有哪些类型？它们如何影响消费者的购买决策？请举例说明。

5. 请以某一具体企业为例，阐述其如何运用地理差异定价策略来适应不同地区的市场需求，以及这种策略对企业的意义。

6. 动态定价的实施需要企业具备哪些条件？请结合动态定价的具体案例，分析其如何实现基于实时供需平衡和长期运营数据的价格调整。

7. 企业在定价过程中如何综合考虑定价目标、市场需求、成本、竞争状况等因素来确定最终价格？请举例说明。

【习题】

即　学　即　测

第八章 营销渠道管理

本章学习目标

(1) 理解和掌握营销渠道管理的相关概念与原理。

(2) 掌握营销渠道的功能、类型与结构。

(3) 了解如何进行营销渠道管理。

(4) 了解智能营销管理的功能与优势。

(5) 给出一个实际案例,设计其营销渠道方案。

引导案例 >>>

顺丰营销渠道进入"新赛道"

2024 年 8 月初,顺丰百货与京东秒送合作,将 500 多家门店搬至线上,提供线上下单、附近门店发货服务,最快 9 分钟送达。这一创新举措不仅提升了顾客的购物便利性,也标志着顺丰百货在即时零售领域的一次重要尝试。商品涵盖男装、女装等六大品类,共 5000 多种新品,并推出多项优惠活动,进一步吸引消费者。

顺丰百货在销售渠道方面实现了线上线下的无缝对接。它不仅运营着天猫、京东的官方旗舰店和微信商城,还拥有数千万活跃的微信会员,为线上销售提供了坚实的基础。此外,顺丰通过线上预订、门店发货等服务,成功实现了全渠道销售的闭环,成功吸引了年轻顾客群体。与美团闪购的合作,标志着顺丰在提升门店运营效率和优化消费者购物体验方面迈出了重要一步。

据悉,除了已经上线的 745 家门店,其余门店也计划在未来三个月内全部接入美团平台。特别值得一提的是,超过 60%的美团闪购合作门店位于三线城市及以下地区。这一策略不仅扩大了顺丰百货的服务范围,也使其能够更好地捕捉低线城市的消费潜力。在 618 购物节当天,顺丰在低线城市的销售额增长速度是一线城市的二到四倍,这充分展示了即时零售在全国范围内的蓬勃发展。

顺丰百货的这一举措，不仅提升了品牌形象，也为其带来了实质性的销售增长。通过与即时配送平台的合作，顺丰百货能够更快速地响应消费者需求，提供更加便捷的购物体验。这种模式的成功，为其他零售企业提供了宝贵的经验，展示了即时零售在提升顾客满意度和增强市场竞争力方面的巨大潜力。

8.1 营销渠道的概念、功能与流程

8.1.1 营销渠道的定义

营销渠道是企业分销活动的载体，不同学者对其有不同的定义，以下列举部分学者的观点。

美国学者伯特·罗森布洛姆认为：营销渠道是为实现分销目标而受管理控制的外部关联组织。营销渠道的本质是使消费者能够方便地在任何时间、任何地点以任何方式购买到他们想要的产品与服务。营销渠道和参与其中的人员构成了一个复杂、动态的系统。营销大师菲利普·科特勒认为：企业通过渠道传递产品或服务价值，实现顾客价值。营销渠道是指某种货物或劳务从生产者向消费者移动时，取得这种货物或劳务所有权或帮助转移其所有权的所有企业或个人。美国市场营销协会(American Marketing Association，AMA)认为：分销渠道又被称为营销渠道，是指参与商品所有权转移或商品买卖交易活动的中间商所组成的统一体。渠道成员包括商品或服务的提供者、中间分销机构和顾客。

我国大多把"营销渠道"和"分销渠道"等同使用，未进行严格区分。但也有学者(如郭国庆、李飞等)认为营销渠道与分销渠道这两个概念有区别。营销渠道与分销渠道的区别如表8-1所示。

表8-1 营销渠道与分销渠道的区别

维度	营 销 渠 道	分 销 渠 道
构成	制造商→中间商(分销商)→消费者	供应商→制造商→中间商(分销商)→服务商→消费者
过程	专指产品价值实现的过程	价值链更长，内涵更丰富，环节更多、更复杂，除"分销"的内容外，还包含原材料供应过程、分销过程及其他服务机构的管理等

不同学者对营销渠道的定义各有侧重，但总体上都认为营销渠道是商品和服务从生产者向消费者转移过程的具体通道或路径。因此，本书将营销渠道定义为：产品或服务从生产者(制造商)转移到消费者(最终用户)的过程中所经过的路径或通道。

8.1.2 营销渠道的内涵

在市场营销的广阔领域中，营销渠道作为连接生产者与消费者或用户的桥梁，扮演着

至关重要的角色。它是企业实现销售目标、扩大市场份额、提高品牌知名度和客户满意度的关键路径。随着市场竞争的日益激烈和消费者需求的不断变化，营销渠道的重要性愈发凸显。营销渠道的内涵如图 8-1 所示。

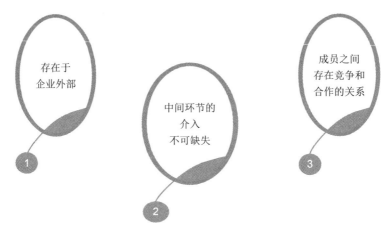

图 8-1   营销渠道的内涵

一、存在于企业外部

营销渠道是连接企业与消费者或用户的桥梁，它存在于企业的外部环境中，是企业与市场进行交互的重要通道。

二、中间环节的介入不可缺失

在营销渠道中，中间商扮演着至关重要的角色。他们通过提供分销、促销、运输、储存等服务，帮助生产者将产品传递给消费者或用户。没有中间商的介入，营销渠道就无法顺畅运行。

三、成员之间存在竞争和合作的关系

在营销渠道中，各成员之间既存在竞争关系，也存在合作关系。他们需要在激烈的市场竞争中寻求合作机会，共同推动渠道的发展。同时，他们也需要通过竞争来优化渠道结构，提高渠道效率。在日益激烈的市场竞争中，企业需要不断优化营销渠道结构，提高渠道效率，以更好地满足消费者需求，实现企业的持续发展。

8.1.3   营销渠道的功能

营销渠道是企业将产品或服务推广给目标消费者的途径和手段，它具有多种功能，这些功能共同构成了企业与消费者之间有效沟通和交易的桥梁。

营销渠道的主要功能如下：

(1) 传播产品信息：通过各类营销渠道，企业可以将产品信息传达给目标消费者，提高产品的知名度和曝光率。

(2) 建立品牌形象：通过各类营销渠道，企业能够塑造和提升自己的品牌形象。

(3) 扩大市场份额：通过多样化的营销渠道，企业能够将产品或服务推广给更多的潜在消费者，从而扩大市场份额。

(4) 激发购买欲望：营销渠道通过有效的广告宣传、促销活动等手段，能够唤起消费者的购买欲望，引导其产生购买行为。

(5) 提供销售和服务支持：营销渠道不仅负责销售产品，还为消费者提供售后服务和支持。

(6) 支持渠道伙伴：对于拥有分销商、代理商等渠道伙伴的企业来说，营销渠道还能够为这些伙伴提供支持。

(7) 收集市场信息：通过多样化的营销渠道，企业可以收集到消费者需求、消费者偏好、竞争情报等市场信息。

8.1.4　营销渠道的流程

销售实体商品与服务的制造商通常依赖三大途径：销售、配送和服务。营销人员面临的关键挑战不在于是否执行这些途径的功能，而在于确定由谁来执行。每项功能的实现都需要资源投入，而专业化能显著提升效率。市场营销战略管理过程中，企业要积极拓展营销渠道，结合当前情况对产品分销渠道进行拓宽，并不断优化营销路线，及时调整营销方式、运输途径等，便于提高管理工作的整体效果。

五种常见的营销渠道流程如表 8-2 所示。

表 8-2　营销渠道的流程

流程名称	流程内容描述	流程方向	涉及环节及示例
物流	产品在渠道中的空间移动，包括运输、仓储、装卸、包装等	从生产者到消费者	生产者→运输(汽车制造商将汽车通过卡车运往各地经销商仓库)→仓储(经销商仓库存储)→装卸(从仓库到展示厅)→消费者
商流	产品所有权在渠道成员间的转移	从生产者到消费者	生产者→批发商(服装制造商将服装所有权转移给批发商)→零售商→消费者(零售商将服装所有权转移给消费者)
资金流	资金在各个渠道成员之间的流动	从消费者到生产者	消费者(在超市购买日用品付款)→零售商(超市与供应商结算)→批发商→生产者
信息流	信息在渠道成员之间的传递，包括产品、市场需求、消费者反馈等信息	双向	零售商(将消费者对产品口味的反馈传递给批发商和生产商)→批发商→生产商(将新产品的特点、促销活动等信息传递给批发商和零售商)
促销流	渠道成员通过各种促销手段将产品推向消费者	从生产者、批发商、零售商到消费者	生产者(广告宣传新产品)→批发商(向零售商提供促销补贴)→零售商(店内促销、会员制度)→消费者

8.2 营销渠道的特征与结构

8.2.1 营销渠道的特征

营销渠道的五个特征包括具有层级结构、区域化、垄断性、独特性、不可复制性，如图 8-2 所示。

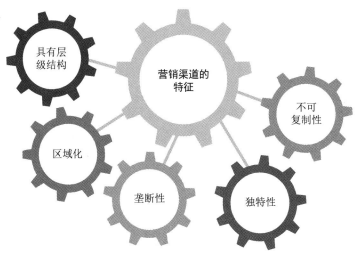

图 8-2 营销渠道的特征

一、具有层级结构

从生产商到最终消费者，经过多个中间环节，如批发商、零售商等。这种层级结构有助于产品的广泛分销和市场覆盖。同时，不同层级的渠道成员在价格、促销等方面也会有不同的策略和作用。

二、区域化

不同地区的消费者有着各异的消费爱好及习惯，这使得每个企业在各个地区的营销渠道都需呈现出区域特色。

三、垄断性

营销渠道的垄断性意味着当某一类产品被某个企业率先占领渠道后，其他企业就很难进入，从而在该市场中占据优势地位。

四、独特性

渠道的独特性意味着每个企业都有其特有的渠道结构，这些结构在不同地区之间也有所不同，并且每种渠道模式都具有其独到之处。企业可以利用这种渠道的独特性来实施差异化营销，进而获得独特的渠道竞争优势。

五、不可复制性

不可复制性是由渠道的区域性和独特性所决定的。一个企业或许在某个特定区域拥有成熟的渠道网络，但这并不意味着可以将这一网络直接复制到另一个区域。对于新的区域来说，渠道网络的建设必须从零开始，逐步发展，没有快捷复制的途径。

【案例 8-1】

肯德基在香港的渠道策略转变

1973 年，肯德基首次进入香港市场。当时，肯德基采用了与美国相同的营销策略和服务方式，包括不设座位的快餐店模式和高昂的价格。然而，这些策略并未被香港消费者所接受。香港人认为肯德基的价格过于昂贵，且其口味和服务方式也不符合当地的文化习惯，最终导致了多家快餐店的停业。

1985 年，肯德基决定再次进军香港市场。这次，他们深刻反思了初次进入市场的失败教训，明确了目标市场为 16 至 39 岁之间的年轻人群，包括写字楼职员和年轻的行政人员。他们重新定位了家乡鸡店为一家高级"食堂"快餐厅，介于铺着白布的高级餐厅与自助快餐店之间。

通过这些渠道策略的转变，肯德基成功地吸引了香港消费者的注意和喜爱。如今，肯德基已成为香港四大快餐食品之一，其分店数目占肯德基在世界各地总店数的十分之一以上。

这个例子充分说明了渠道的独特性和不可复制性。肯德基在进入香港市场时，并没有简单地复制其在美国的成功经验，而是根据香港市场的特点和消费者的需求进行了全面的渠道策略调整。这种独特性使得肯德基能够成功地适应香港市场，并赢得了消费者的喜爱和忠诚。

8.2.2　营销渠道的结构

营销渠道的结构一般有两种：横向结构和纵向结构。营销渠道的横向结构是在渠道的同一层次上，存在的多个渠道成员之间的关系。这些成员可能是同一类型的企业，如多个零售商之间或者多个批发商之间的关系。而纵向渠道结构中，渠道成员之间存在着一定的权力和依赖关系，渠道层次类型就属于纵向营销渠道。

一、横向结构

横向结构是指同一分销渠道层级中的成员之间通过合作、联合或整合等方式形成的营销网络。它如同一条条并行的河流，将产品或服务并行地输送到市场。同一层级的成员，如零售商之间，通过资源共享、市场覆盖和联合促销等方式协同作战。这种结构的优势在于其灵活性和市场拓展速度，成员可以独立运作，同时通过合作共享资源和扩大市场影响力。例如，多个零售商联合销售同一品牌的产品，或者线上平台与线下门店协同运营，形成全渠道的消费者体验。然而，横向结构也存在协调成本高和潜在的利益冲突等挑战，比如不同零售商之间可能出现价格战或市场竞争。

二、纵向结构

纵向结构涉及不同分销渠道层级之间的整合或紧密合作，从生产者到批发商再到零售商，形成一个垂直整合的体系。它更像是一条从源头到终端的直线河流，确保产品或服务沿着最有效的路径到达消费者手中。纵向结构可以通过公司内部的垂直整合、管理型的权力协调，或者通过契约协议来实现。其优势在于能够优化供应链效率，降低成本，并对市场需求做出更快的响应。例如，苹果公司通过自有工厂、直营店和严格管理的授权经销商构建了高效的垂直营销系统。然而，纵向结构的建立和维护通常需要较高的初始投入，并且可能因为层级过多而变得不够灵活。

8.3　营销渠道的类型

8.3.1　线下营销渠道

一、经销商模式

经销商是指以批量采购的方式获取产品，并通过自身构建的广泛营销网络，将产品分销给零售商、批发商以及其他组织或个人，以此赚取利润的商业实体。在经销商体系中，存在独家经销商和特约经销商等多种形态，它们各自在特定区域或领域内拥有独特的销售权限与优势。经销商模式的优缺点及适用范围如表 8-3 所示。

表 8-3　经销商模式的优缺点及适用范围

项目	内　容
优点	(1) 广泛的市场覆盖：借助经销商拥有的市场网络和客户资源，企业能够迅速拓宽产品的市场覆盖范围。 (2) 运营成本的缩减：企业无须亲自构建销售网络和团队，从而能够将更多精力投入产品研发和品牌塑造上。 (3) 深耕区域市场：经销商对当地市场的深刻洞察，有助于企业更精准地满足区域市场的特定需求
缺点	(1) 价格体系的不稳定性：经销商自行设定价格，可能会导致价格体系出现混乱，进而损害品牌形象和市场秩序。 (2) 窜货现象的频发：经销商为了追求更高的利润，可能会进行跨区域的窜货行为，从而扰乱市场秩序。 (3) 服务水平的差异性：不同经销商提供的服务水平可能存在较大差异，这可能会对客户体验和品牌忠诚度产生负面影响
适用范围	(1) 在企业创立初期：由于资金相对有限，公司需要依赖分销商的网络来推广其产品，以便快速扩大市场份额。 (2) 对于面向广大消费群体的低成本商品：为了实现销量的最大化并争取尽可能广泛的市场覆盖，公司会借助分销商的广泛覆盖范围和传播能力，以实现销售目标的最大化。 (3) 在经济较为落后和分销渠道分散的地区：由于分销渠道分散且分销成本较高，公司通常会选择与分销商合作，以降低成本并提升市场运作的效率

二、分公司模式

分公司模式是一种在各大目标市场中设立自己的分公司或办事处的战略部署，这些分支机构拥有自主经营权，并实行独立核算，全面掌控销售渠道及终端。与此同时，制造商的自营销售组织与生产部门保持相对独立，肩负起企业产品的分销重任，这不仅是企业前向一体化战略的具体体现，也是对市场深度渗透与精细管理的有力举措。当制造企业出于种种考量，决定不依赖或仅部分依赖中间商时，便会着手构建独立的销售分支机构，这些机构将承担起原本由中间商履行的各项职能。分公司模式的优缺点及适用范围如表8-4所示。

表 8-4　分公司模式的优缺点及适用范围

项目	内　容
优点	(1) 经营灵活：分公司设立相对简单，财务会计制度的要求也较为宽松，便于企业快速进入市场，灵活调整经营策略。 (2) 税收优势：分公司不是独立法人，其所得税可以与总公司合并纳税，有助于节省税收成本。在分公司经营初期，如出现亏损，可以冲抵总公司的利润，减轻整体税收负担。 (3) 资产与人员流动灵活：分公司与总公司之间的资产转移和人员流动较为灵活，不涉及所有权变动和重新签订劳动合同的问题，有助于降低运营成本。 (4) 管理成本较低：分公司不需要设计股东会、董事会、监事会等治理结构，只需要一个负责人即可，降低了管理成本
缺点	(1) 经营风险较大：分公司作为总公司的一部分，其经营风险会直接影响总公司。在分公司设立初期，由于市场、人员、管理等方面的不确定性，经营风险相对较高。 (2) 无法享受税收优惠：分公司不具有独立法人资格，因此无法享受新设立企业的税务优惠政策。 (3) 利润分配受限：分公司不具有独立法人资格，其利润需要纳入总公司的利润分配体系，不利于进行独立的利润分配
适用范围	(1) 经济实力有限的企业：在初创阶段或经济实力有限时，企业可以选择设立分公司来降低运营成本，快速进入市场。 (2) 需要快速扩大市场覆盖面的企业：通过设立分公司，企业可以借助当地经销商或合作伙伴的力量，快速扩大市场覆盖面。 (3) 需要降低分销成本的企业：在经济欠发达或渠道较分散的地区，设立分公司可以降低分销成本，提高市场运营效率

三、连锁店模式

连锁经营的本质在于将原本独立且分散的单个商店整合起来，构筑成一个覆盖广泛、规模庞大的销售网络体系。这不仅仅是一种创新的商业组织形式，更是一套高效的经营管理制度。它通常涵盖多个提供相同商品与服务的经营单位，这些单位以某种特定的形式联结成一个紧密的整体。连锁店模式的优缺点及适用范围如表8-5所示。

表 8-5　连锁店模式的优缺点及适用范围

项目	内　　容
优点	(1) 资源优化配置：连锁经营模式通过统一采购、统一配送、统一管理，能够实现资源的优化配置，降低运营成本。 (2) 品牌形象统一：各分店在品牌形象、服务标准等方面保持一致，有助于提升品牌知名度和美誉度。 (3) 市场份额扩大：连锁经营模式能够快速扩大市场份额，提高市场占有率，增强企业的竞争力
缺点	(1) 管理难度加大：随着分店数量的增加，管理难度也会相应加大，需要建立更为严密的管理制度。 (2) 成本控制困难：各分店之间的成本差异可能导致成本控制困难，需要更精细化的管理。 (3) 风险传导性：一家分店出现问题可能会对其他分店造成连锁效应，增加了企业的整体风险
适用范围	(1) 成熟的经营模式：连锁企业需要拥有成熟的经营模式和管理体系，以确保各分店在品牌形象、服务标准等方面保持一致。 (2) 足够的资金支持：连锁经营需要足够的资金支持，包括分店开设、设备购置、人员培训等方面的费用。 (3) 优秀的管理团队：连锁企业需要拥有优秀的管理团队和人才储备，以确保各分店的高效运营和管理

8.3.2　线上营销渠道

线上营销渠道主要分为网络直复式营销、社交媒体营销和 App 营销，如表 8-6 所示。

表 8-6　线上营销渠道

网络直复式营销	社交媒体营销	App 营销
网站	微信平台	App 植入
网络广告	抖音平台	用户营销
电子邮件	微博平台	App 应用营销

一、网络直复式营销

传统直复式营销主要依赖传统的广告媒体，如印刷品、电话、电视等，直接向目标消费者传递产品或服务信息，并寻求其直接回应。通过一对一的沟通方式，它能够针对个体需求提供定制化的产品或服务。而新型直复式营销则更多地借助互联网和数字化技术，如社交媒体、搜索引擎、电子邮件等，实现更广泛、更精准的营销。网络直复式营销如图 8-3 所示。

图 8-3　网络直复式营销

1. 网站

企业在开始搭建网站之前，首先要明确网站的目的和定位。这有助于在后续的设计和开发中作出更好的决策。例如，如果是商业网站，需要重点考虑如何展示产品、服务以及吸引潜在客户。如果是个人博客，则可能更关注内容的创作和读者的互动。

域名是用户访问网站时输入的地址，企业应设置一个简短易记的域名，并尽量反映网站内容；选择好域名后，通过域名注册商进行注册；使用网站托管服务将网站文件存储在服务器上，使其能够在互联网上提供访问的服务；可根据需求选择合适的托管服务，如共享托管、VPS 托管或专用服务器。网站设计是用户体验的关键。

2. 网络广告

网络广告营销是配合企业整体营销战略的重要环节，它充分利用网络的互动性、及时性、多媒体、跨时空等特征优势，以策划吸引客户参与的网络广告形式，并选择适当的网络媒体进行广告投放。

3. 电子邮件

电子邮件营销是在用户事先许可的前提下，通过电子邮件的方式向目标用户传递有价值的信息的一种网络营销手段。企业可以根据用户的兴趣和需求，提供个性化的邮件内容，从而提升用户体验。相比其他营销方式，电子邮件营销的成本相对较低，而效果却往往非常显著。

二、社交媒体营销

社交媒体营销是指企业利用社交媒体平台，通过一系列策略、技巧和手段，推广品牌、产品和服务，以实现营销目标的过程。其核心在于借助社交媒体平台，建立品牌与消费者之间的紧密联系，通过精准的内容传播和互动沟通，提高品牌知名度、美誉度和忠诚度。社交媒体营销具有互动性、精准性、多样性和实时性。典型的社交媒体平台如下：

1. 微信平台

微信作为私域流量的载体，足够精细化的运营模式更有利于与用户之间做好每一次的沟通互动，进而达到品牌受众群体扩大的目标，有利于洞察并且及时抓住用户的购买心理。微信营销是一种可以扩大品牌宣传力度的有效方式，其主要传播的方式为朋友圈、公众号的图文消息。与此同时，小程序与视频号的相继推出也说明了通过微信传播的手段不仅仅只局限于简单的图文消息内容，也可以通过在线商城、进入视频等方式进行在线购买。

2. 抖音平台

短视频作为当下最热的一种新型媒介载体，完全能够为众多不同的行业注入一种新型活力。越来越多的品牌选择入驻短视频平台，创建自己的公司企业账户，通过它了解与收集用户的基本信息，通过用户观看行为等相关功能来制订有利于品牌传播的宣传方式。大数据时代的到来，使短视频具有更为丰富的内容创作空间，在发展中深化了垂直领域的细分。

3. 微博平台

微博将粉丝作为潜在的营销对象，让品牌通过平台，利用发布的内容来传播信息，以此来打造一种贴近受众的品牌形象。微博的特点是"关系""互动"，因此，虽然是企业微博，但也切忌仅是一个官方发布消息的窗口那种冷冰冰的模式，要给人感觉像一个人，有感情，有思考，有回应，有自己的特点与个性。待品牌影响力扩大后，企业可以考虑在微博里海选草根品牌形象代言人，辅以奖励，增加品牌亲和力和影响力；还可以邀请知名博主在自己的超话中推荐产品或服务，吸引更多用户关注。

【拓展阅读】

喵星人的逆袭：未卡的宠界传奇

【案例 8-2】

芙清密钥的网络营销

芙清密钥通过精心策划的 TikTok 营销策略实现了显著的业绩增长。该品牌专注于祛痘产品，通过与有皮肤问题的小网红和皮肤科医生合作，巧妙地将产品推广给目标用户。2022 年，品牌收入增长了 65%～70%。芙清密钥的营销策略包括在 TikTok 账号简介栏附上独立网站链接，方便用户直接了解品牌并进行购买。他们倾向于与有皮肤问题的小网红或皮肤科医生合作，通过寄送产品或付费合作，实现了高效的产品推广。品牌与一位小博主合作，该博主与一位拥有 540 万粉丝的护肤博主合作，发布的视频在一天之内获得了 1200 万次播放、240 万次点赞和 6 万次分享，带动了 15 000 件产品的销售。芙清密钥的营销核心在于短小精悍、直击痛点的创意内容，视频多直接展示产品使用过程或效果，用 AI 配音配合字幕讲述使用感，视频时长控制在 15 秒以内，最长不超过 30 秒。

三、App 营销

App 营销，全称应用程序营销，是指通过特制手机、社区、SNS 等平台上运行的应用程序来开展营销活动。常见的 App 营销模式有以下几种：

1. App 植入

App 植入指将广告内容以与 App 内容相结合的方式呈现给用户，使用户在浏览或使用 App 的过程中自然地接触到广告信息。这种方式的特点在于其隐蔽性、自然性和互动性，能够在不引起用户反感的情况下提高广告的曝光率和转化率。

2. 用户营销

用户营销的核心应用类型涵盖了网站移植类与品牌应用类两大范畴。企业精心打造与自身品牌定位相契合的应用程序，并将其发布于各大应用商店，供广大智能手机用户便捷下载。这些应用程序作为企业与用户之间的桥梁，使用户能够以一种直观而生动的方式深入了解企业的各类信息。

3. App 应用营销

App 应用营销指商家巧妙地将原本在互联网网站上的业务迁移至移动互联网端，通过精心设计的 App 应用程序，展开一系列创新且高效的营销活动。这一举措不仅拓宽了营销渠道，更深刻地改变了用户的消费习惯，让营销活动更加贴近用户，实现了更加精准和高效的营销效果。

【案例 8-3】

LYDEEN 香氛营销渠道策略

LYDEEN 香氛是一家新兴的手工蜡烛制造商，主打使用天然材料和环保包装的产品，定位于追求可持续生活方式的消费者群体。

1. 线上直销平台

LYDEEN 香氛通过建立自己的官方网站来直接销售产品，这样可以更好地控制品牌形象和客户体验。网站设计注重环保理念，提供个性化定制服务，吸引目标消费者。

2. 社交媒体营销

LYDEEN 香氛利用 Instagram 和 Facebook 等社交媒体平台展示产品制作过程和环保理念，通过故事性的内容营销吸引粉丝和提升品牌认知度。

3. 合作伙伴渠道

LYDEEN 香氛与环保生活方式相关的博主和 KOL 合作，通过他们的推荐来扩大品牌影响力；同时，与咖啡馆、书店等具有相似客户群体的场所合作，将产品作为店内装饰或销售，增加产品的可见度。

通过上述渠道策略，LYDEEN 香氛能够有效地触达目标消费者，同时保持品牌形象的一致性和高质量客户体验。这种多渠道结合的策略使得小众品牌能够在资源有限的情况下，实现有效的市场渗透和品牌增长。

8.4　智能营销渠道

网上营销渠道主要是基于互联网平台进行产品或服务推广与销售的渠道，包括企业官方网站、电商平台、社交媒体平台等。当网上营销渠道融入智能技术后，就可以成为智能营销渠道。企业要在大数据时代背景下实现市场营销质量新突破，势必要对现有市场营销理念进行创新，强化市场营销措施。智能渠道管理平台通过集成人工智能、大数据分析、云计算等技术，实现多渠道销售、市场营销、客户服务等业务流程的自动化、智能化管理。它能够帮助企业整合线上线下的各种销售渠道，实现数据共享和业务流程协同，提高营销效率，优化客户体验。

8.4.1　智能营销渠道的功能

智能营销渠道管理的核心功能在于其全渠道整合能力，通过集中管理和优化线上线下的各类销售渠道，实现数据的无缝链接和业务流程的高效协同。智能营销渠道管理的功能如图 8-4 所示。

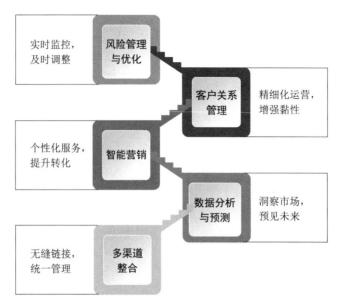

图 8-4 智能营销渠道管理的功能

一、多渠道整合

智能营销渠道管理如同一位超级协调员，将企业的各个销售渠道紧密地联系在一起。无论是线上的电商平台、社交媒体，还是线下的门店、展会，它都能将这些渠道的数据和信息进行集中管理，实现无缝链接。

二、数据分析与预测

借助大数据分析和机器学习技术，智能营销渠道管理系统能够深入挖掘销售数据、客户行为等宝贵信息，为企业绘制出一幅清晰的市场画像。

三、智能营销

智能营销渠道管理系统运用自然语言处理、图像识别等前沿技术，实现了精准营销的新高度。以一家美妆品牌为例，系统能够根据用户的浏览记录、购买偏好等信息，智能推荐适合用户的化妆品和护肤品。视频营销逐渐成为重要的营销工具，尤其是在微信和抖音等平台上的应用。

四、客户关系管理

在智能营销渠道管理系统的助力下，企业能够建立完整的客户档案，记录客户的购买历史、偏好、反馈等信息。这些信息为企业的客户关系管理提供了丰富的素材。

五、风险管理与优化

智能营销渠道管理系统具备强大的数据监控和异常检测能力，能够及时发现潜在的销售风险和机会。例如，当系统监测到某款产品的退货率突然上升时，会立即向企业发出预警，提醒企业检查产品质量或调整营销策略。

8.4.2 智能营销渠道的应用优势

智能营销渠道管理的应用优势主要体现在提高营销效率、降低运营成本和增强客户体验三个方面。通过自动化执行营销任务，系统能够节省人力资源，提升营销效率，同时降低营销成本。此外，智能营销渠道管理还能优化销售渠道，减少资源浪费，实现资源的最大化利用。智能营销渠道应用优势如图 8-5 所示。

图 8-5 智能营销渠道应用优势

一、提高营销效率

智能营销渠道管理系统能够自动化执行许多营销任务，如邮件推送、短信提醒、个性化推荐等。这些自动化流程大大节省了企业的人力资源，提高了营销效率。以一家电商企业为例，通过系统自动化发送促销邮件和短信提醒，企业成功地将转化率提高了 20%，同时降低了营销成本。

二、降低运营成本

智能营销渠道管理系统通过整合和优化销售渠道，降低了企业的运营成本。系统能够实时分析各渠道的销售数据，识别出低效或无效的渠道，并建议企业进行调整或关闭。这样一来，企业可以将更多的资源和精力投入高效渠道中，实现资源的最大化利用。

三、增强客户体验

智能营销渠道管理系统通过提供个性化的服务，大大提升了客户的购物体验和满意度。例如，一家旅游企业利用系统分析用户的旅行偏好和预算，为用户量身定制旅游线路和酒店推荐。这种个性化的服务不仅提高了用户的满意度，还增加了用户的复购率和口碑传播。

8.5 营销渠道的选择与设计

8.5.1 营销渠道选择的考虑因素

营销渠道选择是指企业根据战略目标，选择适合企业需求和目标的渠道模式。这一过程中，企业需要综合考虑多个因素，以确保所选渠道能够最大化地满足市场需求并实现销售目标。

一、顾客特性

企业需要考虑目标客户群体的规模以及他们的地理分布情况。例如，对于分布广泛且数量庞大的客户群体，企业可能需要选择覆盖范围更广、传播效率更高的营销渠道。除此之外，了解客户的购买频率和购买习惯有助于企业选择合适的营销渠道。

二、产品特性

产品的价格和定位是影响营销渠道选择的关键因素。高价产品或高端定位的产品可能更适合通过直接营销或高端零售渠道进行销售，以维护品牌形象和利润空间。而低价产品则可能更适合通过大型零售渠道或电子商务平台进行销售，以扩大市场份额和提高销售量。技术含量较高或需要售后服务的产品通常更适合通过直接营销或短渠道营销进行销售。

三、中间商特性

企业需要考虑不同类型的中间商(如代理商、零售商等)在处理各种工作时的优点及缺点。同时，确定中间商的数目即决定营销渠道的宽窄，这主要取决于产品本身的特点、市场容量的大小和需求面的宽窄。选择具有强大实力和良好信誉的中间商有助于企业提高销售效率和客户满意度。

四、竞争特性

了解竞争对手的营销渠道有助于企业发现自身的优势和劣势，从而制订差异化的营销策略。企业可以借鉴竞争对手的成功经验，同时避免与其在相同渠道上产生直接竞争，根据企业的市场定位和差异化策略选择合适的营销渠道。例如，如果企业希望突出其产品的独特性和高品质，可以选择高端零售渠道或专业渠道进行销售。

五、企业特性

企业的总体规模和资金实力决定了其选择营销渠道的自由度和控制能力。大型企业通常拥有更多的资源和更强的市场影响力，可以选择更广泛的营销渠道和更灵活的营销策略。而小型企业则需要根据自身的实际情况和资源限制来选择合适的营销渠道。企业的战略目标和愿景对营销渠道的选择具有重要影响。

六、宏观经济环境

经济萧条时期，生产者更倾向于选择能够使最终顾客以廉价购买的方式将其产品送到市场的营销渠道。这有助于企业降低销售成本并提高市场竞争力。不同国家和地区的法律法规和监管政策对营销渠道的选择具有重要影响。

营销渠道的选择是一个复杂而细致的过程，需要企业综合考虑多个因素并作出明智的决策。营销渠道选择的考虑因素如图8-6所示。

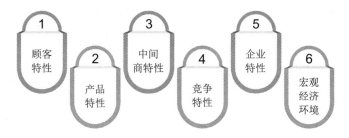

图8-6 营销渠道选择的考虑因素

8.5.2 营销渠道设计

营销渠道设计是企业为实现分销目标，对各种备选渠道结构进行评估和选择，从而开发新型的营销渠道或改进现有营销渠道的过程。营销渠道设计在市场营销领域具有重要地位，它涉及如何有效地将产品或服务从生产者转移到最终消费者手中。渠道设计流程如图8-7所示。

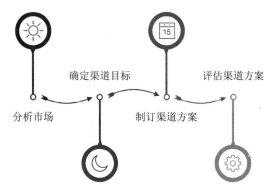

图8-7 渠道设计流程

一、分析市场

企业需要深入了解目标市场的规模，顾客需求特点，顾客需要怎样的产品，什么时候需要，在哪里需要，需要多少，竞争态势，竞争对手的情况等，为渠道设计提供基础数据支持。

二、确定渠道目标

在分析市场的坚实基础上，企业需要设定一系列具体且量化的销售目标，这些目标将成为衡量营销成效的标尺。企业需要清晰地界定每个渠道所承担的具体任务和目标，以确保它们能够协同工作，共同推动整体战略的实现。

三、制订渠道方案

在当今竞争激烈的市场环境中，营销渠道的选择与管理对于企业的生存和发展至关重要。它直接关系到产品或服务如何有效地从生产者转移到消费者手中。营销渠道方案的核心构成包含三大要素：中间商类型的选择、中间商数量的配置，以及渠道成员间的条款与责任划分，如图8-8所示。

图8-8　渠道方案要素

1. 中间商类型

中间商是连接生产者与消费者之间的桥梁，在构建高效且富有弹性的营销渠道体系时，精准识别并选择适合的中间商类型是基础且关键的一环。企业先评估生产商、经销商各方主体的利益，了解中间商的实力，以及零售终端与中间商之间是否存在利益联系，选择合适的产品中间商，获得消费者的喜爱。

> **红 色 文 化**
>
> 为了激发斗志、提振信心，为新的一年蓄能储力，元气森林党委协同营销中心，带领来自全国各大区、省区的核心销售干部，在革命老区井冈山召开了2024年营销中心春战启动会，通过重温红色记忆，强化员工信念感，助力企业在新的时代背景下获取更多高质量发展的动力。重走革命老区让每一位员工都备受鼓舞，员工从"井冈山精神"24字箴言中感受到了革命先烈不怕困难，克服困难的勇气。
>
> 元气森林营销中心重点对3至5月份的业务进行了目标规划，并将新的目标任务落实到了每一个区域的每一位核心负责人。在感受了井冈山红色文化之后，员工获得很多启发，总结和复盘是先辈们打胜仗的法宝，同样也应该成为元气森林营销中心员工工作中的方法，通过拆解目标和逐一落实，将更有利于业务目标的达成。

2. 中间商数量

(1) 密集型分销。在这种策略下，生产公司对经销商不加选择，经销网点越多越好，力求使商品能广泛地和消费者接触，以便消费者购买。

(2) 选择性销售。它是指生产公司在特定的市场里，选择几家批发商或零售商销售特定的产品，如采用特约经销或代销的形式把经销关系固定下来。

(3) 独家销售。它是指生产公司在特定的市场区域内，仅选择一家批发商或代理商经销特定的产品，并授予其独家销售权。

3. 渠道成员条款及责任

渠道成员条款及责任明确了各成员的权利、义务和激励机制，包括价格政策、促销支持、库存管理、订单处理和售后服务等，以确保渠道运作顺畅并达成销售目标。

四、评估渠道方案

评估渠道方案的主要目的是通过系统化的手段或措施对营销渠道系统的效率和效果进行客观的考核与评价，发现潜在的问题，以优化资源配置、提升销售绩效、增强客户体验，并降低运营成本。在渠道方案评估中，虽然存在多个重要的评估标准，但通常可以提炼出"市场覆盖与渗透率""成本效益与盈利能力""客户满意度与忠诚度"三大核心评估指标。评估渠道方案要素如图8-9所示。

图8-9 评估渠道方案要素

【拓展阅读】

风尚领航：香奈儿的时尚版图

8.6 营销渠道管理

8.6.1 成员管理

成员管理是营销渠道管理的核心部分，涉及对渠道成员的选择、培训、激励和评估。成员管理如图8-10所示。

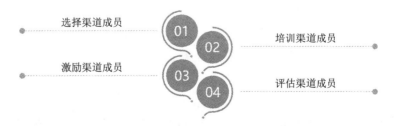

图8-10 成员管理

一、选择渠道成员

企业需要根据自身的市场定位、产品特性和销售目标，选择合适的渠道成员。这包括评估渠道成员的市场影响力、销售能力、服务质量、财务状况以及与企业文化的契合度等。

二、培训渠道成员

为了确保渠道成员能够有效地推广和销售企业的产品或服务，企业需要对他们进行必要的培训。培训内容可以包括产品知识、销售技巧、市场策略等，以提高渠道成员的专业素养和销售能力。

三、激励渠道成员

为了激发渠道成员的积极性和创造力，企业需要制订有效的激励机制。这可以包括物质激励，如销售额提成、奖金等；也可以包括非物质激励，如表彰大会、晋升机会、培训和发展机会等。企业通过合理的激励措施，可以激发渠道成员的内在动力，提高销售业绩。

四、评估渠道成员

企业需要定期对渠道成员的销售业绩、客户满意度、市场反馈等方面进行评估。评估结果可以作为调整销售策略、优化渠道结构的重要依据。同时，企业通过评估还可以发现渠道成员存在的问题和不足，为后续的改进提供方向。

【拓展阅读】

春耕行动：微软的渠道深耕策略

8.6.2　渠道冲突管理

渠道冲突是组成营销渠道的各组织间敌对或者不和谐的状态。有效的渠道冲突管理可以维护渠道的稳定性和效率，促进渠道成员之间的合作与共赢。

一、渠道冲突的类型

企业需要密切关注渠道成员之间的合作关系和市场动态，及时发现潜在的渠道冲突。渠道冲突主要有水平冲突、垂直冲突、多渠道冲突三种类型。

1. 水平冲突

水平冲突指同一渠道层次的渠道成员之间的冲突。例如，在同一地区的多个经销商之间，因为争夺市场份额、客户资源等问题而产生的矛盾。这种冲突会导致渠道成员之间关系紧张，削弱整个渠道的竞争力。

2. 垂直冲突

垂直冲突指发生在渠道的不同层次之间，通常是制造商和经销商、批发商和零售商之间的冲突。垂直冲突如果不加以解决，会影响产品的流通效率和整个渠道的稳定性，严重时可能导致渠道成员之间的合作破裂，使产品的销售渠道受阻。

3. 多渠道冲突

多渠道冲突指企业采用多种渠道销售产品时，不同渠道之间产生的冲突。不同渠道在产品供应、促销资源分配等方面也容易产生矛盾。这种冲突会使不同渠道的成员产生不满情绪，降低他们的工作积极性，并且可能导致顾客体验不一致，影响品牌形象；如果处理不当，会影响企业多种渠道战略的实施效果。

二、分析冲突的原因

企业需要深入分析渠道冲突的原因。只有明确了冲突的原因，才能有针对性地制订解决方案。冲突原因如图 8-11 所示。

图 8-11　冲突原因

1. 目标不一致

不同渠道成员有不同的经营目标。例如，制造商可能更关注品牌形象和长期市场份额的增长，希望通过提高产品质量和服务水平来实现这一目标；而经销商可能更侧重于短期的利润最大化，会更倾向于采用促销降价等方式快速销售产品，这种差异就容易引发冲突。

2. 利益分配不均

价格体系差异可能会导致利益冲突。如果制造商在不同渠道或者不同区域设置了不同的价格，或者渠道成员擅自调整价格以获取更多利润，就会导致其他成员的利益受损。

3. 渠道成员角色和权力不明确

在渠道运营过程中，制造商和经销商可能对渠道的控制权存在争议。例如，制造商想要直接掌控终端销售数据和客户信息，而经销商认为这些数据是自己的重要资产，这种对控制权的争夺会引发冲突。

4. 渠道之间的竞争

在同一地区的多个经销商之间，为了争夺有限的客户资源和市场份额，可能会通过价格战、恶意诋毁等不正当竞争方式，引发水平渠道冲突。

5. 沟通不畅

如果制造商的产品更新、价格调整、促销计划等信息没有及时准确地传达给渠道成员，可能会导致渠道成员的误解和不满。

【拓展阅读】

香气对决：Auto Expressions 的全渠道燃战

三、渠道冲突的管理方法

根据冲突的原因和性质，企业需要制订相应的解决方案。企业通过合理的解决方案，可以化解渠道成员之间的矛盾和冲突，促进渠道的健康发展。渠道冲突的管理方法如图 8-12 所示。

图 8-12　渠道冲突的管理方法

1. 建立人员互换机制

在渠道一体化的情况下，渠道成员之间通过互派人员来加强沟通。

2. 成立渠道成员委员会

渠道成员委员会由企业高层管理者代表及选举出的分销商或经销商主管组成。它主要着眼于冲突的微观层面，注重对具体突发事件的处理，并能积极做好媒体、质监局、消费者协会等相关部门的公关工作，及时向高层负责人反馈，以求迅速合理地解决问题。

3. 树立超级目标

树立超级目标是团结渠道各成员的根本。超级目标是指渠道成员共同努力，以达到单个所不能实现的目标，其内容包括渠道生存、市场份额、高品质和顾客满意。

4. 完善信息系统和沟通机制

渠道合作成员之间建立信息传递机制，通过优化信息技术，共享优势资源，营造一个各方直接交流的平台，从而改变渠道成员之间的信息不对称情况，有助于消除渠道内部的误解和冲突。

【课后案例】

可复美营销渠道的创新之路

可复美品牌，以"重组胶原蛋白"技术为核心，专注于科学肌肤护理研究，致力于为消费者提供高效、安全的护肤解决方案。该品牌通过多元化的营销渠道管理，包括线上电商平台、直播电商合作以及线下直销与经销结合等多种方式，成功地将产品从专业医疗机构推向大众市场，实现了品牌的快速增长和市场扩张。

可复美品牌最初依托于医美机构和医院等专业渠道，但随着市场的演变和消费者习惯的变化，品牌开始转型，逐步从经销模式转向直销。这一转型不仅使可复美能够更直接地与消费者沟通，还加强了品牌对市场变化的响应速度。目前，可复美的业绩高速增长主要依赖于电商平台上的直销店铺，传统渠道的占比已经大大降低。

在美妆市场消费趋势和习惯快速变化的背景下，可复美通过直销的方式将渠道牢牢掌握在品牌自己手里。这一转型体现了可复美对市场变化的敏锐洞察和快速响应。通过掌握直销渠道，可复美能与消费者实现更加即时和个性化的沟通，有效调整营销策略，并加强品牌与消费者之间的情感联系。这种直接的互动提高了品牌的市场适应性，也为可复美的持续增长和品牌活力注入了源源不断的动力。

可复美品牌的转型案例展示了一个专业护肤品牌如何通过灵活调整营销策略和渠道管理，以适应市场的快速变化。品牌的直销模式不仅提升了消费者的购物体验，还增强了品牌对市场动态的控制力。可复美的成功转型为同行业其他品牌提供了宝贵的参考，证明了在竞争激烈的美妆市场中，及时调整战略和创新营销渠道是实现品牌增长的关键。通过转型，可复美品牌不仅巩固了其在专业护肤领域的地位，还成功拓展到了更广泛的大众消费市场，成为一个兼具专业与大众市场的护肤品牌。

本 章 小 结

◆ 营销管理是指产品或服务从生产者(制造商)转移到消费者(最终用户)的过程中所经过的路径或通道。

◆ 营销渠道的结构模式主要有传统渠道模式、电子商务渠道模式、移动电子商务渠道模式三种。

◆ 制造商能够根据市场情况、渠道目标、中间商的类型和数量等因素，决定销售渠道类型。

◆ 智能营销渠道是在网上营销渠道融入智能技术后形成的，在提高企业营销效率、增强客户体验和优化营销策略等方面发挥着重要作用。

◆ 对营销渠道方案进行设计时，要经历分析市场、确定渠道目标、制订渠道方案、评估渠道方案四个环节。

◆ 营销渠道管理主要包括渠道成员管理和渠道冲突管理。渠道成员管理包括对渠道成员的选择、培训、激励和评估；渠道冲突主要有水平冲突、垂直冲突、多渠道冲突三种类型。

复习思考题

1. 什么是营销渠道？营销渠道和分销渠道有什么区别？
2. 线下营销渠道有哪些类型？每个模式的适用条件有哪些？
3. 社交媒体营销作为线上营销的重要渠道，包括哪些具体的平台？
4. 智能营销渠道的应用优势包括哪些方面？请举例说明。
5. 在营销渠道选择时应考虑哪些因素？
6. 试分析渠道冲突的成因及解决方法。

【习题】

即 学 即 测

第九章　商业计划书

本章学习目标

(1) 熟悉商业计划书的基本内容。

(2) 掌握商业计划书的框架结构。

(3) 了解商业计划书的撰写原则。

(4) 掌握商业计划书的撰写技巧。

引导案例 >>>

霸王茶姬：让东方茶香飘扬世界舞台

霸王茶姬是一个新中式茶饮品牌，2017年诞生于云南，以东方新茶铺和新国风茶饮为产品定位。品牌使命为"以东方茶，会世界友"，致力于让更多人爱上中国茶。品牌名来源于中国史诗故事《霸王别姬》，体现了中国人骨子里的骄傲与坚持，也是对中国茶文化的执念。

霸王茶姬自2017年成立以来，经历了快速的市场扩张和品牌建设，门店数量已超过4500家，全球注册会员数达到1.3亿。品牌在国内市场稳健发展的同时，也积极拓展国际市场，特别是在东南亚国家拥有较多门店。站在2017年的时间节点上来看，茶饮市场已是一片红海。如何在红海市场中找到一条蓝海通道，考验着一众刚刚破土而出的新茶饮品牌。首先，以喜茶、奈雪的茶为代表的茶饮新势力已经崛起；其次，CoCo、一点点等早期茶饮玩家已完成市场占位，加盟势头一片火热。而在霸王茶姬创始人张俊杰看来，看似白热化的茶饮赛道，依然存在"细分赛道"上的大机会，茶饮赛道的产品终局形态依然会回归到"茶"本身的竞争与"品牌价值"竞争两个维度。霸王茶姬非常清楚其核心消费群体——年轻人，特别是喜欢尝试新事物、注重个性和品质的都市白领和学生群体。霸王茶姬积极与动漫、游戏IP联动，进行"共创式"联名，引导粉丝、画手创作茶饮包装、纸袋等动漫周边；通过"大大杯"盲盒玩法、打造王牌产品伯牙绝弦、新店社群运营策略以及"以茶会友"品牌活动等方式进行市场推广。此外，霸王茶姬与中国网球公开赛合作，以此提升品牌知名度和影响力。霸王茶姬所有的营销以及产品均是围绕着年轻人喜欢的事物进行。对于年轻人喜欢的东西，霸王茶姬绝对是不遗余力地积极抓取流量，随便翻翻它们的小红书账号，品牌推荐官、代言人、助力官是立志把年轻人的喜好都占满了。

9.1 商业计划书的内容

9.1.1 商业计划书的概念

无论是把新技术转变成新产品，把新创意发展成新公司，还是对现有公司进行重组和变革，这些活动都离不开商业计划书。商业计划书是指创业公司、企业或项目单位为了达到招商融资和其他发展目标，根据一定的格式和内容要求而编辑整理的一个向听众(如风险投资者或评审者)全面展示公司和项目目前状况、未来发展潜力的书面材料。商业计划书有相对固定的格式，它几乎包括反映投资者感兴趣的所有内容，从企业成长经历、产品服务、市场营销、管理团队、股权结构、组织人事、财务、运营到融资方案等。

作为一种书面文献，商业计划书详细阐述了创建新企业的各大要素问题。尽管有些创业者完全是"即兴表演"，并且创建新企业时根本没有从商业计划书中获得帮助，但是专家仍然推荐编制商业计划书。这是因为对于多数新创企业来说，商业计划书对企业内部和外部具有双重意义。一方面，在企业内部，商业计划书可以为企业执行战略和计划提供值得借鉴的"地图"；另一方面，对于企业外部来说，它能够向潜在投资者和其他风险投资者介绍企业正在追寻的商业机会，以及追寻这种商业机会的方式。

9.1.2 商业计划书的作用

在创业之初，一份完善的商业计划书不仅可以帮助创业者分析创业过程中的主要影响因素，还可以成为创业者在创业过程中的行动指南和风险监控手段。商业计划书的作用如图 9-1 所示。

图 9-1 商业计划书的作用

一、风险投资的敲门砖

商业计划书是创业者与风险投资者建立联系的桥梁，对于风险投资者而言，商业计划书是他们评估一个项目是否值得投资的第一手资料。在决定是否与创业者进行面对面的会谈之前，投资者会通过商业计划书来深入了解项目的核心要素，包括产品与服务的创新性、公司的管理团队、市场推广策略、日常运营流程、财务状况以及未来的退出机制。商业计划书的质量直接影响到投资者是否对项目感兴趣，以及是否愿意投入时间和资源进行更深入的探讨。

二、为创业项目理清思路提供载体

在创业的艰难旅程中，生存压力常常迫使初创公司将全部精力投入日常运营中，而忽视了对公司未来发展的深思熟虑。这种短视行为虽然在短期内能够维持企业生存，但长期来看却可能因缺乏明确的发展蓝图而错失成长机会，甚至导致企业走向失败。因此，对于这些挣扎在生存线上的初创公司而言，制订一份详尽的商业计划书显得尤为重要。商业计划书是初创公司在激烈的市场竞争中生存和发展的指南针，它不仅能够帮助创业者在理论上规避风险、优化决策，还能够在实践中凝聚团队、吸引资源。

三、为创业项目后续实施和调整提供蓝本

商业计划书不仅是公司创业初期的指南，更是公司成长过程中不可或缺的管理工具。随着公司的发展，市场环境、客户需求、竞争态势等都在不断变化，商业计划书提供了一个框架，帮助创业者评估公司的实际状况，并根据这些评估结果进行必要的调整。在商业计划书中，财务计划尤其关键，它包括了对公司未来收入、支出、现金流和盈利能力的预测。这些预测为公司提供了一个预算的基础，使得管理层能够监控和控制财务状况，确保公司按照既定的财务目标前进。通过与实际财务表现进行比较，创业者可以及时发现偏差，分析原因，并采取调整措施，如优化成本结构、调整定价策略或寻求新的收入来源。

9.1.3 商业计划书的关注群体

商业计划书通常受到以下两类群体的高度关注。商业计划书的关注者如图 9-2 所示。

图 9-2 商业计划书的关注者

一、企业雇员

一份清晰的书面商业计划书，对企业的远景和未来计划都作出了陈述，所以，无论是对管理团队还是普通员工来说，它都十分重要。有部分专家认为，编写商业计划书是一种对时间的浪费，他们赞成用试错性学习法取而代之。尽管试错性学习法也有用，但是写作商业计划书的过程和商业计划书本身同样富有价值。作为创业团队，不但管理团队成员一起煞费苦心地制订出的商业计划书内容具有重要价值，而且大家共同致力于完成如此重要项目的过程，也能够有益于形成一支强大的、充满凝聚力的团队。同时，这一过程还可以发现

团队中潜藏的问题。如果团队中某位成员不能做到或者不愿意一起制订商业计划书，那么一旦企业创办之后，团队成员也不可能成功地在一起合作创业。

二、投资者和其他外部利益相关者

外部利益相关者是第二类读者，包括投资者、潜在的商业合作伙伴、潜在的顾客、私营或者政府大型融资机构、本公司的关键员工等。为了迎合这类读者，撰写商业计划书时必须实事求是，不能盲目自信。一个比较好的经验法则是，商业计划书应当采取和这一类读者感同身受的态度来写。这些人通常都很忙，但是他们一般喜欢阅读商业计划书，所以商业计划书应清楚、简洁、明白无误地解释创业活动，过分乐观的陈述和财务方案会破坏商业计划书的可信度。同时，商业计划书中展现出的商业创意应切实可行，能够带给潜在投资者比选择其他低风险的投资方案更加丰厚的利润回报。

【案例 9-1】

知乎的创业之路

周先生，硕士毕业于东南大学计算机科学专业，在创建知乎之前，曾经有一次不算成功的创业经历。"我刚刚第一次创业失败，我是从 2008 年到 2010 年两年时间第一次创业，这个花了 130 多万最后挣了 17 万。"

2010 年 8 月，周先生创办知乎，担任 CEO。知乎是一个知识性的问答社区，这是一个定义性的说法。与其他社区显著区别之处在于，知乎用户之间的社交关系，都是建立在一问一答的讨论之间。2024 年知乎月平均活跃用户达到 8900 万，3 月 20 日，知乎发布 AI 功能"发现·AI 搜索"，该功能集成了搜索、实时问答和追问功能，利用知乎社区的可信赖内容，为用户提供强大的知识储备和专业解答。

9.1.4　商业计划书的基本内容

商业计划书是创业者商业理念的书面表达，它将判明市场机会并给出创业公司的发展规划。它的阐述必须建立在一系列科学的假设基础之上，并需要证明导致公司成功的假设是敏感和可信的。因此，撰写一份商业计划书是一项非常复杂的任务，必须按照科学的逻辑顺序对许多可变因素进行系统思考和分析，并得到相应结论。在思路确定下来后，创业者应当制订一个详细且合理的提纲，最好是按照商业计划或业务体系进行规划。商业计划书的基本内容如表 9-1 所示。

表 9-1　商业计划书的基本内容

1. 摘要	6. 生产运营
2. 公司介绍	7. 公司管理
3. 产品与服务	8. 财务计划
4. 行业与市场	9. 风险控制
5. 营销计划	10. 资本退出
附录：财务报表、主要合同资料、信誉证明、图片资料、分支机构列表、市场调研结果、主要创业者履历、技术信息、宣传资料、相关数据的测算和解释、相关获奖和专利证明、授权使用书等	

一、摘要

摘要是商业计划书最简要的概括，长度通常以 2～3 页为宜。它的撰写要求精炼有力，以结果为主，并能回答风险投资者心中的关键问题。作为商业计划书中最重要的一部分，摘要的撰写一般放在商业计划书主体完成后。

二、公司介绍

在公司介绍中需要给出公司的基本轮廓和基本情况，包括公司的历史、当前状况、战略发展和未来计划。如果是拟创业的公司，创业者可以模拟成立一个公司来具体介绍。

三、产品与服务

产品(包含服务)是商业计划书中最重要的部分，也是向风险投资者明晰产品的核心环节。它主要介绍公司产品的概念、性能及特性、主要产品介绍、产品市场竞争力、产品研究和开发过程、发展新产品计划和成本分析、产品市场前景预测、产品研发团队、产品的品牌和专利等内容。

四、行业与市场

行业与市场部分的内容应该阐述公司外部行业和市场中的关键影响因素。行业分析主要介绍创业公司所归属产业领域的基本情况，以及公司在整个产业中的地位。市场分析主要介绍公司产品的市场情况，包括目标市场、市场竞争中的位置、竞争对手的情况、未来市场的发展趋势等。这一部分的撰写越详细越好，要以可信度高和已经证实的数据作为分析基础。

五、营销计划

拥有了优质的产品和良好的市场机遇，还需要一个切实可行的营销计划来配合。营销计划应该以市场调研和产品与服务的价值为基础，制订产品、定价、促销、渠道等问题的发展战略和实施计划。

六、生产运营

产品的生产运营是企业需要关注的重点问题。在生产运营中需要解决厂址的选址与布局、生产工艺流程、产品的包装与储运等问题。此外，产品的质量检验也非常重要。如果是服务类产品，可以结合产品的特点介绍这一部分。

七、公司管理

一个稳定团结的核心团队可以帮助创业者渡过各种难关，是公司最宝贵的资源。很多潜在风险投资者把优秀的管理团队视为一份商业计划书获得成功的最关键因素，所以，有些商业计划书会直接把创业团队的介绍放在本部分。风险投资者通常会向那些最有可能成功运作企业的人进行投资，风险投资者将会仔细考察所投资公司的管理队伍。在这部分需要介绍公司的组织机构图、各部门的职责范围、各部门的负责人及主要成员、外部支持专家、公司的报酬体系、公司的股东名单(包括股份份额、认股权、比例和特权)、公司的董事会成员、股权分配等。

【拓展阅读】

梦想与现实的碰撞：红孩子的母婴市场迷途

八、财务计划

财务计划部分包括融资需求和财务预测报告。融资需求要说明实现公司发展过程中所需要的资金额度、时间表和用途。财务预测是公司发展的价值化表现，它必须与公司的历史业绩和发展趋势相一致，也应该与商业计划书中其他部分的讨论结果相一致。此外，财务预测还应该考虑风险投资者需要的投资回报率、投资回收方式和股权计划。

九、风险控制

在商业计划书中创业者都会对项目作出一番美好的未来规划，但是风险投资者都会害怕面对一个存在着太多不确定因素的创业项目。因此，风险控制分析部分就是说明各种潜在风险，并向风险投资者阐述针对各类风险的规避措施。

十、资本退出

在商业计划书中需要设计一种最优的资本退出方式，并且需要详细说明该退出方式的合理性。此外，如果公司在计划期内未完成风险资本退出计划，最好要给出次优方案，这样才能让每一个投资人都清晰地知道获利的时间和可选方案。

十一、附录

附录是商业计划书正文内容的有力补充和说明。在附录中可能出现的附件包括财务报表、主要合同资料、信誉证明、图片资料、分支机构列表、市场调研结果、主要创业者履历、技术信息、宣传资料、相关数据的测算和解释、相关获奖和专利证明、授权使用书等。

商业计划书的基本内容可以根据产品与服务的特点不同而改变，撰写者既可以按照上述逻辑阐述商业计划的实施过程，也可以根据产品与服务的特点拟定撰写逻辑，对基本内容进行合并、裁剪和扩充。

9.1.5 创业机会的识别

如何判断一个创业机会是否有市场价值对创业者来说是一件非常困难的事情，而这也是风险投资者非常想搞明白的问题。由于各种创业机会的内外部环境和影响因素各有不同，许多研究者给出了不同的思路和方法去识别一个创业机会。

在商业计划书制作前，创业者首先要做的事情就是对创业机会进行识别。如果能通过一些方法快速否认该创业机会，就可以避免花费大量的时间去制作一份毫无价值的商业计划书。特别是当创业者一次面对多个机会选择时，识别的思路和方法就显得非常重要。创业机会识别存在的问题如图 9-3 所示。

(1) 产品问题：该项目提供什么样的产品与服务，产品的功能和特点是什么？该项目研发过程和技术先进性如何，解决了客户的哪些"痛点"问题，具有哪些客户价值？

(2) 市场问题：你的产品有哪些市场细分，目标市场如何确定，目标人群是谁，有哪些特质和需求？这个市场容量有多大，市场容量能让企业有进一步发展空间吗？该项目是否能可持续地赚钱？

(3) 竞争对手问题：你目前有没有直接竞争对手，是否存在潜在竞争对手？你国内外主要竞争对手都有谁？

(4) 竞争优势问题：你的竞争对手有多强大，比较竞争优势是什么？你的技术优势或模仿性怎么样？你如何从性能、价格、市场等多方面进行比较，识别出本产品的比较竞争优势？

(5) 战略发展问题：你的产品能获得持续竞争优势吗，如何获取，发展规划是什么？

(6) 团队管理问题：你的创业核心团队都由哪些人构成，在知识和经验上与项目的匹配程度如何，是否有外部专家团队支持？

(7) 融资与退出问题：你需要多少风险投资，出让多少股份？你融资后的使用计划是什么，预计能给风险投资者带来多少回报，风险投资如何退出？

图 9-3　创业机会识别存在的问题

红色创业

在全球时尚电商的浪潮中，SHEIN 以其独特的商业模式和对社会责任的深刻理解，成为行业的佼佼者。SHEIN 不仅在时尚领域取得了显著成就，更在履行社会责任方面展现了其红色精神的担当。SHEIN 深知，企业的快速发展必须与社会的可持续发展相结合。因此，SHEIN 在供应链管理中实施了严格的环保标准，致力于减少碳足迹，推动绿色生产。通过采用环保材料和节能技术，SHEIN 减少了对环境的影响，同时鼓励供应商采取可持续的实践，共同为保护地球贡献力量。在社会责任的实践中，SHEIN 特别关注其对工人权益的保护。SHEIN 确保其全球供应链中的工人都能获得公平的工资和良好的工作条件，通过定期的审计和评估，确保供应链的透明度和责任感。此外，SHEIN 还积极投身于社会公益活动，通过捐赠和合作伙伴关系，支持教育和公共卫生项目。在全球疫情期间，SHEIN 迅速响应，利用其全球物流网络，向需要的地区捐赠了医疗物资和防护设备，展现了企业在危机时刻的社会担当。

9.2　商业计划书的结构与框架

商业计划书应当遵循传统的结构。尽管一些创业者富有创造性，并不想看到那种千篇一律的商业计划书，但是偏离传统商业计划书的基本结构往往是错误的做法。一般来说，投资者可能是非常忙碌的人，他们想要看到的是那种能够很容易地找到关键信息的商业计划书。如果投资者需要费力地四处寻找信息，他们可能会感到不便，从而放弃当前的商业计划书，转而选择其他更易获取信息的项目。

商业计划书撰写者所问的最常见问题是："需要写多长和注意什么样的具体细节呢？"关于最优的页面数，不同的专家有不同的观点，但多数还是建议在 25～35 页范围之内。许多用于帮助写作商业计划书的软件包很容易获得，它们采用的是相互式、菜单驱动式的方法。它们中的有些程序很有用，然而，创业者需要避免的是样板文件，它们看起来就像是来自"预先录制好"的来源。软件包的益处体现在能够提供结构和节约时间，但计划中的信息应当根据个体创业的情况来加以修剪。尽管从中获得建议并没有错，的确能够使计划变得更加专业化，但咨询师或者外部顾问毕竟不是商业计划书的作者。基于数据和事实，商业计划书必须表现出新创企业的可预测性和激动人心的一种感觉，这种任务能够由企业的创业者很好地完成。另外，雇用别人写作商业计划书等于在否定创业者或者创业者团队写作商业计划书时可能获得的积极作用，这一点在本章前面已经有所解释。

9.2.1　商业计划书的层次结构

商业计划书既不可过于烦琐冗长，也不可过于精炼简短，而应该层次分明。商业计划书的三个层次如图 9-4 所示。

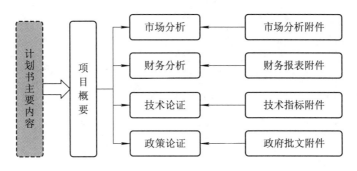

图 9-4　商业计划书的三个层次

　　商业计划书的第一个层次是项目概要。项目概要是吸引投资者的首要环节，它的作用不可小觑，就像钓鱼时使用的诱饵，目的是引起鱼儿的注意并激发它们的兴趣。一个精心设计的项目概要能够迅速抓住投资者的眼球，促使他们产生进一步探索项目的欲望。

　　商业计划书的第二个层次是主体部分。主体部分是整个计划的骨架，它是一个精心构建的框架，以确保投资者能够一目了然地把握项目的整体轮廓。这一部分的作用是为投资者提供一个清晰的项目蓝图，从而使投资者在阅读结束后对项目有一个全面的理解。它应该像一幅详尽的地图，引导投资者穿越项目的每一个关键领域，从项目愿景到战略，再到执行细节。

　　商业计划书的第三个层次是附件。附件部分在商业计划书中扮演着至关重要的角色，它是一个详尽的数据和分析库，为整个计划书提供坚实的数据基础。这部分内容应该以表格的形式呈现，每个表格都应有清晰的编号，便于投资者或任何对项目感兴趣的读者快速检索和查阅。这些表格应涵盖市场研究、财务预测、产品性能测试、客户反馈等关键领域的数据。附件的主要功能是为商业计划书中提出的论点、推理和结论提供实证支持。

9.2.2　商业计划书的基本框架

一、封面与目录

　　封面应包括企业名称、地址、电子邮件地址、电话号码(座机与手机)、日期、创业者的联络方式以及企业网址(如企业有自己的网站的话)。这些信息应集中置于封面页的上半部分。封面底部应有一句话提醒读者对计划书的内容保密。如果企业已有徽标或商标，就把它置于封面页正中间。如果你拥有正面反映企业的 Facebook 或 Twitter 账号，你也可以把它们置于封面页顶部。封面上最重要的一项是计划书撰写者的联络方式，应该让计划书的读者能够轻松联系到你。

　　目录紧接封面页后，列出计划书的主要章节、附录和对应页码，目的是便于读者查找计划书的内容。有些计划书相关页上还贴上标签，更方便读者直接查找章节。设计仔细的目录表能让读者注意到创业者想强调的内容。浏览目录的读者很可能会直接翻到这一节阅读。目录中没提到的话，读者在快速浏览计划书的时候往往会忽略这样的内容。最后时刻增减计划书上的内容会打乱原来的页码，我们很容易忘记修改目录中的页码。在计划书发送出去之前，最好反复核对目录中的页码是否与正文页码一致。商业计划书的目录样式如图 9-5 所示。

目　录

图 9-5　商业计划书的目录样式

二、产业分析

产业由生产相似产品或服务的一群企业组成，如飞机制造、智能手机、健身俱乐部或在线教育。产业可以从很多方面进行区分，如规模、增长率、结构、财务特征和总体吸引力。影响产业发展的趋势同样重要。举例来说，随着人口的老龄化，健身中心这项产业的增长更多取决于其能否吸引及留住 50 岁以上的老年人群体。在这样的潮流下，那些伺机而动，顺应潮流变化的健身中心就有可能超过没有这样做的竞争对手。

值得注意的是，产业分析内容只是关注企业的产业环境，并不包括目标市场分析。企业的目标市场是产业的一小部分，是企业在特定的时间里追逐和吸引消费者注意的那部分市场。大部分企业不会把目光关注于整个产业，相反，它们只致力于更好地服务于某个专门的细分市场。产业分析和目标市场分析的区别如表9-2所示。

表9-2　产业分析和目标市场分析的区别

维　度	产 业 分 析	目标市场分析
焦点	产业竞争与宏观经济	顾客细分与市场趋势
目的	评估产业吸引力与潜力	确定市场策略与定位
内容	产业规模与增长	顾客特征与购买动机
应用	产业规划与投资决策	产品开发与定价策略
时间范围	长期发展与趋势	中短期市场动态变化

区分产业分析与目标市场分析相当重要，因为对新创企业来说，在没有进行更广泛的产业分析之前，过早挑选甚至谈论专门的目标市场并不成熟。

产业分析是指企业对特定行业的市场结构和市场行为的调查与分析，了解该行业的现状、发展趋势、竞争环境和盈利能力，包括产业现状、产业发展趋势、产业特征、市场竞争状况和产业政策法规。例如，某产业的企业的平均销售增长率可以帮助创业企业建立自己的财务预测，商业计划书的其他部分如产品设计与选择、目标市场定位、产品运营计划都受到产业特征和发展趋势的影响。

三、市场分析

在一份商业计划书中，产业分析之后通常是市场分析。产业分析关注企业所涉及的更广泛的商业领域(如航空业、健身与体育休闲中心产业、女装产业)，市场分析将产业进行细分，并瞄准企业所涉及的具体细分市场(或目标市场)。正如前面所提到的，大多数企业并不致力于服务整个产业，它们只关注如何为产业中的某个具体市场提供更好的服务。需要明确的重要一点是，商业计划书中的市场分析部分与营销计划部分大不相同。市场分析重点在于描述一个企业的目标市场，它的顾客、竞争者；它如何展开市场竞争；它的潜在销售额和市场份额。与此相对，接下来的营销计划部分，重点在于介绍有助于企业销售产品的典型营销职能，包括定价、促销、渠道(产品部分在计划书前面的内容已做过介绍)。虽然有的商业计划书把这两部分混在一起，无疑把这两者分开讨论更有效。

【拓展阅读】

蓝海探秘：G Adventures 的北极市场攻略

四、营销计划

市场分析主要描述一个企业的目标市场、顾客、竞争对手、潜在销售额。它通过定价、促销、渠道和销售等方面讨论营销计划的具体细节。介绍一个企业营销计划的最好办法，就是清楚地说明它的营销策略、定位策略、差异化点等总体策略，然后通过定价策略、促销组合、销售过程和渠道策略说明如何支持总体营销策略的开展。如果之前还没有介绍过产品，应该在这里提及。但一般的商业计划书在前半部分都已就产品和服务进行过介绍。

五、管理团队与公司结构

这一部分在于描述初创企业的管理团队与公司结构。许多投资者及其他阅读商业计划书的人首先会查看执行概览然后直接阅读管理团队部分评估企业创办者的能力。这种做法源于一种流行的信念：如果计划创建的新企业没有强有力的管理团队，其他就没有什么要紧的了。这表明了精心构建商业计划书中管理团队部分的重要性，尤其是对那些寻求融资的初创企业更加重要。投资者阅读的具有有趣思想和动人的市场计划的商业计划书比能够融到资的创业计划书更多。结果，在相互竞争的商业计划书中，胜出者往往不是依靠思想或者市场计划，而是靠着准备更好地执行其计划的管理团队赢得融资。

商业计划书的这一部分内容分为：管理团队、董事会、顾问委员会、其他专业人士和公司结构。这一部分必须干脆而中肯，而且对一些重要材料如关键人员的简历，应当置于整个商业计划书的附录中。管理团队与公司结构的内容如图9-6所示。

图9-6　管理团队与公司结构的内容

【拓展阅读】

高效创业团队的特征

六、运营计划与产品开发

商业计划书的运营计划(Operations Plan)部分概括了新企业将如何运营和产品/服务将如何生产，包括的主题一般有运营模式和程序、商业区位、设施与设备、运营战略和计划，可能包括的其他主题取决于企业的性质。

七、财务计划

商业计划书中的财务计划是指创业公司或企业对相关资金使用、经营收支及财务成果等信息整合的书面文件，反映公司预期的财务业绩。可以这样说，一份商业计划书概括性地提出了未来 3～5 年中创业公司需要完成的工作，而财务计划则是企业运营过程的价值化表现，风险投资者将会期望从财务计划部分来判断公司未来的经营财务利润状况，进而判断能否确保自己的投资获得预期的理想回报。因此，一份好的财务计划对评估创业公司所需的资金数量，增加取得风险投资的可能性具有十分重要的作用。如果财务计划准备不好，会给风险投资者留下创业者缺乏经验的印象，可能会降低创业公司的评估价值，同时也会增加创业公司的经营风险。

9.3　商业计划书的撰写原则

商业计划书的撰写过程中存在着一些规律和方法，以下这五条原则可以帮助读者更好地理解和掌握。创业者如果在撰写商业计划书时贯穿以下原则，将有助于高效、完美地完成一份高质量的商业计划书。

一、伟大的商业故事才能获得投资

英国经济学家凯恩斯说过："商业决定的作出只能是动物精神的结果，而人具有动物精神，是可以被激发和感动的。"蕴含巨大商业价值的创业机会一定会对应一个伟大的商业故事，但是很多创业者不会把好的创意转化为一个伟大的商业故事，这也就很难去激发和感动投资者。特别是天使轮投资者，他们听到一个好的商业故事可能很快就给出支票。

创业者都会平铺直叙地阐述一个创业机会，但是许多叙述让人听后感到平淡无奇。如何让这个创业机会显得伟大，且足以打动投资者呢？其实很多专家都研究过这个问题。最好的建议就是创业者构建一个有趣且伟大的商业故事，最好的方法就是在阐述商机时引入以下这个思路：正派对抗反派(或者是正义战胜邪恶)，最终获得完美结局。这个思路来源于美国大片的拍摄，每一部经典的美国影片中都存在着以上主题，如《超人》《星球大战》《变形金刚》《蜘蛛侠》等，现在连中国的儿童动画片《熊出没》都有这样的主旋律。在这个方法中，反派和邪恶可以是饥饿、低效率、疾病、浪费、无知等，而正派可以指代食物、健康、娱乐、高效等，当正派战胜反派之时，就可以把我们带入完美结局。在创业机会阐释时，创业公司的"正派"试图去征服那个"反派"，在这里"反派"可以指代低效率、疾病、浪费、污染，甚至是糟糕的消费体验，而"正派"应该是解决方案(解决方案可以是突破性的技术、规模、服务创新、营销创新等)，完美结局应该是"正派"在市场上获得胜利并带来巨大的社会价值和商业价值。

【案例 9-2】

茅台的投资案例

在 2003 年的非典疫情期间，消费股整体低迷，李先生深入研究茅台独特的生产工艺、品牌壁垒及市场需求，认定其是"现金奶牛"，大胆买入并长期持有。2013 年，邓先生凭借对茅台商业模式和企业文化的理解，在"三公消费限制"和塑化剂事件冲击下，发现茅台核心需求未变，品牌护城河增强，大举买入。李先生坚持持有茅台 20 年，其间无视股价波动，持续加仓，即使在 2019 至 2021 年市场波动时，仍坚定重仓。李先生投资茅台，持股市值增长至约 400 亿元，享受业绩增长与品牌溢价红利。邓先生支持茅台长期价值。他们的成功源于深入研究企业基本面，逆向思维把握机会，坚持长期视角。茅台的投资案例表明，深入研究商业模式和核心竞争力是关键，逆向思维把握市场机会，坚持长期投资，避免短期波动干扰。

二、二八原则

1897 年，意大利经济学家帕累托开始关注 19 世纪英国人的财富和收益模式。在调查取样中，他发现英国大部分的财富流向了少数人手里。同时，他还从早期的资料中发现，在其他国家都发现有这种微妙关系一再出现而且在数学上呈现出一种稳定的关系。于是，帕累托从大量的具体事实中发现：社会上 20%的人占有 80%的社会财富，即财富在人口中的分配是不平衡的。这就是最初的"二八原则"，在实际案例中常常使用该原则进行分析，如20%的喝啤酒的人喝掉了 80%的啤酒，那么这部分人应该是啤酒制造商关注的对象。制造商应尽可能争取这 20%的人来买啤酒，最好能进一步增加他们的啤酒消费。啤酒制造商出于实际理由，可能会忽视其余 80%的喝啤酒的人，因为他们的消费量只占 20%。

在撰写商业计划书时也可以充分运用该原理，如创业者不要一开始就着手撰写商业计划书，而应该用 80%的时间来讨论核心问题、进行市场调研和资料收集、研究战略发展规划等，当商业计划书的主要问题都研讨和沟通清楚后，再用剩余 20%的时间撰写商业计划书。

三、从"他"的角度来撰写商业计划书

许多创业者在撰写商业计划书时，都是按照自己的逻辑思路和语言来阐述，特别是一些技术人员和研发者喜欢用过多的专业术语来表达自己的观点。例如，在产品介绍方面，投资者需要了解的是产品的功能特点，可以解决消费者的哪些"痛点"问题，而不是运用大量的专业名词阐述研发生产过程中的机理和工艺；在市场方面，投资者需要创业者告诉他们所设计市场方案的特色和系统性，而不是简单地列举几个场景和方法；在融资方面，投资者需要了解如何估值，需要多少融资，在什么节点要怎么花这些钱，投入资金后会带来多少收益，而不是简单地说需要多少钱，给多少股份等。在这里创业者忽视了两个重大问题：第一，创业者所表达的逻辑和思路能够让投资者容易理解吗？第二，投资者不是万事通，他们能理解那些用专业术语包装过的概念和方案吗？其实，这背后最大的问题就是商业计划书的撰写者是不是从投资者的角度来撰写商业计划书的。

四、数据、原理和证据是制作的基石

我们经常可以看到，许多创业者在其商业计划书中展示了大量的数据，如市场容量、竞争对手的市场份额、产品的性能比较等。这些数据是帮助投资者进行项目评估的关键要素，因此，数据的权威性和准确性直接影响到商业计划书的信誉和实用性。

然而，一个常见的问题是，这些重要数据往往缺乏权威的出处，使得商业计划书看起来更像是一座没有基础的空中楼阁。如果这些关键数据不能得到权威来源的支持，其可信度自然会大打折扣，这直接影响投资者对项目的评估和信心。在实际操作中，创业者应该努力引用可靠的数据源，如政府发布的行业报告、认可的市场研究机构的分析结果，或者

其他公认的数据提供者提供的信息。

五、复杂深奥的问题要简单通俗化

在商业领域，清晰与简洁的沟通往往决定了一个企业获取投资的机会。一个典型的例子是一位材料学博士在向潜在投资者展示其产品时的经历。这位博士详细讲解了十分钟关于他的产品的研发制备原理和功能，但当被要求在一分钟内阐明其产品优势时，他表达出了无奈，认为这是不可能的。这一挑战的根本原因在于他未能将复杂的技术内容转化为简单易懂的商业语言。他本可以直接说明其产品是一种具有哪些特定功能的合金材料，这些功能如何直接解决客户的实际问题，而非深入复杂的技术原理中。

这种情况在创业者中非常普遍。许多创业者在描述自己的产品或服务时，倾向于使用复杂的专业术语和详细的技术数据，这虽然展示了他们的专业深度，但往往难以被非专业的投资者快速理解，从而导致信息传递的效率极低。一个有效的解决方案是，在商业计划书完成后，邀请非专业背景的人员进行阅读，看看哪些内容他们觉得难以理解。这一过程可以帮助创业者从读者的角度看待问题，进而识别并简化那些复杂的专业内容。

9.4　商业计划书的撰写

9.4.1　商业创意的三大源泉

形成创业计划的第一步是选择一个能够满足消费者需求、为消费者带来独特价值的创意。如果一家新企业提供的产品与市场上现有的产品没太大区别，这个企业的发展会很艰难。因为人们的消费习惯与行为很难改变，即使新产品更好或价格更低廉，也很难使消费者放弃他们原来使用的产品。以下的三个商业创意源泉有助于形成成功、新颖且价值独特的商业创意。商业创意的三大源泉如图9-7所示。

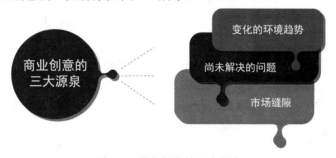

图 9-7　商业创意的三大源泉

一、变化的环境趋势

商业创意的第一个源泉是变化的环境趋势。最重要的几个环境趋势是经济趋势、社会趋势、技术进步、政治行为与政策变化。这些领域的变化通常能刺激新商业创意产生。在分析环境趋势以识别商业创意时，有两点需要记住：第一，区分趋势与流行非常重要。新创企业一般没有足够的资源，追赶不上流行风尚的脚步。第二，尽管我们将各种趋势单独分析，但事实上它们相互关联，在寻找商业创意的时候应该综合考虑这些趋势。例如，苹果 iPhone 等智能手机流行的原因之一是它利用了几种共存的趋势，包括青少年与年轻人有了更多的可支配收入(经济趋势)、人口流动性不断增强(社会趋势)以及电子产品越来越小型化(技术趋势)。如果上述趋势中的任何一项并不存在，那么智能手机也不会像现在这样成功。

二、尚未解决的问题

形成商业创意的第二个源泉是尚未解决的问题。工作、休闲、日常生活中人们都可能会感受到或发现问题。那么如何从问题中发现商业创意呢？营销专家菲利普·科特勒就此说道：去寻找问题。例如，人们抱怨夜里很难入睡，家里那些乱糟糟的东西很难收拾，很难找到物美价廉的度假方式，很难追溯家族血统，很难除去花园里的杂草等。共同事业组织(Common Cause)的已故创建人约翰·加德纳曾经说过："每个问题都是一个绝佳的隐藏着的机会。"

与此说法一致，许多企业的创建者的确在生活中遇到了某个问题，或看到他人遇到问题，于是他们创办一个企业来解决这个问题。例如，兴盛优选的创始团队核心成员岳立华发现上班族及家庭买菜普遍存在没时间去菜市场，下班买菜又太晚的难题，导致买菜耗时费力，甚至影响正常生活。于是，岳立华创建了一个互联网"新零售"平台——兴盛优选，通过构建"线上下单+线下自提"模式，使得上班族可以在上班期间通过线上平台下单选购生鲜食品及日常用品，下班后到社区便利店等自提点取货。兴盛优选平台不仅节省了上班族买菜的时间，还提高了购物的便利性，有效解决了传统零售模式下上班族买菜难的问题。

尽管大家普遍认为，专为大学生设计的产品和服务大多出自成熟企业或经验丰富的企业家之手，但现实情况却并非总是如此。如今，越来越多的大学生亲自开发出针对大学生或学生家长的产品和服务，这些产品最初是为了解决开发者自身的问题，随后与他人分享。2021年，中南大学计算机专业大二学生李佳璇，留意到商家外卖无法配送到宿舍，同学们对此需求极为强烈。与此同时，不少同学渴望通过勤工俭学减轻家庭经济压力。基于自身计算机专业背景，他萌生了运用编程思维改善校园生活的想法——打造一个平台，既能为同学们提供便捷的服务，又能创造勤工俭学岗位。这一想法与同学胡必成不谋而合。于是，2021年 8 月，湖南食小助科技有限责任公司顺势成立，专属校园的简易配送程序"食小助"正式上线，还邀请学校周边商家入驻。截至 2025 年 3 月，"食小助"已成功覆盖 9 所高校，完成 250 万单配送，创造了 300 多个勤工俭学岗位，并且还在规划拓展多元服务。

三、市场缝隙

商业创意的有效源泉之一是利用市场中存在的缝隙。这些市场缝隙通常由于各种原因未被大型零售商所填补，留下了特定需求的空间。在很多情况下，消费者在他们所在的地区可能难以找到特定的商品，或者市场上根本就没有供应这些商品。这种情况在地理或人口较小的市场中尤为常见，其中消费者的特殊需求未能得到足够的关注。

大型零售商如沃尔玛、开市客(Costco)和科尔士百货公司(Kohl's)等，通常专注于通过规模经济来进行激烈的价格竞争，他们倾向于供应广泛的消费者群体所需的大众商品。这种策略虽然帮助这些零售巨头实现了成本效益和市场扩展，但同时也忽视了那些市场需求较小、更为细分的产品类别。正是这种忽视，为小型商家和专门店铺提供了生存和发展的空间。这些小型商家通常定位于提供独特的、量少质精的商品，满足特定消费者群体的需求。例如，时装精品店可能专注于提供设计师品牌或定制款式的服装，这些产品对于大型零售商来说，由于需求量有限并不具备大规模销售的潜力。特色店则可能专注于一种特定的生活方式或消费习惯，如有机食品店、手工艺品店或文化特色商品店，这些商店提供大型零售商所不具备的产品多样性和个性化服务。

9.4.2　商业创意形成的方法

商业创意的三大源泉若隐若现。有些人仅凭偶然的发现、直觉甚至缘分天注定式的运气，发现了创意。还有一些人并不隐瞒实情，他们要对这三个源泉进行仔细分析后，才形成创意，他们可能事先已对自己要创建什么类型的企业有了一定的想法，也可能一切从零开始。商业创意形成的方法如图 9-8 所示。

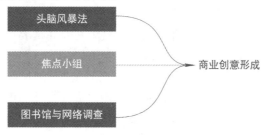

图 9-8　商业创意形成的方法

一、头脑风暴法

形成商业创意最常用的方法是头脑风暴法。头脑风暴(Brainstorming)是个很形象的比喻，指不同的人产生不同的想法。严格说来，头脑风暴会围绕一个特定议题，一组人有组织地进行讨论，以产生多种创意。小组领导请参与者分享他们的创意，一个参与者说出自己的创意，另一个人对此作出回应，其他人对回应作出回应，如此反复。通常用活动挂图或白板记录下所有创意。有效的头脑风暴会是随心所欲、讨论热烈的。分析或决策中不用头脑风暴法——在头脑风暴会上产生的各种创意还需进行过滤和分析，但这要在会议之后才做。

二、焦点小组

焦点小组(Focus Group)是指与议题相关的 5～10 人集中在一起的小组。焦点小组用途很多，也可用来帮助形成商业创意。焦点小组一般由熟悉议题的人组成。他们集中在一起回答问题，通过集体讨论的双向反馈方式使问题明朗化。焦点小组作为头脑风暴的后续，效果最好。头脑风暴形成一个大致创意，但这个创意还需进一步完善。通常，焦点小组要由训练有素的人来主持。主持人的主要任务是让小组讨论集中在"焦点"上和维持热烈的讨论气氛。焦点小组是否有效，很大程度上依赖于主持人提问和引导讨论的能力。

三、图书馆与网络调查

形成商业创意的第三种方法是进行图书馆与网络调查。我们一般认为应该选择创意，接下来就要对创意进行调查。大量的图书馆与网络调查可以使我们对创意有更深刻的了解，从而使大致的创意得以完善，形成最佳创意。

9.4.3　商业计划书的检查与撰写技巧

当商业计划书的初稿完成时，其实际工作量仅完成了50%，后续还需要花费大量的时间进行修改。一本商业计划书不能说是写出来的，而应该说是修改出来的。在检查和修改商业计划书时会涉及商业计划书是否完整，原理是否运用合理，核心问题是否回答准确，文章修辞是否正确等问题。撰写者在检查商业计划书时需要注意以下问题：

(1) 商业计划书中是否能显示出管理者具有同管理公司的经验相匹配的能力。商业计划书中人的因素非常重要，在许多重要岗位需要相关领域的专业人才，如市场营销、财务报表分析等。如果企业缺乏这一类人才，可以留出相应的岗位去聘请相关领域的专业人士参与其中，以弥补知识和经验的不足。

(2) 商业计划书中是否明确提出了风险投资的退出机制。风险投资者是没有兴趣长时间把资金放在一家公司进行运行的，许多风险投资者在看完摘要后的第一件事情就是看看资本如何退出，并且这种退出预期是否合理和有保障。

(3) 商业计划书是否给出了完整的市场分析。产品只有满足消费者需求才能给公司带来利润，这就需要创业者进行市场调研，熟悉市场，设计合理的市场营销方案。一份完备的市场分析报告会让风险投资者坚信你在商业计划书中阐明的产品与服务确实可以满足消费者的需求。

(4) 商业计划书是否能打消风险投资者对产品与服务的种种疑虑。一件产品与服务的独特性、新颖性、完备性是风险投资者进行投资的前提，如果不能阐述清楚产品与服务的功能特点，技术的优越性，会使风险投资者举棋不定。因此，有时你需要准备一件产品模型或几张图片进行详细剖析。

(5) 商业计划书章节是否合理，是否具有逻辑性。商业计划书的内容应该很容易被风险投资者领悟，因此，需要具备索引和目录，以便风险投资者可以较容易地查阅各个章节；此外，还应保证目录中的信息传递具有逻辑性。

(6) 商业计划书是否与公司战略规划和具体运营计划保持一致。商业计划书通常都会提出公司的3～5年发展战略规划，而后续的营销计划、生产运营、人力资源、财务计划都应该与之相匹配。劣质的商业计划书经常会出现前后相矛盾的地方，如市场需要在第三年向全国扩张，而在具体的人员配置和成本中却不体现出销售人员和营销费用的增加。

(7) 商业计划书是否存在语法和文字错误。文如其人，如果商业计划书中有较多语法、文字方面的低级错误，那么很难让风险投资者相信创业者能够成功地运行该商业计划。

【拓展阅读】

撰写商业计划书的陷阱

【课后案例】

现代农业示范庄园

项目规模：1666 亩

项目特色：以农业为基础，拓展功能，创新产品，升级体验。

一、项目背景

项目地位于常州市武进区湖塘镇，毗邻高速公路枢纽、城市干道，交通便利，衔接顺畅，可进入性较好，2～3 个小时的中近程辐射圈，几乎覆盖了整个长三角地区，区位条件极佳。规划区范围内自然生态环境良好，农业用地、鱼塘众多，以水稻、蔬菜和渔业养殖为主要产业。此外，该地区还拥有众多的农耕民俗、南田文化等资源，具备了开发现代农业产业园的良好基础。

二、项目策略

园区对项目地区位、土地利用、农业本底条件、周边旅游资源、环境等现状进行了SWOT 分析，认为该地区的规划建设要抓住机遇把握契机，规避风险弥补劣势，促使农业与二、三产业有机结合，将本项目定位为以"寓农于乐"为基本原则，以农业产业为基础，以现有产业提升、整体景观优化、乡村改造为方向，开发"乡土、乡情、乡趣"的特色产品，最终打造出一个集现代农业观光、乡土风情体验、民俗游乐等多种功能于一体的现代农业乐园。

三、项目规划

结合项目地的本底资源条件和特征，经过科学合理的规划设计，园区最终呈现出"一心一环三区"的空间布局结构。

1. 一心：湖塘人家

本区域农业景观条件良好，农村房屋保存完好，山合水易将其定位于美丽乡村，作为代表江南水乡风情的乡村空间，成为整个规划区的接待中心，承载餐饮、住宿等需求，同时配套乡土生活体验、农情民俗体验、水上娱乐等内容，集水乡风情度假、乡土生活感受、时尚居住体验等功能为一体。本区域重点项目有湖塘人家、湖塘院子、荷塘月色等内容。

2. 一环：浓情休闲环

本区域包含采菱港 2.8 千米防洪长堤和天水渔业通往变电站的道路，分别以农趣休闲带和三勤文化带进行打造。本区域通过增加特色农产品、旅游产品售卖、运动健身步道、休闲观光栈道等项目的设计，满足其四级景观观赏、农耕文化体验、滨水休闲运动、乡土文化体验的功能。

3. 三区：林趣休闲区

林趣休闲区以紫竹林禅寺为核心产品，辐射出禅踪公园、养生会所及主题地产等内容，沿青洋路以立体、生态景观的方式，种植、布置景观植物，作为园区的生态广告牌，展示园区形象，通过布置特色餐饮街、休闲购物街等项目承载景观观赏、主题养生、度假地产等功能。园区内包含四季植物园、青洋路林家乐、紫竹林禅寺等重点项目设计。

4. 三区：农趣互动区

该区域包含薛家村，有大面积可以用的农田及鱼塘，根据现状，将至湖塘人家以南、薛家村以北的区域大面积景观种植作为形象入口，薛家村以丰收民俗村为主题进行打造，薛家村以南的地块作为"农耕、农情、农趣"游乐项目的空间，以童趣园、农趣园、渔趣园、团队拓展来经营。整个片区是园区娱乐、盈利的主要板块，主要承载主题游乐、民俗体验和农耕互动等功能。该区域重点项目包含游客服务中心、田园艺术、童趣乐园、拓展乐园等内容。

5. 三区：农科体学区

农科体学区通过规划将其整体打造成为农耕文明展示、农科体验的区域，以农耕文明走廊贯穿全区，新建农耕文化馆。整个农科体学区整体包装为青少年科普教育基地，以现代农科示范为方向，在原有产业基础上，增加现代农业休闲体验内容，集农业展示、互动体验、科普教育等功能于一体，将产业纳入整个旅游景区之中。该区域重点项目有农耕文化走廊、农耕文化馆、常州牡丹园、天水渔业等。

四、项目总结

1. 以农业产业和资源现状为基础，实现寓农于乐

整个项目强调依托现状条件对农业种植与景观环境进行提升，形成湖塘人家、农情休闲区、林趣休闲区、农趣互动区、农科体学区，从不同的角度实现寓农于乐的目标，并能够实现经营收益的可持续性。同时，本项目对河堤进行改造、对高效农业示范园区进行提升，规划未来，游客在现代农业庄园中可以实现吃、住、行、游、购、娱、体、学、研、悟等一体的综合服务。

2. 立足自身，与周边景区互动，差异化开发

本项目与三勤生态园、紫竹禅寺形成互动，与规划建设的赛车主题公园、汽车俱乐部、文化产业园等内容协同发展，通过对美丽乡村的环境营造、乡土游乐活动、民俗体验活动的开发，实现与周边项目差异化开发，将项目打造成为城乡统筹建设与乡村旅游开发的新亮点。

3. 以农业为出发点，结合民俗文化发展旅游业

项目地自然生态资源良好，农业用地、鱼塘众多，已有的高效农业示范园，包含花卉产业园、龙安园林、常州牡丹园、天水渔业等现代农业示范项目，为项目奠定了一定的农业科技资源基础。同时，本项目结合当地遗留下来的众多农耕民俗文化、南田文化，提升园区文化内涵，营造出农庄民风浓郁、古朴厚重的历史文化氛围。

本 章 小 结

◆ 商业计划书是指创业公司、企业或项目单位为了达到招商融资和其他发展目标，根据一定的格式和内容要求而编辑整理的一个向听众(如风险投资者或评审者)全面展示公司和项目目前状况、未来发展潜力的书面材料。

◆ 撰写一份商业计划书是一项非常复杂的任务，必须按照科学的逻辑顺序对许多可变因素进行系统的思考和分析，并得到相应结论，包括摘要、公司介绍、产品与服务、行业与市场、营销计划、生产运营、公司管理、财务风险、风险控制和资本退出。

◆ 商业计划书的撰写原则包括伟大的商业故事才能获得投资，二八原则，从"他"的角度来撰写商业计划书，数据、原理和证据是制作的基石，复杂深奥的问题要简单通俗化。

◆ 商业创意形成的方法包括头脑风暴法、焦点小组和图书馆与网络调查。

复习思考题

1. 商业计划书在创业企业营销管理中的作用是什么？

2. 商业计划书与可行性研究报告有何不同？

3. 为什么说商业计划书是风险投资的敲门砖？

4. 如何从变化环境的趋势中识别商业机会？请结合案例，说明如何通过观察环境趋势来形成商业创意。

5. 请描述头脑风暴法和焦点小组这两种方法如何帮助创业者发展和完善他们的商业创意。

【习题】

即 学 即 测

第十章 创业营销活动的组织与评价

本章学习目标

(1) 营销组织的特征、类型与发展。
(2) 数字经济下营销组织的新特点。
(3) 掌握创业营销组织的建立及整合。
(4) 掌握创业营销计划的执行流程。
(5) 理解营销管理和控制流程。

引导案例 >>>

文化赋能与破圈营销：《黑神话：悟空》

Game Science Studio(游戏科学工作室)自 2014 年成立以来，以其原创 IP 和对传统文化的深刻理解受到关注。2020 年，其动作游戏《黑神话：悟空》的预告片发布后，以其画面、玩法和剧情吸引了全球玩家。Game Science Studio(游戏科学工作室)通过精准营销和绩效评价，有效推广并优化了游戏的市场表现。游戏科学将《黑神话：悟空》定位为全球市场的"东方幻想"动作游戏，专注于中国文化和神话，吸引全球对东方文化感兴趣的玩家。品牌强调"东方美学"和"传统与现代的结合"，以此在全球市场中获得差异化优势。市场推广针对三类用户：动作游戏核心玩家、对东方文化感兴趣的海外用户，以及注重影视效果和文化表现的泛用户。

2020 年 8 月，《黑神话：悟空》的预告片在 YouTube 和 Bilibili 等平台发布，以其高质量画面和音效引起玩家热议。游戏科学通过直接展示游戏实景画面，满足了市场对高品质动作游戏的需求，吸引了核心玩家。团队在社交媒体上积极互动，解答玩家问题，增强了参与感；同时，通过发布开发进度和细节，保持了玩家关注度。此外，公司与国内外媒体和 KOL 合作，扩大了品牌影响力，利用 KOL 的真实体验吸引玩家，提高了产品认知度。为了加强《黑神话：悟空》的品牌影响力，游戏科学采取了线上线下的综合营销策略，提升了品牌信任度，并加强与粉丝的情感联系。

游戏科学在《黑神话：悟空》的推广过程中，构建了科学完备的营销绩效评价体系，通过多维度指标的量化分析，实现了营销资源的精准配置与效果优化。公司建立了系统的数据监测机制，包括预告片观看量等核心指标的实时追踪，以及用户转化率的量化评估。通过这些数据，游戏科学能够科学评估各渠道的推广效能，为营销资源的优化配置提供决策依据，确保在有限的资源内获得最优的市场反馈。这一营销模式的成功在于合理的资源分配与对用户需求的深度挖掘，为其他创业企业的营销活动提供了有价值的参考。

10.1 数字经济下的营销组织

10.1.1 营销组织的内涵、特征及结构形式

一、营销组织的内涵与特征

营销组织是企业为了实现经营目标，发挥市场营销职能，由从事市场营销活动的各个部门及其人员所构成的一个有机体系。在现代市场经济条件下，企业从事市场营销活动，实施市场营销战略和策略，都离不开有效的市场营销组织。健全、有效的营销组织是实现企业营销目标的可靠保证。

营销组织作为企业组织体系的重要组成部分，应具有以下特征：

(1) 组织的目标是通过各种销售活动完成企业销售目标，实现销售利润，提供令顾客满意的售后服务，并努力扩大产品和服务的市场占有率，为企业发展创造条件。

(2) 组织依据企业的产品特征、市场覆盖范围、流通渠道等因素构成不同的组织形式，有地区型组织、产品型组织、顾客型组织及复合型组织。

(3) 组织的管理以顾客为导向，对人、财、物、信息等管理资源进行合理组织和充分利用。

二、营销组织结构的五种不同形式

(1) 功能型营销组织：是在营销副总经理领导下由各种营销职能专家构成的职能型组织。这是最常见的市场营销机构的组织形式，管理简单，但随着产品增多和市场扩大，这种组织形式会暴露出缺点，如计划不完整，产品或市场容易被忽略，以及各个职能部门为了各自利益容易发生纠纷。功能型营销组织的具体结构如图 10-1 所示。

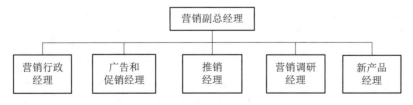

图 10-1 功能型营销组织

(2) 地区型营销组织：企业按地理区域组织其推销人员。在全国范围内组织营销的企业往往按地理区域组织其推销人员。例如，许多公司把中国大陆分成华东、华南、华北、西南四大区域，每个区域设一位区域经理，区域经理根据所管辖省市的销售情况再设若干地区销售经理，地区销售经理下再设若干地方销售经理/主任，每个地方经理/主任再领导几位

销售代表。

这种模式明显增加了管理幅度，但在推销任务复杂、推销人员对利润影响很大的情况下，这种分层是很重要的。地区型营销组织的具体结构如图 10-2 所示。

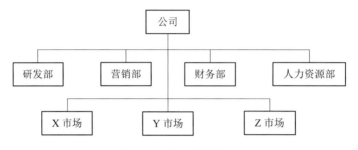

图 10-2   地区型营销组织

(3) 产品或品牌管理型组织：生产不同产品或品牌的公司往往需要设立产品或品牌管理型组织。这种组织并没有取代功能性管理组织，只不过是增加一个管理层次而已。其基本做法是，由一名产品主管经理领导，下设若干个产品大类(产品线)经理，产品大类(产品线)经理下再设几个具体产品经理。

产品或品牌管理型组织的优点包括协调营销组合策略，及时反映产品在市场上的问题，即使不太重要的产品也不会被忽视；缺点包括部门冲突，对管理者要求较高，管理成本高于预期，经理流动导致营销规划缺乏连续性。

(4) 市场管理型组织：当企业把一条产品线的各种产品向不同的市场进行营销时可采用这种组织模式。例如，生产电脑的企业可以把目标客户按不同的购买行为和产品偏好分成不同的用户类别，设立相应的市场管理型组织结构。

这种组织以国内市场副总经理为主导，下设多个细分市场经理，负责特定市场的年度和长期计划。其优点在于能更好地满足不同细分市场和顾客群体的需求，开展有针对性的营销活动；缺点是存在权责不清和多头领导的矛盾。市场管理型组织的具体结构如图 10-3 所示。

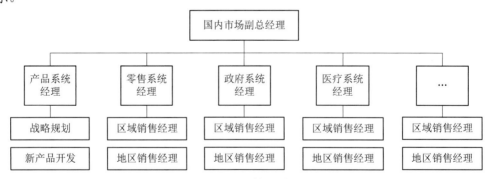

图 10-3   市场管理型组织

(5) 产品-市场管理型组织：结合了产品管理和市场管理的特点，形成一个二维矩阵组织。生产多种产品并向多个市场销售的企业，可以采用产品管理型，也可以采用市场管理型，还可以建立一种既有产品经理，又有市场经理的二维矩阵组织。这种组织能够同时关注产品和市场，提高管理效率，但管理成本较高，且可能导致内部矛盾与冲突。

营销组织的每种形式都有其特定的优势和局限性，企业在选择时应根据自身的产品特性、市场状况和组织目标来决定最合适的组织结构。

10.1.2　数字经济下营销组织的新特点

面对诸多营销环境因素的改变，企业营销组织在不断适应的过程之中呈现出适合知识经济时代的一些新特点。

一、形成以市场为导向的营销理念

在快速变化和细分化的市场中，营销组织必须紧密联系市场，以市场为导向，才能敏锐地捕捉机会。许多企业仍按传统结构设置部门，从研发到消费者，这种模式将消费者视为终点而非起点，导致营销组织无法满足个性化需求，仅能推销产品。要实现市场导向，营销部门需快速响应市场需求，减少层级，实现扁平化，以加速信息传递和市场占领。

二、形成以消费者为核心的营销组织

营销的实质是通过满足消费者需求而追求盈利，消费者是企业营销的客体。以标准化产品为代表的"大量生产、大量消费"的时代已经结束，消费者需求日益个性化和多样化的时代扑面而来。企业必须彻底改变传统的组织结构，借助信息技术的发展为消费者提供及时、有效的服务。为此，许多企业开始注重营销组织柔性化的建设，以传统的营销模式来满足消费者的一般需求，以建立特殊团队的方式来分析和研究消费者的个性化需求，从而实现企业营销组织的柔性化。

三、建立营销协调和信息沟通的能力

营销不仅仅是营销部门的事，它还依赖于企业各部门的共同配合，在营销环境发生深刻变化的情况下更应如此。要让企业各部门都认识到它们自己就是企业营销中的一个环节，使营销观念真正融入每一个业务部门的日常工作中去。同时，基于现代先进的网络信息技术，企业还可以在内部实现更好的信息沟通，实现真正的营销协调和信息的广泛交流，才能提高企业整体竞争力。

四、建立虚拟组织和网络联盟

在知识经济时代激烈的竞争中，越来越多的企业认识到，在其营销领域中建立一定的核心竞争力比盲目的多元化战略更具竞争优势。通过收购或兼并实现垂直一体化很可能会弄巧成拙，付出高昂代价；企业反而更愿意通过虚拟组织或者战略联盟的形式与上下游企业建立灵活、协调的生产销售网络，降低投资成本和交易费用，提高经营效益。

五、依靠信息技术形成营销网络

基于网络信息技术的全面发展和普及，现代企业已经普遍实现内外部信息网络化。企业内部的信息网络可以加快信息的内部传递和协调，营销部门把收集到的消费者的需求信息以最快的速度传递到生产部门，更好更快地满足消费者，抓住市场机会。建立外部网络，与消费者形成快捷方便的联系方式，企业可以方便地宣传自己的最新产品，通过网络

商店销售产品，消费者则可以反馈用户信息，足不出户地选购自己喜欢的商品，享受更方便的维修售后服务等。

【案例 10-1】

喜茶与藤原浩的潮流黑风暴

在时尚界与饮品界的跨界合作中，"潮流黑风暴"案例以其独特的合作方式和市场影响力脱颖而出。喜茶公司携手潮流界知名人物藤原浩，共同推出了"酷黑莓桑"特调饮品及其联名周边产品，这一合作在年轻消费者中掀起了一股潮流黑旋风。

"酷黑莓桑"在产品设计上充分融入藤原浩的黑色系潮流风格，从饮品的色泽到包装设计，都体现了一种神秘而时尚的黑色魅力。喜茶的线下门店为了这次联名合作，特别更换了带有藤原浩标志性闪电符号的主题装饰，将门店打造成了潮流文化的展示窗口，吸引了众多潮流爱好者的目光。

在线上，喜茶通过社交媒体平台大力推广这次联名产品，展示了"酷黑莓桑"的独特之处，包括其创意的包装设计、独特的口感以及与藤原浩潮流风格的完美结合。这些社交媒体上的推广活动不仅吸引了藤原浩的粉丝，也让更多年轻消费者对喜茶的产品产生了兴趣。

10.2　营销组织的发展

一、单纯的销售部门

20 世纪 30 年代以前，西方企业以生产观念作为指导思想，大部分都采用这种形式。一般来说，所有企业都是从财务、生产、销售和技术这四个基本职能部门开展的。财务部门负责资金的筹措；生产部门负责产品制造；销售部门一般由一位副总经理负责，同时管理销售人员，并兼管若干市场营销研究和广告宣传工作。在这个阶段，销售部门的职能仅仅是推销生产部门生产出来的产品，生产什么销售什么，生产多少销售多少，产品生产、库存管理等完全由生产部门决定。

二、兼有附属职能的销售部门

20 世纪 30 年代经济大萧条以后，市场竞争日趋激烈，企业大多以推销观念作为指导思想，需要进行经常性的市场营销研究、广告宣传以及其他促销活动，这些工作逐渐变成专门的职能。当工作量达到一定程度时，企业便会设立一名市场营销主管负责这方面的工作。

三、独立的市场营销部门

随着企业规模和业务范围的进一步扩大，原来作为附属性工作的市场营销研究、新产品开发、广告促销和为顾客服务等市场营销职能的重要性日益增强。于是，市场营销部门成为一个相对独立的职能部门，作为市场营销部门负责人的市场营销副总经理同销售副总经理一样直接受总经理的领导，同时，销售部门和市场营销部门成为平行的职能部门，但在具体工作方面这两个部门是需要密切配合的。

四、现代市场营销部门

尽管销售副总经理和市场营销副总经理需要配合默契和互相协调，但二者之间实际形成的关系往往是一种彼此敌对、互相猜疑的关系。销售副总经理趋向于短期行为，侧重于取得眼前的销售量；而市场营销副总经理则多着眼于长期效果，侧重于制订适当的产品计划和市场营销战略，以满足市场的长期需要。销售部门和市场营销部门之间矛盾冲突的解决过程，形成了现代市场营销部门的基础，即由市场营销副总经理全面负责，管辖所有市场营销职能部门和销售部门。

从专业性上来区分，市场营销经理负责制订市场策略和新产品推广计划，而销售人员执行这些计划。常见问题包括市场营销人员未征询销售人员意见导致执行偏差，未收集反馈影响计划控制，甚至有些公司错误地提升销售经理为市场营销经理，因为他们更喜欢直接销售而非研究计划。

理解并尊重市场营销和销售人员的差异对公司至关重要，缺乏这种理解和尊重会导致混乱，而相互欣赏对方的才能则可能带来额外收益。

五、现代市场营销企业

一个企业仅仅有了上述现代市场营销部门，并不等于现代市场营销企业。现代市场营销企业取决于企业内部各种管理人员对待市场营销职能的态度，只有当所有的管理人员都认识到企业一切部门的工作都是"为顾客服务"，"市场营销"不但是一个部门的名称而且是一个企业的经营哲学时，这个企业才能算是一个"以顾客为中心"的现代市场营销企业。

【拓展阅读】

盒装革命：王老吉的变身营销战

10.3　创业营销组织的建立、整合与调整

10.3.1　营销组织结构的设计

营销组织结构的设计需要遵循一些基本原则，包括战略主导原则、高效可控原则和整

体协调原则。营销组织结构的设计原则如图 10-4 所示。

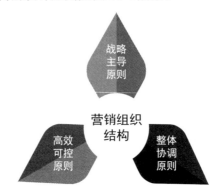

图 10-4   营销组织结构的设计原则

一、战略主导原则

战略主导原则强调营销组织设计应以企业发展战略为核心，以促进战略的执行和实现。企业的发展战略影响其组织结构：小公司采用简单的职能式结构；大企业或跨国公司采用地区管理式结构，设有不同层级的营销经理；多元化大公司则采用事业部式结构。因此，营销组织的设计必须适应企业的整体战略和组织结构，以有效支持战略实施。

二、高效可控原则

组织效率是衡量组织在一定时间和资源下完成工作量的关键指标。要提高营销部门的效率，需要确保其有足够的权力、畅通的信息沟通和高素质的管理人员。高效率的营销组织能在有限时间和资源内完成任务，具备明确的规章制度、清晰的岗位责任和员工职责，确保无管理盲区。

三、整体协调原则

在构建营销组织时，要遵循整体协调原则，确保营销部门与外部环境、内部其他部门及内部岗位人员的关系协调。营销部门是企业与顾客之间关系的关键，其核心目标是创造价值。它需要与研发、生产、财务和人力资源等部门协调，以满足市场需求和企业战略。内部协调对激发员工潜力、保持组织灵活性和适应市场变化至关重要。营销部门应代表企业面对顾客，代表顾客面对内部，同时保持足够的灵活性以应对市场变化。

10.3.2   内部岗位及人员的设置

营销组织岗位设置的目的是确保各项活动有明确的责任人。岗位应根据营销活动的需要而设定，主要分为职能性和管理性活动。岗位设置要考虑类型、层次、数量以及权力和责任分配。

岗位分为专业型和协调型，以及领导型和参谋型。专业型岗位负责特定职能，协调型岗位负责管理和协调。领导型岗位负责指挥，参谋型岗位提供咨询和建议。临时岗位可能为特定任务而设。岗位层次应明确每个岗位在组织中的地位和上下级关系。岗位数量应与企业战略和组织结构相适应，避免过多或过少导致的效率问题。岗位的权力和责任需在工作说明书中明确，包括岗位名称、职能、职责和与其他岗位的关系。这样的设置有助于营销组织高效运作。

10.3.3　营销组织的调整

营销组织在发展过程中需要不断适应外部环境的变化、企业业务的重组以及内部员工间的冲突。例如，当企业从单一业务向多元化发展时，组织结构会随之变化，营销部门的结构也必须相应调整；同样，当业务缩减时，企业会削减某些业务，导致组织结构简化，此时营销部门的结构也需相应简化。

组织内部的摩擦和冲突在所难免。如果营销组织存在一些固有问题，如管理幅度过大，层级过多，沟通不畅，部门协调不力或决策迟缓，则会影响营销部门的运作效率。针对这些问题，营销部门需要调整组织结构，以减少内部冲突。

长期运转的营销组织可能会变得僵化和效率低下。为了维持组织的活力和效率，企业需要定期对营销组织进行必要的调整。这些调整有助于保持组织的灵活性和适应市场变化的能力。

【案例 10-2】

可口可乐在疫情下涅槃重生

2020 年 8 月 28 日，为应对新冠疫情危机，可口可乐公司宣布构建全新的组织架构。该架构由"运营事业部""品类部门""职能部门"和"平台服务组织"构成。其中，新的运营事业部由原有的十七个业务单元精简后的九个组成。

处于服务位置的职能部门主要包括财务部、人力资源部、法务部、市场部、公共事务部、企业创新及可持续发展部、战略伙伴关系部，以及技术创新部，为全球项目提供战略、管理和规模化的服务。而新建立的平台服务组织将在重组之后在数据管理、消费者分析、电子商务和社交/数字中心等领域发挥作用。

与此同时，可口可乐公司将品类组合划分为五大全球品类，包括"可口可乐""风味汽水""瓶装水、运动饮料、咖啡和茶""营养饮品、果汁、牛奶和植物饮料"和"新兴品类"。据了解，在产品组合方面，可口可乐计划将旗下全资或部分拥有的全球 500 个品牌精简一半以上。

"运营模式的调整将改变我们的营销方式，并使我们的执行力更贴近客户和消费者，以推动更强劲的增长。与此同时，我们将聚力发展那些强大的品牌，推行创新策略。在推进这些变革的同时，我们也在不断地优化组织架构，包括对团队结构的重要调整。"可口可乐公司董事会主席兼首席执行官 James Quincey 说。他希望，重组后的四大部门将高度互联互通，使可口可乐公司成为一个更加敏捷高效的组织。

这是可口可乐公司历史上具有颠覆意义的一次"重组"，这次重组意味着这家有 134 年历史的企业正试图完成从旧世界到新时代的升级。

10.4　创业营销计划的执行

创业营销计划的执行是一个系统而细致的过程，它涉及多个环节和关键要素。创业营销计划的执行如图 10-5 所示。

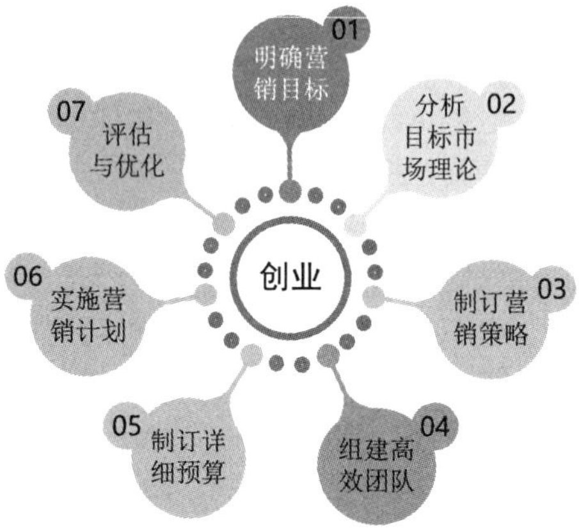

一、明确营销目标

(1) SMART 原则：确保营销目标具体、可衡量、可实现、相关和有时限。例如，设定在未来三个月内将产品的市场份额提高 10%作为营销目标。

(2) 与战略一致：营销目标应与企业的整体战略和目标相一致，确保营销活动能够支持企业战略的实现。

图 10-5　创业营销计划的执行

二、分析目标市场理论

STP 营销理论别名目标市场理论，由 S 市场细分、T 目标市场和 P 市场定位构成，属于战略营销的核心内容。市场细分是指根据用户的需求差异，对市场的某产品进行细分。目标市场是指根据市场细分的情况，确认产品进入一个或多个细分市场。市场定位是指根据产品的关键特征及卖点进行包装，确认产品在市场上的竞争地位。

三、制订营销策略

(1) 产品策略：根据市场需求和竞争状况，制订产品策略，包括产品定位、功能、品质等方面的规划，确保产品能够满足目标客户的需求。

(2) 价格策略：根据成本、市场需求和竞争状况，制订合理的价格策略，以吸引消费者并保持利润。

(3) 渠道策略：选择合适的销售渠道，如线上电商平台、线下实体店等，确保产品能够方便地触及目标客户。

(4) 促销策略：制订促销活动，如打折、赠品、优惠券等，吸引客户购买产品，同时提升品牌知名度和美誉度。

四、组建高效团队

(1) 选择团队成员：基于专业技能和经验，选择包括市场分析、品牌管理、广告策划、内容创作、社交媒体管理和数据分析等方面的专家加入团队。

(2) 明确分工与职责：确保每个团队成员都清楚自己的任务和责任，避免工作中的混乱和重叠。

(3) 建立沟通机制：鼓励团队成员提出意见和建议，促进信息共享，确保团队成员之间的有效协作。

五、制订详细预算

(1) 成本估算：包括市场调研费用、广告费用、内容制作费用、渠道费用、人员费用和技术费用等。

(2) 预算分配：根据成本估算的结果，将预算分配到各个营销渠道和活动，确保营销计划的顺利实施。

六、实施营销计划

(1) 制订行动计划：详细列出每项营销活动的时间表、责任人和预算，确保每个团队成员都清楚自己的任务。

(2) 合理配置资源：包括人力、财力和物力等，确保各项活动能够顺利进行。

(3) 监控与调整：定期监控营销活动的效果，通过数据分析和市场反馈，及时调整策略，以应对市场变化和客户需求。

七、评估与优化

(1) 效果评估：营销活动结束后，评估其效果，包括目标达成情况、市场反应、品牌影响和销售效果等。

(2) 成本效益分析：评估每项营销活动的投入与产出，了解哪些活动带来了最高的投资回报率。

(3) 持续改进：根据评估结果，不断优化营销策略和预算分配，以提高未来的营销效果。

这些步骤相互关联、相互促进，共同构成了创业营销计划执行的完整框架。营销行动计划格式如表 10-1 所示。

表 10-1 营销行动计划格式

计划与执行框架	内　容
此次营销活动计划的名称	相关即可
此次营销活动计划的目的	达到什么营销目标
此次营销活动计划的具体步骤	计划的核心，要既简洁又透彻
此次营销活动计划的负责人	写明总负责人以及每个任务的负责人
此次营销活动计划的时间安排	具体时间表，体现出事件的先后顺序
此次营销活动计划的预算	分类别预算和汇总
此次营销活动计划的衡量与控制	明确衡量标准和方法，以及谁来衡量和控制

【拓展阅读】

耐克的"跪"战：品牌与争议的营销奇迹

10.5　营销绩效的度量

10.5.1　营销绩效的衡量指标

一、营销仪表盘

营销仪表盘是一种可视化工具，它将关键的营销指标和数据汇总在一个界面上，以便营销团队和决策者能够快速地监控和分析营销活动的表现。营销仪表盘的关键组成部分如表 10-2 所示。

表 10-2　营销仪表盘的关键组成部分

维　度	相　关　内　容
目标	包含企业的目标以及转化的营销目标。创意、方案、衡量指标都应在目标的前提下确定
初始投资回报率与资源分配	衡量营销项目与行动计划在短期内产生的现金流增量，衡量资源分配在资金、顾客、其他方面的效率
品牌资产与客户资产发展	与短期结果相比，企业资产的长期发展更关键
技能水平	追踪营销团队的技巧和能力，以及清晰的、技能熟练度高的目标的完成情况
流程	基于顾客价值主张执行关键经营过程
工具	是促进营销规划成功的工具，不仅借助工具运作，还要不断修正工具，以提升洞察力，同时减少在生产与分销方面的消耗
诊断性洞察	描述发生的现象，解释为什么会出现这种现象，修正预测不准确的部分，帮助企业不断改进期望与预测未来
预测性价值	在最大程度上运用诊断性洞察来预测关键绩效维度在未来发生的可能性
效率与效果	提升营销投资的效率与效果，从而提高营销投资回报率

【拓展阅读】

瓶中星辰：小丑王啤酒的数字化营销奇迹

二、营销投资回报率

营销投资回报率(Return On Marketing Investment，ROMI)是一个衡量营销活动整体有效性的指标，它帮助营销人员更好地作出有关未来投资分配的决策。ROMI 通过比较营销活动产生的收入与营销投资来衡量，能够反映营销投资对公司收益的直接影响。其计算公式如下：

$$\text{ROMI} = \frac{\text{营销带来的增量销售额} - \text{营销成本}}{\text{营销成本}}$$

ROMI 不仅关注营销活动直接带来的销售额，还包括品牌意识、用户转换等有形和无形的资源。如果 ROMI 的值为正，则表明营销支出是合理的，并且有助于营销部门证明营销支出的合理性，决定未来的营销预算分配以实现最大效率。在数据和分析正确的情况下，ROMI 可以显著提升客户的收益、利润及市场份额，无须增加任何营销投入。因此，ROMI 是评估营销活动盈利能力的一个重要工具。

三、平衡记分卡的五类指标

平衡记分卡最早由美国学者罗伯特·卡普兰提出，其先进意义在于融合了企业长远发展战略来制订绩效评价体系，真正实现了企业愿景、企业战略以及企业绩效三者的融合。相比传统的绩效评价方法，平衡记分卡绩效评价体系更注重全面的绩效评价指标筛选，综合财务、市场、内部流程、学习与成长这四个维度选择对应绩效指标构成完善的绩效评价体系。基于此，罗伯特·卡普兰和大卫·诺顿一起构建了一个包含这四个方面的指标体系，如果再加入营销效率指标，就可以形成一个全面的营销绩效评估体系。平衡记分卡下的营销绩效衡量指标体系如表 10-3 所示。

表 10-3　平衡记分卡下的营销绩效衡量指标体系

要　素	结构性指标	测量性指标
财务	营销财务评价	销售额、利润率、销售增长率、回款率
市场	顾客认知与行为	顾客满意度和忠诚度、品牌知名度、新增顾客总数、顾客投诉
市场	中间商的评价	中间商满意度、中间商投诉
市场	市场竞争	市场占有率、顾客相对满意度
内部流程	营销创新	新产品数量、新产品收益、新产品利润
内部流程	营销安全	营销安全度
学习与成长	营销信息	营销信息系统完善程度
学习与成长	营销人员	营销人员满意度、营销人员工作效率、在岗人员素质
营销效率	营销产出	以上各要素
营销效率	营销投入	人员投入、财力投入、物力投入

【案例 10-3】

锐创动力的平衡之舞

在竞争激烈的软件行业，锐创动力通过实施平衡记分卡实现了绩效管理的革命。锐创动力专注于为中小型企业提供定制化管理软件解决方案。面对市场变化和客户需求的多样性，公司管理层意识到传统的绩效评估方法已无法满足企业发展的需要。

锐创动力采用平衡记分卡，从财务、市场、内部流程、学习与成长四个维度出发，全面评估和提升企业绩效。在财务层面，公司设定了收入增长和利润率的目标，确保经济效益的持续提升。在市场维度上，通过客户满意度调查和市场份额分析，公司致力于提高客户忠诚度和满意度。在内部流程方面，锐创动力优化了软件开发和交付流程，缩短了项目周期，提高了产品质量。在学习与成长维度，锐创动力关注员工技能提升和企业文化建设，通过定期培训和团队建设活动，增强了员工的归属感和创新能力。实施平衡记分卡后，锐创动力的绩效管理更加全面和系统，不仅提升了企业的市场竞争力，还促进了员工的个人成长。公司通过定期审视和调整平衡记分卡的指标，确保了战略目标的实现和企业愿景的达成。锐创动力的案例证明了，即使是中小型企业，也能通过平衡记分卡这一工具实现绩效管理的创新和突破。

四、其他指标

1. 市场份额

市场份额指的是一个企业的销售量(或销售额)在市场同类产品中所占的比重。它体现了企业对市场的控制能力。随着市场份额的扩大，企业会获得某种形式的垄断，还能保持竞争优势。

市场竞争力的评价需考虑多个指标。常用的评价指标包括市场份额、品牌知名度和认可度、产品差异化、成本效率、客户满意度和忠诚度、创新能力以及市场适应能力。市场份额是评估企业竞争力的重要指标之一。较高的市场份额代表企业在市场中的占有率和相对竞争对手的优势程度。

市场份额有几种不同的计算方式，包括：

(1) 总体市场份额：企业销售量(额)在整个行业中的比重。

(2) 目标市场份额：企业销售量(额)在其目标市场中的比重。通常目标市场份额会大于总体市场份额。

(3) 相对市场份额：企业销售量与市场上最大的三个竞争者的销售总量之比。如果一个企业的市场份额是 30%，而它的最大的三个竞争者的市场份额分别为 20%、10%、10%，则该企业的相对市场份额为 75%。

(4) 绝对市场份额：企业销售额与自身及竞争对手的总销售额的比例。

2. 客户终身价值

客户终身价值(Customer Lifetime Value，CLV)，也称为客户生命周期价值，是一个衡量企业在整个业务关系中可以从单个客户中获得合理预期的总收入的指标。CLV 不仅包括客户已经为企业带来的价值，还预测了客户未来可能带来的价值。客户价值有三个特点：首先，客户价值具有主观性，是客户需求在价值追求上的反映。对同一个消费过程，不同客户因个人需求、认知模式、个人特征偏好等不同会感知到不同的价值。其次，客户价值是动态变化的，与消费的时间、地点，使用产品或服务的不同阶段相关。最后，客户价值是客户情感与认知的综合反映，是客户整体感知系统发挥作用的结果。

3. 销售团队效率

销售团队效率是指销售团队在达成销售目标与执行销售活动过程中的生产力和效能。提高销售团队效率对于任何企业来说都是至关重要的，因为它会直接影响到收入和利润。常用的计算方法及公式如下：

(1) 销售效率比率：

$$销售效率比率 = \frac{总销售额}{总销售成本}$$

(2) 销售生产力：

$$销售生产力 = \frac{总销售额}{销售团队人数}$$

(3) 销售周期：

$$销售周期 = \frac{总销售周期天数}{总成交数}$$

(4) 成交率：

$$成交率 = \frac{成交数}{潜在客户数} \times 100\%$$

(5) 客户留存率：

$$客户留存率 = \frac{留存客户数}{总客户数} \times 100\%$$

英国著名的营销学教授多伊尔指出，Value Selling 的定义是"基于价值的营销"，简称"价值营销"。Value Selling 也被称为是有价值的销售，指的是在营销过程中，销售人员精准把握客户需求和心理，恰如其分地将对应的对客户有价值的产品呈现给客户，并有效地将商品的价值契合客户需求传递给对方，实现精准销售。在这种环环准确的销售环节，销售人员可以缩短自己的销售时间，实现高效率推销，同时也为客户节省了时间，取得了双赢的效果，也就是说体现出了客户自身的价值。在这样的过程中，企业才能够顺利地完成销售，企业获得实实在在的经济效益，同时客户也得到了产品的使用价值和附加价值，从而得到双赢的结果。

4. 促销与到达率

到达率是指在制造商向分销商和零售商(通常称为交易商)提供的促销价值中有多少比例能够最终传递给消费者市场，即促销活动触及终端用户的有效性。简而言之，到达率衡量的是促销资源到达最终消费者手中的比例。折扣销售比例及到达率的计算公式如下：

$$折扣销售比例(\%) = \frac{任何短期折扣下产生的销售}{总销售}$$

$$到达率 = \frac{由交易商提供给消费者市场的终端用户的短期促销折扣的价值}{由制造商提供给交易对象的短期促销折扣的价值}$$

制造商通常会向其分销商和零售商(即交易客户)提供多种折扣，旨在激励这些合作伙伴对制造商的产品进行促销，进而吸引消费者。如果交易客户或消费者市场的终端用户对促销活动不感兴趣，那么折扣销售的减少将直接反映这一情况。同样，低到达率也可能表明企业提供了过多或不恰当的折扣，导致促销效果不佳。

5. 声量份额

声量份额指的是一个品牌在特定渠道或整个市场中的广告支出或媒体曝光率，相对于该行业所有品牌的总广告支出或媒体曝光率的百分比。它反映了品牌在市场上的"声音"所占据的份额，这个"声音"可以是广告、社交媒体帖子、搜索引擎优化(SEO)关键词，甚至是公关活动。其计算公式如下：

$$声量份额(\%) = \frac{品牌广告}{总的市场广告}$$

6. 点击率

点击率是衡量广告或内容吸引力的重要指标，它是广告或内容被点击的次数与广告或内容被展示的次数之比，通常以百分比形式表示。大部分互联网企业都使用这一指标，但是，除非用户点击"即刻购买"，否则点击率只能是销售的一环。

衡量营销绩效的指标还有很多，企业要找到适合自己的指标，建立企业内部最有效的衡量营销绩效的指标体系。

7. 借助数据平台

当前，大数据在精准营销中的应用越来越广泛，平台通过客户画像塑造、精准营销对象选择、精准营销内容设计、精准营销渠道优化以及精准营销效果评价等方面的分析，提出了一系列有效的策略。例如，抖音通过数据服务平台"抖查查"获取每场直播的分钟级结构数据，精细地评估主播情感对营销效果的影响。

党 建 品 牌

为加强党建文化交流，协同创建特色党建品牌工作，蜜雪冰城打造了党建文化长廊。蜜雪冰城党建文化长廊共分为五个板块，长廊面积约 260 平方米，浓缩了蜜雪冰城的发展历程和蜜雪冰城党组织成立以来的主要成就，主要展示了蜜雪冰城党建工作取得的成效，充分体现了蜜雪冰城党的建设与企业改革发展的高度融合、有机统一。蜜雪冰城党总支打造党建文化长廊的目的是筑牢党建前沿阵地，加强基层党建文化建设，夯实蜜雪冰城党建工作基础，激发党建活力。党建阵地的建成对于增强党组织凝聚力、引导青年党员进一步提高党性觉悟、发扬奋斗者精神、争当时代先锋起到重要作用。蜜雪冰城的事业是甜蜜的事业，蜜雪冰城将进一步把党建工作与公益活动和物流运输等新业态相结合，创建党建品牌，将党建文化与企业精神相结合，使全体员工接受红色文化浸润，助推企业高质量发展。

10.5.2 营销绩效的衡量方法

营销绩效的衡量是一个多维度的评价过程，它可以专注于单一领域，如财务绩效、品牌资产或品牌竞争力，只需关注相关领域的指标，也可以进行全面分析，如综合考虑所有类别的指标，包括财务、顾客满意度、内部业务流程效率以及学习与成长等方面，以获得一个全面的绩效视图。

企业可以根据自身的需求和目标，选择适合的评估方法。无论是专注于特定领域的评估，还是全面的综合评估，关键在于选择合适的指标并确定指标的权重，以确保评估结果能够准确反映营销活动的实际效果和价值。权重系数的确定，通过专家打分的主观赋权法，或通过非参数估计和参数估计的客观赋权法来体现。多维度综合指标评价方法如表10-4所示。

表10-4 多维度综合指标评价方法

类 型	方 法	适 用 范 围
专家打分法	德尔菲法 层次分析法 古林法 多层模糊评价法	营销绩效指标数目较少，各指标的重要性易于区分且相关度较低
非参数估计法	数据包络法	资源投入差异较大的各个经营单位或多个企业之间进行营销绩效比较
参数估计法	变异系数法 相关系数法 主成分分析法 熵值法 坎蒂雷赋权法 因子分析法 聚类分析法 灰色关联度法 BP神经网络法 多维标度法	营销绩效指标数目较多，各指标的重要性难以区分且相关度不确定

多维度综合指标评价常用的方法包括层次分析法、数据包络法和德尔菲法。

一、层次分析法

层次分析法(Analytic Hierarchy Process，AHP)是一种解决多目标复杂问题的定性和定量相结合的决策分析方法。它的主要特点是通过建立递阶层次结构，将判断转化为若干因素两两之间的重要度比较，从而将难以量化的定性判断转化为可操作的重要度比较。下面给出层次分析法的基本步骤。

1. 建立层次分析结构模型

建立层次分析结构模型是将决策问题分解为不同的组成因素，并按照这些因素的关联影响及隶属关系，将因素按不同层次凝聚组合，形成一个企业营销效果的多层次分析结构模型。具体做法如下：

应用层次分析法评价企业营销绩效时，在深入分析评价问题的基础上，把评价对象按照不同属性自上而下地分解成若干层，同一层的诸因素从属于上一层因素或对上一层因素有影响。上一层因素作为准则对下一层有关因素起支配作用。这些层次可以分为最高层、中间层和最底层三类。企业营销效果的层次结构如图 10-6 所示。

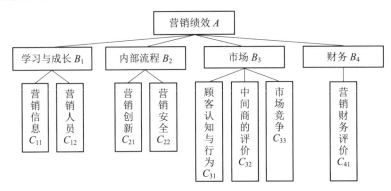

图 10-6　企业营销效果的层次结构

2. 构造判断矩阵

构造判断矩阵指对于同一层元素关于上一层中某一准则的重要性进行两两比较,构造两两比较矩阵(判断矩阵)。判断矩阵是层次分析法的基本信息,也是计算权重的重要依据。判断矩阵,是以层次分析结构模型中上一层某一因素作为评估准则,由专家采用判断尺度对本层的因素进行两两比较后所确定的本层评价指标的权重。层次分析法的判断尺度如表10-5 所示。当然,赋值也可以是 2,4,6,8。它们表示指标 i 比指标 j 的重要程度介于表中两相邻判断尺度之间。

表 10-5　层次分析法的判断尺度

赋　值	定　　义
1	对某一评估准则(即上一层的某一要素)而言,i 和 j 两个指标同样重要
3	对某一评估准则(即上一层的某一要素)而言,指标 i 比指标 j 稍重要
5	对某一评估准则(即上一层的某一要素)而言,指标 i 比指标 j 明显重要
7	对某一评估准则(即上一层的某一要素)而言,指标 i 比指标 j 重要得多
9	对某一评估准则(即上一层的某一要素)而言,指标 i 比指标 j 极端重要

在操作时,企业先组成评估小组,负责对企业营销效果层次体系中各指标之间的相对重要关系进行评估。专家根据判断尺度为每一个指标打分。

一般而言,要比较 n 个因子 $X=(x_1, x_2, \cdots, x_n)$ 对某个因素 Z 的影响大小,可以采取对因子进行两两比较的方法建立判断矩阵。

请每一位专家按照表 10-5 的规则进行判断打分,然后对调查结果进行整理,得到每一位专家的判断矩阵。一位专家的一个判断矩阵如表 10-6 所示。

表 10-6　判 断 矩 阵

C_{31}	C_{311}	C_{312}	C_{313}	C_{314}	C_{315}
D_{311}	1	1	1/3	1/3	1/3
D_{312}	1	1	1/4	1/4	1/4
D_{313}	3	4	1	1/7	1/9
D_{314}	3	4	7	1	1/9
D_{315}	3	4	9	9	1

3. 计算权重向量和一致性检验

每一个评估者的判断矩阵建成后，都可以使用数值分析中求解特征值的方法，找出特征向量，求各层因素的权重。判断矩阵 A 对应于最大特征值 λ_{max} 的特征向量 W，经归一化处理(让矩阵内每一行各个因素之和等于 1 后)，即得同一层相应因素对于上一层某个因素相对重要性的排序权值，这一过程称为层次单排序。

以上构造判断矩阵的办法虽然能够反映一对因素影响力的差别，但是综合全部比较结果时难免包含一定程度的非一致性。为了确定是否接受 A，需要对判断矩阵 A 进行一致性检验。所谓一致性检验，指两两比较的结果具有逻辑上的传递性。其步骤如下：

(1) 计算一致性指标 CI：$CI = (\lambda_{max} - n) \div (n - 1)$。

(2) 查找相应的平均随机一致性指标 RI。RI 是基于随机生成的正互反矩阵的最大特征值的平均值计算得出的。对于不同阶数的判断矩阵，RI 有不同的值，如表 10-7 所示。

表 10-7　n 阶矩阵的随机指标 RI

阶数	1	2	3	4	5	6	7	8	9	10
RI	0	0	0.58	0.9	1.12	1.24	1.32	1.41	1.45	1.49

(3) 计算一致性比例 CR：$CR = CI \div RI$。

当 CR＜0.1 时，判断矩阵的一致性是可以接受的，否则应对判断矩阵作适当修正。

4. 层次总排序及决策

根据权重向量和一致性检验的结果，进行层次总排序，并得出最终的决策方案。

上面得到的是一组因素对其上一层中某因素的权重向量。我们最终要得到各因素，特别是最低层中各测量指标对于企业营销绩效的排序权重。总排序权重自上而下地将单准则下的权重进行合成。进行层次总排序也需作一致性检验，检验仍像层次总排序那样由高层到低层逐层进行。将计算出的权重系数代入下面的公式，经过计算，就可以得到营销绩效的综合评估值。

$$A = \frac{\sum_{i=1}^{k} b_i x_i}{k}$$

综合评估值越大，企业的营销绩效就越好。评估类型可以按照评估得分进行划分，评估结果既可以在企业之间进行横向比较，考察企业营销绩效的相对优劣；也可以与其历史表现进行纵向比较，考察企业不同时期营销绩效的变化趋势。

二、数据包络法

数据包络分析(Data Envelopment Analysis，DEA)模型是一种非参数方法，可以同时对具有多投入、多产出的多个不同评价单元综合评价，且在技术上不需要事先确定指标权重，只需将最有利评价单元为目标构建优化模型。其基本原理是保持决策单元的输入或者输出不变，借助线性规划和统计数据确定相对有效的生产前沿面，通过比较决策单元偏离前沿面的程度来判断相对有效性。

与传统的生产函数比较，DEA 模型具有以下优点：一是输入指标和输出指标的设立可以从实际情况出发而不必统一单位，规避了主观因素带来的影响，保证了原始数据的真实性和可靠性；二是与回归方法相比它不给人以"平均"的认识，能清楚观察到每一个决策单元的效率。因此，DEA 模型可以最大限度地完成整个评价过程，它可以从多个角度反映投入与产出的对比效果，最重要的是它规避了人为主观因素所带来的准确性问题，是企业进行网络营销绩效评价的理想模型。数据包络法的实施过程如图 10-7 所示。

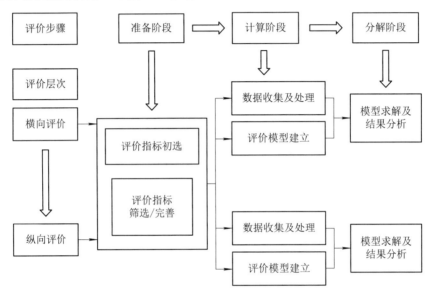

图 10-7　数据包络法的实施过程

三、德尔菲法

德尔菲法是在 20 世纪 40 年代由赫尔姆和达尔克首创，经过 T. J. 戈登和兰德公司进一步发展而成的反馈匿名函询法，在军事、卫生健康、政府管理、科研管理、奖励评价、技术等诸多领域，被广泛用于定量构建评价指标体系，具有权威性、匿名性、趋同性、反馈性和统计性等优点。德尔菲法的实施过程如图 10-8 所示。

图 10-8　德尔菲法的实施过程

10.6　营销管理与控制

10.6.1　营销管理与控制的必要性

一、环境变化的需要

控制是针对动态过程的。营销管理者在实现目标的过程中，内外部环境变化可能影响目标，需要调整计划以适应新情况。有效的控制系统有助于管理者及时调整目标和计划，尤其在长期目标下，控制尤为重要。

【拓展阅读】

安慕希大楼：灯光秀与潮流风暴

二、及时纠正偏差的需要

在计划执行过程中，难免会出现一些小偏差，而且随着时间的推移，小错误如果没有得到及时纠正，就可能逐渐积累成严重的问题。

营销控制不仅要求对企业营销过程的结果进行控制，还必须对企业营销过程本身进行控制，而对过程本身的控制更是对结果控制的重要保证。因此，营销管理者必须依靠控制系统及时发现并纠正小的偏差，以免给企业造成不可挽回的损失。控制与计划既有不同之处，又有密切的联系。一般来说，营销管理程序中的第一步是制订计划，然后是组织实施和控制。而从另一个角度看，控制与计划又是紧密联系。计划目标对执行情况进行监控，纠正偏差，在必要时，还将对原计划目标进行检查，判断其是否合理，也就是说，要考虑及时修正战略计划，从而产生新计划。

10.6.2　营销管理与控制的关键

国内企业常一项工作只能在两个部门领导之间"同级别"进行，产生众多"企业病"，效率低下，影响领导关注重点工作，造成员工依赖和部门间沟通不畅。要改变这一现象，企业需从领导推动转向流程推动，简化决策环节。其关键在于：

(1) 提炼关键业务流程。企业要通过关键业务流程推动，遵循二八法则，从整体营销计划中提炼核心营销业务。这些关键业务需体现整体策略，通过设计其流程来确保业务顺畅执行。

(2) 确定流程核心内容。业务流程由多个流程点构成，明确这些点及其内容是确立运作规范的关键。每个流程点代表一项具体工作，营销部门应遵循统一规范以提高效率，避免各自为政。

(3) 明确流程运作各部门职能。业务流程涉及多部门合作，需明确各自角色(主导、参与)、责任和权限。这些应在关键业务流程描述中体现，以便各部门明确职能，确保流程顺畅。

(4) 规定流程运作时间。业务流程的时间要求体现在两点：一是每个流程点的内容应该在什么时候完成；二是这些处理内容的时间应该有多长。这样每项业务流程就具备了结果性，而不是一直处于运作过程中。

(5) 确定流程评估标准。在靠流程推动工作的体系中，必须使业务流程本身具有信息双向流动的职能，以便对业务流程的结果予以评估和传递，从而保障这项业务流程运作的效率和质量。

【课后案例】

吉利汽车：驶向全球的技术先锋

从资本出海到技术出海，吉利汽车通过一系列战略布局，在全球市场上取得了显著成就。吉利汽车的全球化战略始于 2006 年对伦敦出租车公司(LTC，后改名 LEVC)的投资，这标志着吉利资本出海的开始。通过这一举措，吉利不仅迅速融入全球汽车产业，还为其后续的技术输出和管理输出奠定了基础。2010 年，吉利汽车以"蛇吞象"式收购沃尔沃，进一步扩大了其在全球市场的影响力。

随着技术的发展和品牌的成熟，吉利汽车开始将技术出海作为全球化战略的核心。2023 年 5 月，LEVC 在英国发布了空间导向型纯电架构 SOA，这是吉利与 LEVC 合作研发的新型纯电汽车架构，标志着中国汽车企业技术架构首次出海。SOA 架构的开发和应用，不仅提升了吉利的技术实力，也为吉利在全球新能源汽车市场的竞争力提供了有力支持。

新产品开发与市场定位体现了吉利汽车全球化战略的精准布局。LEVC 计划推出的高端纯电 MPV 陆地空客 L380，旨在比奔驰 V 级 MPV 更豪华，比雷克萨斯 LM 更智能，以此试水消费者终端市场。这一战略不仅满足了市场对高端新能源 MPV 的需求，也提升了吉利在新能源领域的品牌形象。

吉利汽车的全球化之路，是中国企业从资本输出到技术输出，再到品牌输出的典型代表，其成功经验值得其他企业学习和借鉴。通过精准的市场定位、持续的技术创新和灵活的市场策略，吉利汽车在全球市场上实现了稳健增长，展现了中国企业在全球竞争中的新形象和新实力。吉利汽车的全球化战略不仅推动了自身的发展，也为全球汽车产业的创新和发展作出了贡献。

本 章 小 结

◆ 市场营销组织是企业为了实现经营目标，发挥市场营销职能，由从事市场营销活动的各个部门及其人员所构成的一个有机体系。

◆ 营销组织包括功能型营销组织、地区型营销组织、产品或品牌管理型组织、市场管理型组织和产品-市场管理型组织五种结构形式。

◆ 数字经济下营销组织的新特点包括：形成以市场为导向的营销理念，形成以消费者为核心的营销组织，建立营销协调和信息沟通的能力，建立虚拟组织和网络联盟，依靠信息技术形成营销网络。

◆ 营销组织的发展经历了单纯的销售部门、兼有附属职能的销售部门、独立的市场营销部门、现代市场营销部门和现代市场营销企业五个阶段。

◆ 营销组织结构的设计需要遵循一些基本原则，包括战略主导原则、高效可控原则和整体协调原则。

◆ 营销组织在企业中扮演着至关重要的角色，它不仅负责制订和实施营销策略以满足客户需求、建立品牌形象，还直接关系到企业市场份额的拓展、收入的增长和长期竞争力的构建。通过有效的营销活动，企业能够精准定位市场、优化产品和服务，进而在激烈的市场竞争中保持领先地位。

复习思考题

1. 请简述营销组织的内涵及特征。
2. 数字经济时代营销组织有哪些新特点？
3. 营销组织结构设计的基本原则有哪些？
4. 请结合具体案例，使用营销仪表盘对营销绩效开展评价。
5. 营销绩效衡量的方法有哪些？请简述不同类型的绩效评价方法的适用范围。

【习题】

即 学 即 测

参 考 文 献

[1]   菲利浦·科特勒，加里·阿姆斯. 市场营销原理[M]. 16 版. 北京：清华大学出版社，2024.

[2]   肯尼斯·J. 辛格尔顿. 实证动态资产定价：模型设定与计量经济评价[M]. 引进版. 上海：上海财经大学出版社，2019.

[3]   汤姆·纳格，约瑟夫·查莱，陈兆丰. 定价战略与战术[M]. 5 版. 北京：华夏出版社，2019.

[4]   安宏博. 多元化市场环境下市场营销渠道管理研究[J]. 商场现代化，2023，(12)：58-60.

[5]   北京大学创业训练营. 创业基础管理思维[M]. 北京：北京大学出版社，2024.

[6]   曹鹏. 市场竞争中的营销原则理论与数据分析实践：评中国人民大学出版社《营销战略：第一原理和数据分析》[J]. 价格理论与实践，2020，(11)：187.

[7]   王安. 长期主义：泰康的 25 年[M]. 北京：中信出版社，2021.

[8]   陈宏，牛玉清，周云. 创新创业基础[M]. 2 版. 南京：南京大学出版社，2023.

[9]   陈华北. 数字营销管理的战略与实践[J]. 山西财经大学学报，2024，46(S2)：167-169.

[10]   阳翼. 数字消费者行为学[M]. 北京：中国人民大学出版社，2022.

[11]   西蒙·金斯诺恩. 数字营销战略：在线营销的整合方法[M]. 2 版. 北京：清华大学出版社，2021.

[12]   陈媛. 数字经济背景下化工企业市场营销战略创新思维研究[J]. 塑料工业，2024，52(03)：183.

[13]   陈志玮. vivo 折叠屏手机营销分析及策划[J]. 现代营销(下旬刊)，2023，(07)：56-58.

[14]   程建青，李正彪，刘秋辰. 计划行为理论下机会型创业的复杂前因研究[J]. 科学学研究，2024，42(09)：1957-1966.

[15]   程明，龚兵，王灏. 论数字时代内容营销的价值观念与价值创造路径[J]. 出版科学，2022，30(03)：66-73.

[16]   迟婧茹，武思宏，廖苏亮，等. 多维多源创新资源集成平台应用绩效评价指标体系研究：基于德尔菲法[J]. 情报工程，2020，6(02)：48-56.

[17]   崔新健，欧阳慧敏. 中国国际企业管理理论体系构架研究：基于演化、内容、情境三维度分析[J]. 中央财经大学学报，2022，(02)：102-115.

[18]   邓传斌. 成本效益测算在新产品开发中的应用研究[J]. 冶金管理，2024，(08)：31-33.

[19]   窦文宇. 内容营销：数字营销新时代[M]. 北京：北京大学出版社，2020.

[20]   段淑梅，张纯荣. 市场营销学[M]. 3 版. 北京：机械工业出版社，2023.

[21]   樊帅，杜鹏. 营销管理[M]. 北京：清华大学出版社，2023.

[22]   方富贵. 设计一份好的商业计划书[J]. 大众理财顾问，2019，(03)：50-54.

[23]   冯彦辉，陈冬梅. 润滑油市场分销渠道冲突的博弈分析[J]. 润滑油，2021，36(01)：1-7.

[24]   高超锋，刘峥，胡斌，等. 大学生创新创业训练计划项目成果转化效率评价方法及转化效率提升路径[J]. 科技管理研究，2024，44(14)：107-115.

[25] 高曦含，王锐. 品效之争：疫情后企业营销战略导向选择对绩效的影响[J]. 管理科学，2021，34(05)：16-28.

[26] 高营营. 数字化在现代企业营销管理创新中的运用[J]. 商场现代化，2024，(22)：53-55.

[27] 高友江. 消费者主体的历史挖掘与重塑[J]. 管理学报，2019，16(11)：1612-1623.

[28] 迈克尔·所罗门. 消费者行为学[M]. 12版. 北京：中国人民大学出版社，2018.

[29] 韩超，茹华所，何良君，等. 市场营销理论与实务[M]. 云南：云南大学出版社，2023.

[30] 韩君兰. 产品或服务定价方法及其财务风险管控[J]. 中小企业管理与科技，2024，(04)：194-196.

[31] 胡兵. 企业社会责任、营销战略与企业价值创造[M]. 广东：暨南大学出版社，2020.

[32] 胡晓峰，石忠义. 市场营销学[M]. 重庆：重庆大学出版社，2022.

[33] 卢泰宏，周懿瑾. 消费者行为学：洞察中国消费者[M]. 4版. 北京：中国人民大学出版社，2021.

[34] 蒋小年. 市场营销策略与产品制造科技创新的协同效应对企业发展的影响研究[J]. 中国集体经济，2024，(24)：97-100.

[35] 康俊，刁子鹤，杨智，等. 新一代信息技术对营销战略的影响：述评与展望[J]. 经济管理，2021，43(12)：187-202.

[36] 康元华. 市场营销战略定价策略探析：评华夏出版社《定价战略与战术：通往利润之路》[J]. 价格理论与实践，2020，(03)：183.

[37] 黎舜，彭扬华，赵宏旭. 创新创业基础[M]. 上海：上海交通大学出版社，2022.

[38] 李宝库. 营销管理[M]. 北京：清华大学出版社，2023.

[39] 李飞，李达军. 简朴营销理论的构建[J]. 管理案例研究与评论，2021，14(06)：640-659.

[40] 戴维·L.马瑟斯博，德尔·I.霍金斯. 消费者行为学[M]. 13版. 北京：机械工业出版社，2018.

[41] 李艳. 数字时代市场营销的新趋势：评《市场营销：原理与实践(第17版)》[J]. 中国教育学刊，2023，(06)：141.

[42] 李永平，董彦峰，黄海平. 数字营销[M]. 北京：清华大学出版社，2021.

[43] 李政，钱松. 创新创业概论[M]. 苏州：苏州大学出版社，2023.

[44] 段晓梅. 大数据营销[M]. 上海：上海交通大学出版社，2023.

[45] 王晓玉，任立中. 大数据营销[M]. 广东：华南理工大学出版社，2022.

[46] 刘靓晨，翟昕. 面对策略型消费者的企业最优创新与定价策略[J]. 中国管理科学，2023，31(04)：56-65.

[47] 刘磊. 快消品行业新品定价策略及上市成功性复盘评价[J]. 时代经贸，2023，20(11)：52-54.

[48] 刘澎禹. 企业市场营销管理及创新策略分析[J]. 商场现代化，2024，(23)：78-81.

[49] 刘爽. 现代化企业销售渠道中的风险管理对策探究[J]. 中国市场，2020(26)：128-129.

[50] 陆劲，王智锋. 5G环境下场景营销理念的发展趋势[J]. 青年记者，2021，(24)：106-107.

[51] 马琼. 数字经济背景下大学生创新创业探索[N]. 重庆科技报，2024-10-29(006).

[52] 马赛. 基于STP理论的高校图书馆阅读推广模式研究[J]. 河南图书馆学刊，2024，44(06)：58-60.

[53]　彭英. 人工智能营销[M]. 北京：清华大学出版社，2022.

[54]　濮珍贞. 多元化市场环境下市场营销渠道管理[J]. 商场现代化，2023，(15)：67-69.

[55]　钱旭潮，王龙. 市场营销管理：需求的创造与传递[M]. 4 版. 北京：机械工业出版社，2016.

[56]　任杰，董佳歆，姜楠. 基于数据包络分析的小米手机网络营销绩效评价[J]. 中国软科学，2021，(S1)：297-304.

[57]　沈睿，郑玮，路江涌，等. 创始团队职业背景对天使投资意向的影响[J]. 管理评论，2020，32(08)：76-90.

[58]　宋海敏，杨乔. 网络效应视角下考虑顾客选择行为的产品线动态定价策略研究[J]. 现代商业研究，2024，(04)：14-16.

[59]　宋皓杰，郭国庆. 建党百年来市场营销学的发展逻辑与演进创新[J]. 当代经济管理，2021，43(06)：18-26.

[60]　宋晓兵，何夏楠. 人工智能定价对消费者价格公平感知的影响[J]. 管理科学，2020，33(05)：3-16.

[61]　苏海林. 市场营销[M]. 北京：电子工业出版社，2023.

[62]　唐代芬，袁笑一. 基于消费者行为分析的市场营销对策：评《营销管理》[J]. 应用化工，2023，52(05)：1620.

[63]　唐玉生，农冰，刘健. 品牌营销战略群的内涵、结构与管理[J]. 商业经济研究，2020，(07)：75-78.

[64]　王鸿翔. "互联网+"环境下的高校职业教育与创新创业教育有效融合：评《创新创业教程》[J]. 热带作物学报，2021，42(11)：3425.

[65]　王季，耿健男，肖宇佳. 从意愿到行为：基于计划行为理论的学术创业行为整合模型[J]. 外国经济与管理，2020，42(07)：64-81.

[66]　王珂. 基于大数据分析的电子商务精准营销路径研究[J]. 时代经贸，2024，21(10)：134-136.

[67]　王立，姜会明，费红梅. 市场营销学：原理、应用与实训[M]. 北京：人民邮电出版社，2023.

[68]　王丽琴. 基于新经济背景的企业市场营销战略新思维[J]. 山西财经大学学报，2024，46 (S1)：136-138.

[69]　袁国宝. 数字营销[M]. 北京：化学工业出版社，2023.

[70]　王思璐. 市场营销战略存在的问题及对策[J]. 全国流通经济，2023，(20)：68-71.

[71]　王夕琛，曲创. 市场支配地位、用户规模差异与平台个性化定价研究[J]. 经济与管理研究，2023，44(04)：39-55.

[72]　王杨. 基于差异化竞争全面分析食品企业市场营销战略[J]. 食品研究与开发，2021，42 (08)：231-232.

[73]　王永贵，张思祺，张二伟，等. 基于互动视角的数字营销研究：整合框架与未来展望[J]. 财经论丛，2024，(05)：5-16.

[74]　范小军，刘婷. 数字营销理论创新与前沿研究[M]. 北京：科学出版社，2024.

[75]　王兆远，那英续. 市场营销学[M]. 北京：研究出版社，2021.

[76] 温靖国. 电厂企业营销策略与市场竞争力分析[J]. 中国市场，2024，(32)：129-132.

[77] 伍思梦. 大数据背景下市场营销面临的机遇与挑战分析[J]. 可持续发展，2022，12(06)：1789-1794.

[78] 武妍捷，王素娟. 复杂商业环境、企业市场进入与市场营销[J]. 山西财经大学学报，2021，43(05)：76-87.

[79] 夏立新，张纯，陈健瑶，等. 企业微博内容对网络口碑及品牌认可度的影响[J]. 情报科学，2019(04)：79-85

[80] 华迎，马双. 大数据营销[M]. 北京：中国人民大学出版社，2022.

[81] 徐国旗. 浅析产品开发与市场营销相结合的企业管理[J]. 商业观察，2022，(32)：73-76.

[82] 许鸽凤. 企业市场营销风险管理及相关问题研究[J]. 商展经济，2024，(18)：177-180.

[83] 许国强. 大学生就业创业的基础知识与应用研究：评《大学生就业创业指导》[J]. 食品科技，2019，44(12)：379-380.

[84] 杨扬，刘圣，李宜威，等. 大数据营销：综述与展望[J]. 系统工程理论与实践，2020，40(08)：2150-2158.

[85] 姚山季，陈元山，郑晓芳. 顾客参与新产品开发与购买意愿：产品功能视角[J]. 市场营销导刊，2009，(04)：25-28.

[86] 俞敏洪. 我曾走在崩溃的边缘：俞敏洪亲述新东方创业发展之路[M]. 北京：中信出版社，2019.

[87] 岳森，冯莉. O2O 营销运作模式下的营销战略与要素组合策略探讨[J]. 商业经济研究，2020，(22)：55-58.

[88] 乔岳，余文诗. 跨界竞争中平台企业的定价策略研究[J]. 管理评论，2024，36(09)：3-13.

[89] 赵路平. 电子商务环境下商品营销策略的创新与实践[J]. 商场现代化，2024(19)：105-107.

[90] 赵文启，杨旭. 大数据背景下嵩山首乌茶电商精准营销管理与策略探索[J]. 食品研究与开发，2023，44(21)：229-230.

[91] 单凤儒. 营销心理学：互联网时代消费者行为分析[M]. 4 版. 北京：高等教育出版社，2018.

[92] 李桃迎. 大数据背景下网购消费者行为模式与网购评语挖掘方法研究[M]. 北京：科学出版社，2022.

[93] 郑思. 激扬青春科研之志"闯深圳创未来"[N]. 深圳特区报，2024-11-16(A03).

[94] 周珍，见红玉，黄嘉佩，等. 基于数据包络分析与灰色熵的院线网络营销绩效研究[J]. 中国管理科学，2023，31(05)：240-248.

[95] 周治赟. 社交媒体背景下通过顾客价值共创提升顾客终身价值研究：以膳食补充品 V 公司为例[D]. 上海：上海财经大学，2020.

[96] 朱国玮，高文丽，刘佳惠，等. 人工智能营销：研究述评与展望[J]. 外国经济与管理，2021，43(07)：86-96.

[97] AGYA A B. Technological solutions and consumer behaviour in mitigating food waste: A global assessment across income levels[J]. Sustainable Production and Consumption, 2025, 55: 242-256.

[98] CHEN T Y, CHEN Y M, TSAI M C. A Status Property Classifier of Social Media User's

Personality for Customer-Oriented Intelligent Marketing Systems: Intelligent-Based Marketing Activities[J]. International Journal on Semantic Web and Information Systems (IJSWIS), 2020, 16(01): 77-94.

[99] JOSHI S, BHATTACHARYA S, PATHAK P, et al. Harnessing the potential of generative AI in digital marketing using the Behavioral Reasoning Theory approach[J]. International Journal of Information Management Data Insights, 2025, 5(01): 100317-100317.

[100] LATIFI G, GRILLI L, HERRMANN A M. Does writing a business plan still matter for searching and obtaining external equity finance?[J]. Venture Capital, 2024, 26(01): 47-73.

[101] GRYGLEWICZ S, KOLB A. Strategic pricing in volatile markets[J]. Operations Research, 2021.

[102] HIROKI M. Product life cycles, product innovation and firm growth[J]. Annals of Operations Research, 2023, 337(03): 873-890.

[103] MONA P J, ZAHRA K.An integrated framework of digital content marketing implementation: an exploration of antecedents, processes and consequences[J]. Kybernetes, 2024, 53(11): 4522-4546.

[104] BHATTACHARYA S, KUMAR V R, CHATTOPADHYAY S. Revisiting Marketing Management Teaching Pedagogy: A Study Based on the Voice of Indian Marketing Professionals[J]. FIIB Business Review, 2024, 13(03): 364-377.

[105] LAPOINTE P. Marketing by the Dashboard Light: How to Get More Insight, Foresight, and Accountability from Your Marketing Investments (New York: ANA, 2005). Courtesy of Marketing NPV LLC 2003-2008.

[106] QAZZAFI S. Consumer Buying Decision Process Toward Products[J]. International Journal of Scientific Research and Engineering Development, 2019, 2(05): 130-134.

[107] SAMER E. The current and future state of the marketing management profession[J]. Journal of Marketing Theory and Practice, 2024, 32(02): 233-250.

[108] TAO C. Analysis of Innovative Paths for Enterprise Marketing Management Development Strategy under the Background of New Media[J]. Proceedings of Business and Economic Studies, 2024, 7(03): 28-34.